陪審團審判
與對抗式訴訟

Jury Trial and the Adversary System

易延友 著

三民書局

國家圖書館出版品預行編目資料

陪審團審判與對抗式訴訟／易延友著.－－初版一刷.－－臺北市：三民，2004
 面； 公分
 參考書目：面
 ISBN 957-14-4093-0 (平裝)

 1.審判

586.54   93017418

網路書店位址   http://www.sanmin.com.tw

© 陪審團審判與對抗式訴訟

著作人   易延友
發行人   劉振強
著作財
產權人   三民書局股份有限公司
         臺北市復興北路386號
發行所   三民書局股份有限公司
         地址／臺北市復興北路386號
         電話／(02)25006600
         郵撥／0009998-5
印刷所   三民書局股份有限公司
門市部   復北店／臺北市復興北路386號
         重南店／臺北市重慶南路一段61號
初版一刷 2004年11月
編 號 S 585300
基本定價 捌元肆角
行政院新聞局登記證局版臺業字第○二○○號

ISBN 957-14-4093-0   (平裝)

初版序

本書係在我博士論文的基礎上改寫而成。博士論文寫作歷時兩年，通過答辯後即將其束之高閣，一年之後重新審視，發現其生命力似乎尚在，遂開始修訂。歷半年光陰，終有小成。

寫作本書之目的，乃是對英美法系這一最具特色之法律制度進行客觀之觀察與描述。本此目的，本書既無力於創造任何深澀高妙之理論，亦無意於在中國引進某種制度或主義。從五四運動以來，我們引進或創立或發展的主義不是太少，而是已經夠多。其中有些主義的確害人不淺。我們引進的制度也不在少數，然而真正能夠實施的卻十分稀罕。而這主要是由於大家對這些東西還完全不瞭解或不完全瞭解的時候就接受並引進了它們。因此，瞭解是接受與引進的前提。古人云：三思而後行；西諺曰：看准了再跳 (Look before you leap)。對於外國的主義與制度，自然必須反覆研究、反覆瞭解，並在理解的基礎上進行評判。

為了使自己的觀察與理解盡可能準確，本書對不同的資料進行了區分。在能夠找到原始資料的情況下，我當然要盡量找到並使用原始資料。套用英美法系證據法的一條規則，就是「最佳證據規則」。實在沒有原始資料的時候，才使用第二手的資料。在中國，不是沒有人對陪審團作過研究，也不是沒有人對訴訟模式作過論述。但是，就其資料屬性而言，實非上上之選。所以，能夠不引用的，我盡量不予引用，甚至也不看。雖然也許會有個別極優秀的文章可能因此遺漏，從而產生瀚海遺珠之恨，那也只好如此了。

我經常將學術的研究比喻為探礦與採礦。一個題目是否蘊涵學術之富礦，端賴學者之經驗與眼光；對蘊涵富礦之題目如何進行開採，則需具備相關學術之涵養。就我而言，探礦本身乃是十分艱苦之事業；然而一旦認定一個地方有礦，就當矢志不渝、堅定不移地挖下去，而不是像某些人所

做的那樣，這裏挖一下，那裏挖一下；飄然而至，又悠然而去，帶走了幾粒漂亮的頑石，然後像孫猴子那樣，刻下「齊天大聖到此一遊」之類字樣，到處招搖撞騙。我知道他們不是在探礦，他們是在圈地盤。畢竟，在一個日趨浮躁的社會，浮光掠影、蜻蜓點水、沽名釣譽比較正常，窮鑒隱伏、潛心鑽研、探求真知則比較艱難。既然如此，他圈他的地，我採我的礦。

探礦既已十分辛苦，採礦自亦更加艱難。雖然明知自己資質駑鈍，甚無可能以一普通學者身分而獲萬世流芳之英名；然而總是期望以嘔心瀝血之作，成就文章千古之盛事。李白有詩云：「人攀明月不可得，月行卻與人相隨。」正因為有了這樣一點點狂妄，所以通常才會對一個問題做很多年的研究。本書就是三年多來努力採礦的結果，是無數個不眠之夜苦思冥想的結晶。

本書研究的題目本來是大家都不怎麼關注的問題，但是在學術研究似乎已經日趨產業化的時代，我相信這個問題不久就會「熱門」起來。三年來，我一直在這條寂靜荒僻的道路上踽踽獨行，期望在人潮湧至之前發現幾顆值錢的寶貝。我將我的發現呈現於本書，是否寶貝，敬請讀者明鑒。

易延友

農曆甲申八月記

誌　謝

　　本書之寫作與出版得到很多方面之惠助。

　　我的博士導師——中國政法大學的終身教授陳光中先生，曾力薦我於英國華威大學學習一年，並對我的論文寫作給予了悉心的指導。這對於本文的寫作起著十分關鍵的作用。我的碩士導師李寶岳教授多年來對我的學習與生活均給予無私的幫助，他對我的關懷使我終身難忘。所以，我希望藉此機會，向兩位教授表達誠摯的敬意與衷心的謝忱。

　　在我赴英國留學期間，英國大使館文化教育處慷慨提供了獎學金，使我有機會充分利用該大學圖書館之資料，在此也向英國大使館文化教育處表示由衷之感謝！

　　在博士論文答辯期間，中國政法大學的周士敏教授、程味秋教授、卞建林教授，北京大學的賀衛方教授、陳瑞華教授以及中國社會科學院的王敏遠研究員均撥冗參加我的博士論文答辯，他們對我的論文提出了中肯而富有建設性的修改意見。清華大學的高鴻鈞教授、中國政法大學的劉金友教授、楊宇冠教授及中國社會科學院的熊秋紅研究員，均為我博士論文的評議付出了心血。在此一併向他們致以謝忱！

　　臺灣理律律師事務所李念祖大律師及其秘書王璇小姐，熱心推薦拙作於久負盛名之三民書局；三民書局編輯部諸位先生、小姐慧眼識珠，欣然應允將該書納入出版程序，並為本書之出版費心盡力，希望他（她）們亦能不嫌微末地接受著者表達之敬意與謝意！

清華大學法學院

易延友　謹誌

陪審團審判與對抗式訴訟

目　次

第一編　陪審團審判之起源及其司法功能之發展

第四編　對抗制的發展與當代陪審團審判之運作

第五編　陪審團審判之力量與未來

緒　論

一、研究的對象與意義

　　陪審制度包括當代大陸法系實行的混合庭審判制度，中華人民共和國實行的人民陪審員制度，以及英美法系實行的陪審制度；其中英美法系的陪審制度又包括大陪審團起訴制度和小陪審團審判制度。陪審團審判制度是陪審制度的一個重要組成部分，但也是其中最燦爛奪目的一部分。

　　本書以陪審團審判制度為研究對象。本書所稱之陪審團審判，僅僅指英國、美國和其他英美法系國家實行的、由一定成員的非法律專業人員組成的團體對爭議事實進行最終裁決的制度。另外，本書還將主要限制在對審判陪審團也就是通常所稱之小陪審團的研究，對於英美法系某些國家(主要是美國)至今存在的大陪審團制度則僅僅在必要時有所提及。所以，本書雖然是關於陪審團審判制度的研究，但是它並不涉及所有的陪審制度。

　　之所以選擇陪審團審判制度作為研究的對象，主要是基於以下考慮：

　　第一，陪審團審判制度是英美法系訴訟制度中最具特色的制度之一。陪審團審判制度和英國普通法的歷史一樣久遠，其起源最早可以上溯到古代羅馬法，但是今天英美法系實行的陪審團審判起源於古代法國，由諾曼征服後引入英國，後傳遍英美法系國家，並為部分大陸法系國家所接受。在近現代司法改革以前，陪審團審判一直是各種訴訟中唯一的審判方式，它決定著刑事訴訟和民事訴訟程序的各個方面。它是英美法系國家訴訟文化產生和發展的源頭，本身也是英美法系訴訟文化的重要組成部分。可以說英美法系眾多的法律原則、法律規則都與這一制度息息相關，因此，不瞭解陪審團審判制度，就很難談得上真正瞭解被稱為「對抗式訴訟」(或「當事人進行主義之訴訟」)的英美法系的訴訟；因此，對於瞭解英美法系的訴

訟價值、法律文化而言，陪審團審判制度可以說是一座橋樑。

第二，儘管陪審團審判對於瞭解英美訴訟制度及其法律文化均可說是一座必經之橋樑，然而，它在中國的研究卻尚處於萌芽階段，因而極有研究之必要。陪審團審判制度一直都是英美法系審判制度的核心。古往今來，它曾經牽動過無數著名法學家的心神，吸引著他們有限的精力。漢密爾頓、托克維爾、布萊克斯通、孟德斯鳩、邊沁、斯賓塞、斯伯納、霍姆斯、史蒂芬、威格默、弗蘭克、威廉姆斯、塞耶、丹寧、德弗林、利威等，無一不對陪審團審判制度青睞有加，並在其著述中對其激情盛讚或理性評說。從 20 世紀 50 年代以來，一批研究陪審團審判的專著也如雨後春筍般紛紛出籠，其中以美國芝加哥大學的一項實證研究最為引人注目，該研究以《美國陪審團》為題正式出版。❶但是在中國，陪審團審判制度的研究仍然是國內學者比較生疏的一個題目，雖然在一些著述中偶有論及，但是比較全面、系統的研究尚未出現，相關的研究主要是在論述陪審制度的時候附帶涉及一下，因此關於這項制度的研究尚處於初級階段；而且，在中國大陸，不僅一本關於陪審團的譯著也沒有，要找到一篇專門論述陪審團審判的文章都非常困難。所以，本書的目的即在於開始一項關於陪審團審判制度的研究，以期能有更多優秀的學者對西方這一獨具特色而又長盛不衰的制度進行不懈的探索。

第三，將研究對象限定為審判陪審團而主要不涉及其他形式的陪審團和其他形式的陪審制度，是為了集中精力對這一制度進行盡可能深入的研究，以便對該制度作盡可能深入、透徹的理解和闡釋。當然，在進行比較時偶爾也會涉及其他形式的陪審制度，但是這僅僅是為了更好地理解本文

---

❶　參見：Harry Kalven, Jr., and Hans Zeisel, *The American Jury*, The University of Chicago Press, 1970. 要將全部有關文獻予以列舉幾乎是不可能的，本文只對其中已經有中譯本的若干代表作品擇要加以陳列：漢密爾頓，〈就陪審團審判續論司法部門〉，載《聯邦黨人文集》，商務印書館，1980 年，第 1 版，第 83 篇；托克維爾，《論美國的民主》，董果良譯，商務印書館，1988 年，第 1 版，第 8 章；孟德斯鳩，《論法的精神》，張雁深譯，商務印書館，1963 年，第 1 版。

的主題。所以，文章對其他形式的陪審團和其他形式的陪審制度，僅僅是
附帶論及。

二、方法論引論

陪審團審判制度雖然在中國的研究尚處於起步階段，但是在英美法系
已經是一個很成熟的題目，關於陪審團審判制度的文章著作可謂汗牛充棟。
因此，本研究在資料方面可以說幾乎不存在任何問題。但是，如何把這個
問題更深入地研究下去，而不僅僅是對西方陪審團的介紹、或是對西方法
學家的重複，角度和方法的選擇就顯得尤為重要。坦率而言，我既無可能
也不應當從所有的角度對陪審團審判制度進行分析，而只可能從某一個角
度來分析陪審團審判制度。

在許多著名的論著中，陪審團都是作為一種政治制度加以論述的。托
克維爾在其名著《論美國的民主》中，雖然也承認陪審制度既可以作為司
法制度而存在，也可以作為政治制度而起作用，但同時卻指出：把陪審制
度只看作司法制度的做法是十分狹隘的。他說：

> 陪審制度首先是一種政治制度，應當把它看成是人民主權的一種形
> 式。當人民的主權被推翻時，就要把陪審制度丟到九霄雲外；而當人
> 民主權存在時，就得使陪審制度與建立這個主權的各項法律協調一
> 致。猶如議會是國家的負責立法的機構一樣，陪審團是國家的負責執
> 法的機構。為了使社會得到穩定的和統一的管理，就必須使陪審員的
> 名單隨著選民的名單的擴大而擴大，或者隨其縮小而縮小。依我看，
> 這一點最值得立法機構經常注意。其餘的一切，可以說都是次要的。❷

筆者以為，托克維爾關於陪審制度首先是一種政治制度的判斷，乃是
出於其自身觀察的視角和重點。若由法律觀之，陪審制度雖屬政治制度，
但是其在政治上之功能，首先卻是通過其作為司法制度之形式而得到實現

---

❷　【法】托克維爾，《論美國的民主》（上卷），董果良譯，商務印書館，北京，
　　1988年，第1版，第315頁。

的。因此，陪審制度乃是一種司法制度，其意義則在於實現法治上之特定目標。如此理解，與英美人民之政治生活方式恰相吻合。在某些國家，幾乎所有的問題最終都會轉化為政治問題，從而也必然轉化為道德問題來處理，其結果就是社會的泛道德化。與之相反，在英美等國，幾乎所有的問題最後都會轉化為法律問題，因此才有今天西方的法治社會。對此，托克維爾曾經正確地斷言：在美國，沒有一個政治事件不是求助於法官之權威的。❸因此，由法律之眼光觀之，陪審團審判首先並且本質上應當是一種為實現法治而設定之制度。

　　既然陪審制度本質上是通過一種特殊的司法程序實現法治的目標，那麼其目標究竟為何？當代許多學者在解釋陪審制度之價值目標時，無不將民主作為其重要價值之一加以論述。筆者以為，這種認識雖然並不算全錯，但是卻略顯膚淺。謂其不算全錯，是因為從當今陪審團的組成來看，其成員的平民（而非貴族）之身分完全可以獲得確認，因此，陪審制度的確可以視為人民參加行使國家權力之重要方式。但從歷史上看，陪審團並不一定是民主的體現，擔任陪審員的人若均為貴族，則其民主之功能實在大有疑問。在這方面，托克維爾的論斷值得在此原封不動地加以引用：

　　　陪審制度既可能是貴族性質的，又可能是民主性質的，這要隨陪審員
　　　所在的階級而定。但是，只要它不把這項工作的實際領導權交給統治
　　　者，而使其掌握在被統治者或一部分被統治者的手裏，它始終可以保
　　　持共和性質。❹

　　所以，雖然陪審團也許可以體現民主，但是它並不一定總是體現民主，

---

❸　同❷，第 109 頁。

❹　同❷，第 313 頁。本書雖然不贊成托克維爾關於理解陪審制度之部分論點，但是仍然認為其觀點大部分是可以接受的。只不過，托克維爾主要是從政治民主的角度出發來觀察陪審團，本書則是從法律與自由之角度來觀察之。可以這樣說，人們如果希望瞭解陪審團的政治角色，大可以閱讀托克維爾之著作；若是希望瞭解陪審團如何通過司法程序保障公民法律上之自由，則一定要閱讀本著作。

從而也可以說它最根本的目標不是民主。既然陪審團審判的根本目標不是民主，那又是什麼呢？依筆者之見，是自由。純粹的民主國家不一定是共和國，以「人民」來命名的國家也不必然是自由的國家。但是，真正的共和國，一定是自由的國度。陪審團審判制度，就是通過將一部分司法權掌握在一部分非統治者手中的方法，實現保障自由的功能。

陪審團保障自由的功能是顯而易見的。正因為陪審團審判之首要目標在於保障自由，所以它才在刑事訴訟中不斷地被強調。漢密爾頓曾經指出：

> 歷來司法的專橫主要表現在武斷起訴、以武斷方法審判莫須有的罪行，以及武斷定罪與武斷判刑；凡此均屬刑事訴訟範圍。刑事訴訟由陪審員審判，輔之以人民保護令立法，似為與此有關的唯一問題。❺

因此，保障自由乃是陪審制度最主要、最顯著也最直接的功能。當我們將陪審團審判制度作為一種司法形式來研究，當我們將其功能主要限定為法律上所實現之功能時，也只能將其功能主要限定為保障自由。至於陪審團的其他功能則可以說都是次要的。❻

---

❺　【美】漢密爾頓、傑伊、麥迪遜，《聯邦黨人文集》，程逢如、在漢、舒遜譯，商務印書館，北京，1980 年，第 1 版，第 418 頁。

❻　托克維爾在其著作中還提到陪審團反映民情、教育民眾等功能。正是基於這些理由，與漢密爾頓不一樣的是，托克維爾更加強調民事訴訟中的陪審團審判制度。他認為，「事實上正是民事陪審團制度，拯救了英國的自由。」「陪審制度，特別是民事陪審制度，能使法官的一部分思維習慣對公民潛移默化。而這種思維習慣，正是人民為使自己自由而要養成的習慣。」「陪審制度對於判決的形成和人的知識之提高有重大貢獻。我認為，這正是它的最大好處。應當把陪審團看成是一所常設的免費學校，每個陪審員在這裏運用自己的權利，經常同上層階級中最有教養和最有知識的人士接觸，學習運用法律的技巧，並依靠律師的幫助、法官的指點、甚至兩造的詰問，而使自己精通法律。我認為，美國人的政治常識和實踐知識，主要是在長期運用民事陪審制度當中獲得的。」參見前引書，第 316–317 頁。應當說，這些功能的確是陪審團所具有的，但是卻不是其主要功能。

　　既然陪審團審判的首要功能在於保障自由，那麼，陪審團是通過何種途徑實現這一目標的呢？

　　其實只需要輕輕的一瞥，就可發現陪審團審判和對抗式訴訟乃是英美法系司法制度與訴訟程序之基本特徵。陪審團審判保障自由的功能，很可能是通過對抗式訴訟這種程序機制得到實現的。因此，作為訴訟法專業的研究者，我很自然地選擇了「對抗式訴訟」作為研究的起點。從這個角度出發，我最後把自己的研究所要解決的問題歸結為一點：陪審團審判制度和當今被稱為對抗式訴訟的英美法系的訴訟制度之間，究竟是一種什麼關係？即，二者是決定與被決定的關係，還是影響與被影響的關係？或者本來二者沒有關係，只是我自己在這裏自作多情？所以，從研究的出發點來說，本書要解決的基本問題，就是陪審團審判制度與對抗式訴訟之間的關係。

　　出發點確定了以後，就是方法論的選擇。沒有一種研究的方法，論文的寫作很可能會成為資料的堆積。所以，本部分作為該項研究的緒論部分，主要就是對方法論的介紹。我以為，訴訟中能被稱為方法論的東西，一個是訴訟價值，一個是訴訟構造，而這兩者通常是密切相關的。這兩者之間的結合，實際上就是我們通常所說的訴訟模式。關於訴訟模式的理論，中國大陸已有學者撰著進行了大量詳實的介紹，❼但是比起國外目前的研究，其中有些理論相對而言已經顯得比較陳舊。

　　從歷史上看，關於訴訟模式理論的發展可以說經歷了三個階段：首先是歐洲大陸的三分法理論，將訴訟模式劃分為彈劾式訴訟、糾問式訴訟和混合式訴訟；其次是帕卡的兩分法理論，將刑事訴訟劃分為犯罪控制模式和正當程序模式；最後是達馬斯卡的四分法理論。因中國學者對達馬斯卡的理論較為陌生，下文將對其進行較為詳盡的介紹。

　　不過，由於達馬斯卡的訴訟模式理論是建立在對已有的理論術語諸如彈劾式訴訟、糾問式訴訟、犯罪控制模式、正當程序模式等概念不滿的基礎上，而本書又是將陪審團審判置於對抗式訴訟這一語境之下進行的，因

❼　李心鑒著，《刑事訴訟構造論》，中國政法大學出版社，1992年，第1版。

此，在介紹達馬斯卡的理論之前，必須首先介紹一下埃斯曼的三分法理論及其所包含之有關對抗式訴訟的一般概念，以及帕卡提出的「兩個模式」理論。

三、對抗式訴訟之一般觀念

法國學者埃斯曼認為，人類所有的訴訟制度都起源於彈劾式訴訟，後來又變遷到糾問式訴訟，而近代又在很多方面回歸到彈劾式訴訟。❽ 這種彈劾式訴訟與糾問式訴訟的區分是根據刑事訴訟制度在人類文明的不同發展階段中所表現的具體特徵而作的區分，其劃分之主要依據則是國家官員在訴訟啟動方面所具有的不同作用。

根據埃斯曼的論述，彈劾式訴訟最主要的特徵在於：

第一，任何個人均有權自由地對犯罪行為提出控告，沒有起訴人就沒有懲罰，控告者承擔起訴之責，並承擔相應後果；第二，它總是盡可能地避免以暴力進行復仇；給予被侵犯之當事人一些特定形式的尊重，以及適當延緩其權利的實現壓倒了原始的個人仇恨，這被認為是一大進步；第三，在原始社會，對被告人的審判幾乎總是由與其地位相等之人，由居住在被告人所在之部落或城堡之人來進行，這被認為是對公正無偏之司法的最佳保障；第四，當事人必須親自到場的觀念來自於原始訴訟所具備之決鬥性質，因為，所有的決鬥都必須以雙方到場為前提；這具有一定的象徵意味，但是這無關緊要，重要的是形式蓋過了事實；第五，法官在彈劾式訴訟中不得主動提起訴訟；他既不能主動管轄某一案件，亦不能主動搜集證據，他的職責僅僅是對提交到他面前的問題作出回應，對證據進行審查，並在證據的基礎上作出決斷；第六，揭露犯罪以及發現犯罪分子的程序充分地體現著當時的信仰，或者說反映著當時時代之偏見。❾

---

❽　A. Esmein, *A History of Continental Criminal Procedure: With Special Reference to France*, translated by John Simpson, The Lawbook Exchange, Ltd., New Jersey, 2000, p. 3.

❾　A. Esmein, *supra* note 8, pp. 4–6.

與彈劾式訴訟比較起來，糾問式訴訟更加技術化和複雜化。根據埃斯曼的說法，糾問式訴訟最顯著的特徵是：

第一，偵查和起訴犯罪分子不再由個人來啟動，而是由國家依照職權來行使這一雙重職能 (the state proceeds *"ex officio"* to perform this double duty)，由國家創制的機構負責偵查和起訴；第二，法官的職能逐漸專業化，不再由當事人自己選擇，而是由國家任命，他成為統治者的代表，壟斷性地行使司法權；第三，法官對案件之調查並不局限於當事人提出的證據，他自己也可以進行調查，並且這種調查以書面的形式祕密地進行；第四，拷打首先出現於較高級別的法院，逐漸滲透到低級別的法院；第五，當事人不服下級法院之裁判，可以向上級法院上訴；第六，祕密的糾問式調查程序導致了嚴格的「法定證明」制度，以形成對法官必要之約束，以及對被告人必要的保護。❿

埃斯曼認為，彈劾式訴訟和糾問式訴訟均各有優劣，二者均不能涵括實現正義所必要的因素。因此，在歷史的發展中，二者在互相借鑒的基礎上形成了混合式訴訟。其特徵在於：

第一，有罪斷定不能在程序開始時形成，法官不能在沒有控訴時就對人定罪；因此，發展出由公訴機關進行指控的制度，在公訴制度下，被害的當事人在訴訟中僅起輔助之作用；第二，判決由治安官或陪審員作出，這一制度綜合了各國的實踐；第三，程序被分為審前程序和審判程序兩大部分，前者既不具公開性也不具對質性；後者則既具公開性又具對質性；第四，法官無需對其判決所依據之證據進行說明；儘管對證據的調查及判斷均須依法進行，但證據之證明力則並非由法律預先規定。⓫

四、帕卡的「兩個模式」理論

當代的法學理論家對彈劾式訴訟與糾問式訴訟這種模式的描述能力並不滿意，因此，帕卡在其著名的論文中，將刑事訴訟分為犯罪控制和正當

---

❿ A. Esmein, *supra* note 8, pp. 8–10.

⓫ A. Esmein, *supra* note 8, pp. 11–12.

程序兩種模式。

　　犯罪控制模式將打擊犯罪作為刑事程序之最高價值目標；為實現這一目標，該模式將刑事程序過濾嫌犯、決斷有罪以及對定罪之罪犯進行適當處置的效率視為刑事訴訟的首要注意事項；為了實現訴訟效率，首先需要使刑事訴訟迅速地進行；為了使刑事訴訟能夠迅速地進行，必須依賴於一些非正式的制度；所以，這一模式喜歡非司法程序勝過正式的司法程序；警察官員被賦予極大的權力而幾乎不受任何法律機制的阻礙，法院的正式審判則盡可能後延。❷在犯罪控制模式之下，對嫌疑人和被告人通常實行有罪推定；其基本的假設則在於，由警察和檢察官控制的過濾程序可靠地顯示出：沒有被過濾掉的人顯然很可能是有罪的。當然，此處的有罪推定並非無罪推定的相反涵義，它僅僅是對於警察官員表達的一種信任。❸

　　與之相反，如果說犯罪控制模式像一條流水作業式的生產線，則正當程序模式就像障礙賽式的運動場。❹程序中每一個連續的階段都被設計為防止將嫌疑人送入下一程序階段的障礙。正當程序模式並不反對預防犯罪，但是該模式視個人自由重於社會安寧，對國家官員的權力總是予以限制，從而在訴訟中對政府、尤其是警察的權力設置了諸多限制；其次，正當程序模式總是懷疑非正式程序的可靠性，並總是強調人類犯錯誤的可能性，以及在非正式的調查中可能之偏見的影響，因此，非正式的程序在這裏幾乎沒有市場；第三，犯罪控制模式對嫌疑人和被告人實行「事實上的」「有罪推定」，正當程序模式則對嫌疑人和被告人實行「法律上的」「無罪推定」。❺因此，正當程序模式就像一個實行嚴格質量控制的工廠，從而其產出的數量必然受到嚴重的削減。❻

---

❷　Herbert Packer, *Two Models of the Criminal Procedure*, 113 U. Pa. L. Rev. 1 (1964), pp. 10–11.

❸　Herbert Packer, *supra* note 12, p. 12.

❹　"If the Crime Control Model resembles an assembly line, the Due Process Model looks very much like an obstacle course." Herbert Packer, *supra* note 12, p. 13.

❺　Herbert Packer, *supra* note 12, pp. 13–14.

　　這樣的分類在哥德斯坦的文章中受到謹慎的批評。哥德斯坦指出，帕卡的「兩個模式」理論的首要問題在於：犯罪控制並非一種程序模式，因為任何模式的程序其目的都是要控制犯罪並且以此作為衡量程序的一個標準；而正當程序則是為達成此目標而產生的一系列程序性設置。❶

　　在此基礎上，哥德斯坦主張使用傳統上關於彈劾式與糾問式的概念。哥德斯坦認為，彈劾式訴訟之特徵在於，它假定社會處於一種不容易受到侵害的平衡狀態，並且對於將國家置身爭端之外的理念賦予極為重要之價值。❶ 糾問式訴訟之首要特徵則在於其主動性，它賦予國家官員肯定性的義務以確保國家在實體或程序方面的政策能夠執行。司法機關同樣承擔這樣的任務，其首要關懷就是國家刑法的執行，但以什麼樣的方式執行則漠不關心。無論是偵查階段還是審判階段，被告人都被作為證據的一個重要來源來對待，他總是作為第一個證人受到傳喚，並遭受主審法官對於其生活和案件事實的審問。糾問式訴訟並不強調以口頭之方式提供證據，也不強調律師對證人的交叉詰問。相反，審判實際上是對於已經固定的書面材料包括偵查卷宗的公開重複。在整個訴訟程序中，司法機關一直占據主導地位，它是一種國家主導而不是當事人主導的訴訟程序。法官並不僅僅居中裁判，他還擔任著程序之啟動者和證據之搜集者的重任；此外，他還必須保證對定罪和刑罰衡量的正確性。❶

　　不過，哥德斯坦提醒我們，以上關於彈劾式訴訟與糾問式訴訟的描述

---

❶　"The Due Process Model resembles a factory that has to devote a substantial part of its input to quality control. This necessarily reduces quantitative output." Herbert Packer, *supra* note 12, p. 15.

❶　Abraham S. Goldstein, *Reflection on Two Models: Inquisitional Themes in American Criminal Procedure*, 26 S. L. Rev. (1974), p. 1016.

❶　Abraham S. Goldstein, *supra* note 17, p. 1017. 哥德斯坦認為，「無罪推定是彈劾式訴訟制度的心臟」。它要求，直至特定的程序和證明要求得到滿足之時，被告人都必須被以無罪者的身分來對待，並且他也無須對那些試圖對他定罪之人提供任何幫助。

❶　Abraham S. Goldstein, *supra* note 17, pp. 1018–1019.

並非當今英美法系和大陸法系訴訟程序的真實描述。事實上，歐洲大陸的訴訟程序並非純粹的糾問式程序，而英美法系的訴訟程序也並非純粹的彈劾式訴訟程序。相反地，英美法系的訴訟程序有糾問式因素，大陸法系的訴訟程序中也有彈劾式因素。只不過，英美法系是以彈劾式訴訟為主導，而大陸法系則是以糾問式訴訟為主導。**⓴**

五、達馬斯卡的訴訟模式理論

正是由於彈劾式訴訟、糾問式訴訟等語詞並不足以概括和描述當代西方兩大法系訴訟之特徵，所以，如果以傳統的概念來分析英美法系和大陸法系的相關制度，在有些地方勢必捉襟見肘。因此，如果一方面要尊重傳統（使用傳統的概念），另一方面又要描述現實，則必須對傳統上之概念進行一定的改造。為此，有必要借鑑達馬斯卡的訴訟模式理論。

達馬斯卡於 1960 年畢業於南斯拉夫盧布爾雅那大學 (University of Ljubljana)，獲博士學位；此後在南斯拉夫薩格勒布大學 (University of Zagreb) 任教授，現為耶魯大學法學院教授，從事比較法學研究數十年。1973 年，達馬斯卡發表的〈對定罪的證據限制：刑事訴訟的兩個模式——一個比較的研究〉**㉑**一文，奠定了他在比較法學研究領域的地位；1975 年，他又發表文章，論證舉證模式與發現事實之精確性的關係；這篇文章實際上是他在 1973 年所發表文章觀點的補充。**㉒**同年，達馬斯卡發表文章首次對司法官僚結構與訴訟風格之關係提出自己的看法。**㉓**在這篇文章的基礎上，達馬斯卡經過歷時十年的研究，於 1986 年出版著作：《正義之臉與國家權

⓴　Abraham S. Goldstein, *supra* note 17, pp. 1019–1020.

㉑　Mirjan Damaska, *Evidentiary Barriers to Conviction and Two Models of Criminal Procedure: A Comparative Study*, 121 U. Pa. L. Rev. 506, 1973.

㉒　Mirjan Damaska, *Presentation of Evidence and Factfinding Precision*, 123 UPALR 1083, May, 1975.

㉓　Mirjan Damaska, *Structure of Authority and Comparative Criminal Procedure*, in 84 Yale Law Journal, 1975, pp. 480–543.

威》❷，首次就政治因素對訴訟程序的影響進行了總結和概括，從而將對訴訟模式的分析推進到一個更為廣闊的空間。該書發表後，在學術界引起廣泛關注。❷1994 年，該書即獲再版。

達馬斯卡認為，決定訴訟模式的因素可以分為兩個方面：第一是由國家意識形態 (state ideology) 所決定的訴訟目標，第二是由司法官僚結構 (structure of judicial officialdom) 所決定的訴訟風格。就意識形態而言，達馬斯卡建立了放任自由主義 (Reactive) 與積極行動主義 (Active) 兩個基本模型，與這兩個基本模型相對應的訴訟模式分別是糾紛解決模式 (conflict-solving type of proceeding) 與政策執行模式 (policy-implementing type of proceeding)。就司法官僚結構而言，達馬斯卡也建立了兩種理想的模型，一是同位模式的司法官僚結構 (coordinate officialdom)，二是等級模式的司法官僚結構 (hierarchical officialdom)；與這兩種司法官僚結構相對應的訴訟模式分別是爭鬥模式的訴訟風格與合作模式的訴訟風格。❷以下對達馬斯卡的理論及其使用的術語作一簡單之介紹：

(一)意識形態對訴訟模式的決定作用

1.放任自由主義之意識形態與糾紛解決模式之訴訟程序

在一個放任自由主義意識形態占主導地位的國家，國家及其政府的職責僅僅在於為社會的交往提供一個框架。社會不受具有自我意識的政府的控制，政府也不能為它的人民規定什麼是值得嚮往的生活方式，並強迫人們為這樣的生活方式而努力。政府通常被稱為最小主義的政府，其職責僅

---

❷ Mirjan Damaska, *Faces of Justice and State Authority*, Yale University, New Haven and London, 1986.

❷ 評論文章可參見：Arthur Taylor von Mehren, *The Importance of Structures and Ideologies for the Administration of Justice*, 97 Yale L. J., 1987; Detlev Vagts & Mathias Reimann, *The Faces of Justice and State Authority: A Comparative Approach to the Legal Process*, in 82 Am. J. Int'l L., 1988; Inga Markovits, *Playing the Opposite Game: On Mirjan Damaska's the Faces of Justice and State Authority*, 41 Stan. L. Rev., 1989.

❷ Mirjan Damaska, *Faces of Justice and State Authority*, pp. 18–23.

僅在於保護社會秩序和解決當事人自己解決不了的糾紛。公民對於放任自由主義國家的聯繫也僅僅在於，這個國家為他提供了一種解決糾紛的中立的論壇。❷所以，其訴訟程序就主要體現著糾紛解決的風格：

第一，程序規則僅僅是當事人應當遵守的一種守則，而不是出於其他目的設置的規則；程序之正當性是裁判之權威性的唯一來源。只有當判決有利於在法庭辯論中處於上風的那一方當事人的時候，判決才具有合法性。所以，公平成為涉及法律程序的首要關懷。為了實現訴訟程序的公平，必須要為當事人配備平等的武裝。第二，對於私人的自治必須滿足到何種程度，放任自由主義的國家沒有自己的利益，所以當事人的地位充滿著自治和平等的精神。為了給與自然上不平等的當事人予以法律上的平等，放任自由主義的國家通常選擇為較弱的一方提供律師幫助。第三，糾紛解決的訴訟程序通常是當事人控制的訴訟程序。訴訟被認為是，並且也被設計為一種象徵性的比賽，在這個比賽中，法官主要依賴當事人和他們的律師來推進法律爭點並建構其事實爭點。在這樣的程序中，真實更被視為當事人爭論的結果，而不是視為對客觀現實的一種反映。所以，這種程序幾乎不可能成為刨糾事件之真實狀態的糾問式訴訟程序；同時，將當事人視為信息來源的作法也是不能容忍的。第四，裁決者的理想地位是對於解決糾紛的關懷，並且其他任何的考慮在這一關懷面前都黯然失色。為了保證程序的公正，裁決者必須在沒有任何準備的條件下進入程序，在解決糾紛時他不得考慮與糾紛無關的任何問題。第五，在理想的糾紛解決模式的程序中，律師的角色就是熱情地維護他的委託人的利益，並且這一利益也應當由其委託人來界定。第六，糾紛解決模式的訴訟程序反對改變程序的結果，哪怕該結果的確建立在錯誤的事實基礎之上。這是因為，首先，實體的正義對於一個放任自由主義的政府來說並不特別重要；其次，糾紛解決程序的首要任務乃是吸收衝突。❷

---

❷　Mirjan Damaska, *Faces of Justice and State Authority*, pp. 73–75.

❷　以下論述參見：Mirjan Damaska, *Faces of Justice and State Authority*, pp. 97–146.

2.積極行動主義之意識形態與政策執行模式之訴訟程序

在一個積極行動主義意識形態占主導地位的國家，國家及其政府都被視為有自我意識的主體，這個主體有權為社會設定目標，有權定義什麼是好的生活，並且有權在全國範圍內執行它的意識形態。放任自由主義的國家將它的政府功能限定於維持社會的平衡，而積極行動主義的國家則允許政府侵入公民生活的各個領域。❷❾

相應地，一個理想的積極行動主義國家的法律程序就被設計為由官吏的偵查和執行國家政策組成的程序。這樣的程序也有著它自己的特徵：

第一，決定的合法性主要來自於其本身的正確性，而不是來自於程序的正當性。所以，訴訟程序就有必要盡最大可能地獲得一個實體上正確的結果，而不是加強公正的觀念或保護其他並列的實體價值。因此，在積極行動主義國家，程序規則就只有較小的重要性和不獨立的地位，它基本上是實體法的僕女。第二，由於積極行動主義國家的意識形態並不當然地認為個人是他利益的最佳代表者，所以，當事人在政策執行模式的訴訟程序中常常被當作未成年人來對待。當事人的自主性並不具有第一重要的意義，他們通常被拒絕作為控制訴訟程序的主人。第三，由於正確地執行法律要求精確地決定過去發生的事件並為將來的發展提供可靠的預見，所以，正確地發現事實就具有極其重要的地位。因此，政策執行模式的訴訟程序很容易將當事人轉變為信息的提供者。同時，政策執行模式也喜歡職權控制模式勝於當事人主導模式。第四，在政策執行模式的訴訟程序中，決定的製作者被希望達成一個正確的結果，因而，決定的製作者必須是正義的 (justice)，而不一定必須是無偏私的 (impartial)。同時，為了保證政策能在法律程序中得到嚴格的執行，裁判者必須對國家忠誠，而且裁判者那種對政府利益漠不關心的態度也被視為不合適的，甚至是不可理解的。第五，私人律師對其當事人的忠誠還要受制於遙遠的國家利益的考量。當個人利益與國家利益發生衝突時，前者要服從後者。另外，由於達致一個正確的結果的責任由國家官員來承擔，所以私人律師的才能對於訴訟而言並不具

❷❾ Mirjan Damaska, *Faces of Justice and State Authority*, pp. 80–87.

有關鍵性的作用。第六，由於程序的目的在於推進國家意志的實現，所以任何實體上被視為錯誤的裁決都必須予以糾正，即使正確地遵守程序規則也不行。從而，程序的結果通常具有高度的不確定性，程序安定的價值自亦無從體現。❸

㈡司法官僚結構對訴訟風格的影響

1.等級模式之司法官僚結構與合作模式之訴訟程序

在等級模式的司法官僚結構之下，職業化的官僚以及長時期的任職，均不可避免地導致專業化和程式化，而這些又導致法官劃定一個他們認為屬於他們的領域，並發展出內部之間自我認同的身分意識。逐漸地，內部人和外部人之間的區別變得嚴格化，從而外部人對程序的參與對法官而言變得無關緊要。官吏們被分成不同的層級，並且被分別置放在等級分明的層級體系中。為了加強權威性和統一性，不同的意見很少得到容忍，所有人都被要求在同一只鑼鼓上敲打出同樣的聲音。這一要求同時導致邏輯導向或邏輯合法主義，這一意識形態把邏輯上的前後一致看得比個案的公正更為重要。❸

在等級模式的司法官僚結構之下，訴訟程序體現著合作的精神，法庭爭鬥的激烈程度則受到嚴重削弱。這主要是因為，在這種司法官僚結構之下，程序經常被分成連續的片段，程序的展開是在一個以服從為特徵的官僚鏈條中展開；由於每一個程序都有下一個程序進行全面的審查和檢驗，所以初始的決定常常並非注意的焦點；結果是，程序被分割成若干個階段，而最後的審判則建立在這些程序階段所積累的案卷以及各階段中的不同決定的基礎上，所有這些決定都必須為將來的審查作準備；不僅如此，程序的「內部人」壟斷著程序的進行，「外部人」則在一系列的法律程序中其功能都受到嚴格的限制。❸因此，整個訴訟程序彌漫著一種合作與服從的氣氛，法庭辯論的激烈程度也遠遠不如同位模式之下法庭辯論的激烈程度。

---

❸　Mirjan Damaska, *Faces of Justice and State Authority*, pp. 147–180.

❸　Mirjan Damaska, *Faces of Justice and State Authority*, pp. 18–22.

❸　Mirjan Damaska, *Faces of Justice and State Authority*, pp. 47–56.

2.同位模式之司法官僚結構與爭鬥模式之訴訟程序

　　與等級模式的司法官僚結構相對應，理想的同位模式的司法官僚結構由未受過法律訓練的外行人組成法官，這些外行人只是臨時地在有限的時間內履行當局的職責。內部人和外部人的區分因而並不明顯。由於任何人都並不優於其他人，所以法官之間浸透著平等的精神。即使是高級別的官員和低級別的官員之間也具有一種同質性，享有相同的威望。因此，不同的意見總是能夠得到容忍，並且不同意見者總是能夠反覆地重複他們的意見。由於並沒有嚴格的級別區分，所以也就很少有上級的審查。所以，整個權威的結構充滿著最初裁決者的特徵。從而，訴訟程序也把個案的公正看得比邏輯上的一致性重要。❸

　　在同位模式的司法官僚結構之下，訴訟程序體現著爭鬥的風格。這主要是因為，在此種司法官僚結構之下，權威只有一個等級，法律程序將注意力集中於審判這一事件；由於沒有常設的全面審查機制，審判所作出的決定就通常被認為是最終的和不可撤銷的決定，而來自上級法院的審查則總是作為例外而存在；所以，卷宗也就是不必要的；從而，程序也就趨向於口頭化而不是書面化；同時，由於程序是由外行人主持，所以程序總是集中的，不會被分成若干個階段，從而，令人驚訝或者不可預見的事件在程序中也就能夠得到更多的容忍；另外，法庭的戲劇化效果也由於法官裁決的終局性而得到加強；不僅如此，由於並不存在著官僚和個人之間的嚴格的區分，程序大部分也就是依賴於個人提供的材料來進行。❸因此，在這種司法官僚結構之下，整個訴訟程序充滿著競爭與戰鬥的氣氛，法庭辯論的激烈程度也得到極大的加強。

六、本書使用之概念及其內部關係

　　達馬斯卡認為，傳統的糾問式訴訟和對抗式訴訟這一組概念並不足以概括英美法系和大陸法系訴訟模式之間的區別。只有將決定訴訟目標的意

---

❸　Mirjan Damaska, *Faces of Justice and State Authority*, pp. 23–28.

❸　Mirjan Damaska, *Faces of Justice and State Authority*, pp. 57–65.

識形態與決定訴訟風格之司法官僚結構二者結合起來，才可能從整體上把握英美法系和大陸法系訴訟模式之間的區別。為此，達馬斯卡總結出了四種訴訟模式：等級模式之下的糾紛解決模式；等級模式之下的政策執行模式；同位模式之下的糾紛解決模式；同位模式之下的政策執行模式。❸由此可以看出，很顯然，達馬斯卡並不認為意識形態和司法官僚結構之間有直接的或者必然的聯繫。

　　筆者以為，若僅就訴訟而言，放任自由主義意識形態的核心在於對國家官員的不信任以及對私人個人自主性的尊重，而積極行動主義的核心則在於強調國家作為一個整體的利益，因而賦予國家官員比較大的權力，對個人的自主性則比較忽視。因此之故，在訴訟程序中，放任自由主義自然地傾向於使用外行的法官來裁斷案件，而積極行動主義則自然地傾向於使用專業化的官員來裁斷案件。由此出發，在一個具體的訴訟制度中，究竟是採用同位模式的司法官僚結構還是採用等級模式的司法官僚結構，主要還是決定於主導這個訴訟制度的意識形態。同時，司法官僚結構對於意識形態也有反作用。同位模式的司法官僚結構體現著放任自由主義的意識形態，並且有利於保障放任自由主義意識形態設定之訴訟價值目標的實現；相反，等級模式的司法官僚結構則體現著積極行動主義的意識形態，並且在很大程度上保障著積極行動主義意識形態在具體訴訟中的貫徹執行。

　　這樣看來，則在實際生活中，很可能並不存在達馬斯卡所說的等級模式之下的糾紛解決模式和同位模式之下的政策執行模式這兩種訴訟形態。達馬斯卡在他的著作中千方百計地尋找這兩種形態在現實中的原型，並且他自以為自己找到了，但在我看來他找到的原型實際上是對該制度的誤解。比如，對於同位模式之下的政策執行模式，他找到的是中世紀英國刑事訴訟中具有證人特徵的陪審團審判，他認為當時的陪審團審判具有很濃厚的政策執行的味道。❸這實際上是對當時陪審團審判的一種誤解。事實上，在英國的歷史上，陪審團審判從未發展出政策執行模式的訴訟體制。但是，

---

❸　Mirjan Damaska, *Faces of Justice and State Authority*, p. 181.

❸　Mirjan Damaska, *Faces of Justice and State Authority*, p. 228.

這並不是說陪審團審判永遠不可能成為政策執行的工具。在陪審團被移植到受英美法系影響之其他國家尤其是非洲國家的過程中，陪審團實際上已經成為政策執行的工具，但是它的這種變異乃是因為陪審團的移植缺乏它在英國產生時的一些制度要件（參見本書第六章之論述）。

因此，在歷史上，以及在當代社會，比較普遍存在的訴訟模式基本上可以概括為兩種典型：一種是同位模式之下的糾紛解決模式，一種是等級模式之下的政策執行模式。當代大陸法系與英美法系的訴訟模式，基本上是屬於這兩種典型；它們在歷史上同出一源，但是到 12 世紀以後發展出不同的形態，從而形成今天這樣的制度。也就是說，在最初的時候，無論英格蘭還是歐洲大陸，其訴訟模式都應當是同位模式之下的糾紛解決模式；從 12 世紀以後，英國的訴訟模式基本上還保留著這一模式的基本特徵，而歐洲大陸則走上了等級模式之下的政策執行模式這一截然不同的道路。

這是對大陸法系和英美法系訴訟模式一個簡單的概括。為了行文的方便起見，本研究還是要使用「彈劾式訴訟」、「糾問式訴訟」、「對抗式訴訟」、「非對抗式訴訟」這兩組概念。不過在涵義上，它們對應的應當分別是達馬斯卡所說的同位模式之下的糾紛解決模式與等級模式之下的政策執行模式。對於本文使用的概念及其相互關係，可以用圖 0–1 來表示。

七、對抗式訴訟的歷史沿革

不僅如此，本文還認為，「對抗式訴訟」是一個歷史的概念、一個發展的概念。它在不同的歷史時期，具有不同的歷史特徵。根據人類訴訟的發展軌跡，筆者試將對抗式訴訟的發展分為三種形式：

第一種形式是原始階段。在這一階段，由於放任自由主義意識形態占據主導地位，訴訟純粹是私人的事情，起訴、告發均由私人進行，國家並不干預；法官往往是以自己的德行獲得案件的審判權，其裁決的執行也來自於法官的個人權威，而不是來自機構設置的權威；在案件作出決定前，本來並沒有所謂今天的實體法，程序開始以後，實體觀念才逐漸產生；訴訟的啟動和推動均依靠當事人進行，法官僅僅居中裁判；因此，原告必須

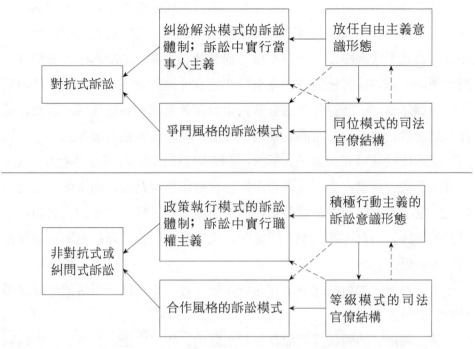

圖 0-1　本研究所用之概念及其相互關係❸

舉證證明自己的主張，而被告則無須舉證，但是他通常也不會置之不理。由於程序規則和證據規則的缺乏，這個階段的舉證、辯論，通常都十分隨意，甚至可能有點像吵架。我們把這種形式的對抗式訴訟稱為「純自然狀態的對抗式訴訟」。

　　第二種形式是進入國家以後，訴訟雖然也在一定程度上被視為是私人的事情，但是並不排除國家干預。法官已經不單純依賴自己個人的權威，而是依賴於國家的任命，成為權力的代表者。起訴既可以由當事人進行，也可能由政府發動。偵查也可以由政府任命的官員進行。法官主持審判，不允許吵架式的自然辯論。舉證仍然由當事人進行。但是由於國家介入因素的增加，以及程序規則的逐漸發展，我們將這一階段的對抗式訴訟稱為「半自然狀態的對抗式訴訟」。

　　第三種形式則是國家觀念比較強大，偵查和起訴幾乎完全由國家控制；

❸　圖中實線表示直接的決定關係，虛線表示間接的或比較弱的影響作用。

法官幾乎完全由政府任命，但是在審判中並不代表政府及其行政機關，而是代表整個社會；國家及其政府與社會是分離的，國家負責保衛社會，而法官因為並不代表國家，所以不擔負保衛社會之責；訴訟程序十分發達，證據規則十分完善，法庭辯論完全是在法官的控制之下，決不允許任何形式的自然辯論，因此律師在法庭審判中發揮著至關重要的作用。因此，這種形式的對抗式訴訟，我將其稱為「非自然狀態的對抗式訴訟」。

無論是何種形式的對抗式訴訟，其根本特徵都在於，國家與社會分離；法官既不代表國家，亦不代表政府；法官必須居中裁判，而不能有任何傾向性。當事人對自己的命運負責，因而承擔舉證責任。對被告人必須給予更好的保護，因為在被證明有罪之前，他應當被視為無罪；證明有罪是控訴方的責任。

第一種形式的對抗式訴訟存在於原始社會。很可能一切訴訟的源頭都是對抗式訴訟。

第二種形式的對抗式訴訟存在於古羅馬、古代中國、古英國、古代歐洲。英國自被羅馬征服後一直到 13 世紀前，其訴訟形式都介於純自然狀態的對抗式訴訟和半自然狀態的對抗式訴訟之間，但是純自然狀態的對抗式因素更多一些；而自 13 世紀陪審團審判建立以後，其訴訟形式屬於半自然狀態的對抗式訴訟形式。17–18 世紀以後，英國的證據規則逐漸得以建立，英國的訴訟程序以及美國的訴訟程序都屬於非自然狀態的對抗式訴訟（如圖 0–2 所示）。❸❽

---

❸❽ 在英國的對抗式訴訟逐漸發展的時候，歐洲大陸國家的刑事訴訟也在發展。具體來說，當英國的訴訟在 13 世紀通過陪審團審判制度的引入而繼續保留著原始的彈劾式訴訟風格的時候，歐洲大陸則由於宗教裁判所的建立及其訴訟程序產生的對世俗法院的影響而導致了教會法院和世俗法院均發展出了令人談虎色變的糾問式訴訟，這種糾問式訴訟在 15–16 世紀臻於成熟。17、18 世紀，隨著啟蒙運動的開展和深入，糾問式訴訟受到了激烈的批判；隨後，法國大革命期間，法國率先引進了英國的陪審團審判制度，這一引進在歐洲起到了開先河的作用，大陸國家紛紛跟進，從而導致了訴訟程序的革命性改變，雖然沒有完全成為英國模式，但是經過多年努力，二者實際上已經相去不遠。

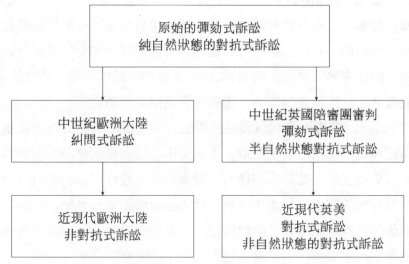

圖 0-2　對抗式訴訟與非對抗式訴訟的發展歷程

　　本書的目標，就是要探討陪審團與對抗制之間的關係，具體包括：第一、在 13 世紀到 17 世紀漫長的封建社會，英國陪審團如何有效地阻止了教會法院糾問式訴訟在英國的發展，從而使英國這段時期的刑事訴訟仍然保留了原始的彈劾式訴訟的核心制度，並使其訴訟形式處於半自然的對抗式訴訟形態；第二、在大陸法系引進陪審團以後，它在大陸法系實施的效果，尤其是對訴訟程序以及審判風格的影響；第三、在英美對抗制進一步發展的過程中，陪審團審判制度對這些發展尤其是對證據規則的產生及發展的意義；第四、陪審團審判在當代對抗制中的地位與作用；以及最後，陪審團審判制度的發展趨勢。

八、本書的基本思路與主要內容

　　本書分為緒論、結語及正文三個部分。其中，緒論包括研究對象、研究方法和本研究的基本內容與結構，主要內容是介紹本書的研究方法。

　　整個研究的主體部分即正文部分分為五編，每編之下設兩章，章下分若干節。

　　第一編為「陪審團審判之起源及其司法功能之發展」。第一章介紹英國陪審團的起源，主要是審判陪審團的起源。由於陪審團在最初的時候具有一些證人的特徵，其作為糾紛裁判者的身分尚未得到完全的發展，因此，第二章介紹陪審團司法功能的發展，內容主要包括陪審團證人身分的弱化、從多數裁決到一致裁決的確立、懲罰陪審團制度的消亡等。

　　第二編為「陪審團審判與彈劾式訴訟」。在這裏，彈劾式訴訟是指英國在中世紀❸時期保留的訴訟制度。本編的中心任務是闡釋陪審團在為英國保留古代彈劾式訴訟的基本特徵方面發揮的決定性作用。為闡明這種作用，第三章首先對糾問式訴訟產生之過程及訴訟之特徵進行介紹，第四章則對陪審團如何能夠抵制糾問式訴訟的侵入、保留彈劾式訴訟的基本特徵進行分析與說明。本編得出的結論將是本文的中心所在。

　　第三編是「陪審團審判之移植與傳播」。第五章陪審團在歐洲大陸的移植，介紹歐洲大陸、主要是法國、德國、意大利移植陪審團審判制度的過程以及移植後實施的效果，並分析陪審團在歐洲大陸消亡的歷程以及衰退的原因。第六章陪審團在英美法系以及其他國家的繼承與移植，介紹陪審團在英國的前殖民地美國、澳大利亞、紐西蘭、印度、南非等國家或地區的移植，並附帶介紹陪審團在蘇格蘭、日本的移植情況。這一章將對陪審團在美國、澳大利亞等國移植的成功進行分析，對陪審團在南非、日本移植的失敗進行總結。

　　第四編「當代對抗制中之陪審團審判」，介紹英國和美國在進入近現代社會以後其彈劾式訴訟程序的進一步發展及其實施情況。本書將這一發展主要歸結為兩個方面：一是律師的介入對訴訟程序的影響，二是證據規則的產生。第七章就是介紹律師的介入對訴訟程序的影響，並闡述證據規則的產生與陪審團審判制度之間的關係。❹第八章主要是對當代英美陪審團

---

❸　在歷史上，「中世紀」指的是從公元 600 年到公元 1600 年期間大約 1000 年左右的歷史階段。參見：菲利普・李・拉爾夫等著，《世界文明史》（上卷），趙豐等譯，商務印書館，北京，1998 年，第 1 版。本書亦是在這一意義上使用「中世紀」這一概念。

審判程序的介紹，它可以使我們對於當代英美的陪審團審判制度有一個總體上的瞭解。同時，第八章還將對當代美國死刑案件中的陪審團審判進行研究與分析。

第五編為「陪審團審判之力量與未來」。第九章比較當代英美法系陪審團審判程序與大陸法系訴訟程序及英美國家內部非陪審團審判程序之間的區別，這種比較實際上是第二編二者之間比較的延伸，其得出的結論則是對第四章結論的呼應。第十章對陪審團在當代對抗制中發揮的作用，以及陪審團面臨的挑戰、陪審團衰弱的現象及其原因進行分析和探討。

結語部分是對各章的總結、概括和得出的結論。

㊵　郎本認為，當代英美刑事訴訟中的對抗制是從 1690 年以後才開始逐漸發展起
來的。參見：John H. Langbein, *The Origins of Adversary Criminal Trial*, Oxford
University Press, 2003, p. vii. 本書對此觀點基本上表示贊同，因此前四章敘述
的主要是 17 世紀以前的陪審團審判，後四章論述的主要是 17 世紀以後的陪審
團審判。值得指出的是，有時候為加強論證之力量以及出於敘述之方便，也可
能會不考慮這種歷史的分段。

第一編　陪審團審判之起源及其司法功能之發展

第一章　陪審團審判之起源

一、古老的彈劾式訴訟

　　儘管出於實際的需要，大多數學者都認為英國法的真正歷史開始於諾曼征服，但就本文的主題而言，卻需要從諾曼征服以前的歷史說起。在諾曼以前，英國曾經被羅馬人征服過，也被塞爾特人征服過。就像其他許多文明的源頭一樣，英國的刑事訴訟最初也是從血親復仇開始的。在國家尚未完全形成，社會亦沒有高度組織起來以前，公共的懲罰是一件稀罕的事情。犯罪和懲罰都是個人的私事，僅有的一些立法也僅僅是為了規範個人之間的復仇行為，而不是為了我們今天所稱的控制犯罪。❶

　　大約在 8–9 世紀的時候，盎格魯·薩克森人建立了自己的國家。他們的生活仍然比較原始，但是有自己的司法系統——如果那可以叫作司法系統的話。如果發生糾紛，人們首先的選擇是到百戶邑法院去尋求正義。百戶邑法院每月聚會一次；如果是更為重大的事情，則聚集在郡法院，它每年只開放兩次。法院都是在露天集會，如果用現代意義上的審判來理解當時的活動則顯然是一種年代的錯誤。當時並沒有專業的律師，也沒有現代意義上的法官，而只有牧師、教士和修道士 (abbots)——在諾曼征服以前，英國還沒有獨立的教會法院。當時也沒有固定的職員或長期任命的官員，最後的裁斷是會議程序的結果而不是主持官員的判斷的結果。並且，只有起訴者才會記得會議的結果。❷

　　在諾曼征服以前，英國就已經存在著多種原始的訴訟形式，並且這些

---

❶　F. Pollock, *English Law before the Norman Conquest*, in *Selection Essays in Anglo -American Legal History*, Vol. I, Wildly & Sons Ltd., London, 1968, p. 90.

❷　F. Pollock, *supra* note 1, p. 91.

訴訟形式在諾曼征服以後的 2 個世紀內還一直存在著。一直要到 13 世紀普通法發展起來的時候，英國的訴訟形式才開始成熟。嚴格說來，在這之前的 4-5 個世紀中，盎格魯‧薩克森人的訴訟程序只有「證明」(proof)，並無「審判」(trial)。證明的方式主要是共誓滌罪 (compurgation)、水火考驗 (ordeal) 和決鬥 (duel)。一般情況下，如果一個人被指控犯罪，被告人必須發誓來證明自己的清白，他的誓言往往由一些支持者的誓言予以加強，這些支持者被稱為「共誓滌罪人」(compurgator)。共誓滌罪人並非對所指控之罪行有實際瞭解的證人，其誓言只是簡單地宣稱被告人的誓言是可靠的，而不是就案件事實進行陳述。不過，儘管這些共誓滌罪人並不一定瞭解案情，但卻對被告人的品行比較瞭解，所以，從這個意義上看，他們也算是證人——並且實際上，在英國的很多法學家筆下，他們就是證人。

那時候並沒有現代意義上的證據規則。雖然也有規則，但規則只是簡單地宣稱多少證人是必要的，以及多少普通人的證言可以抵銷一個鄉紳 (thegn) 的證言。❸當事人可能會因為口誤或其他過失而敗訴，也可能因為找不到足夠的證人幫助其宣誓而敗訴。而一旦敗訴，他將沒有任何補救的機會。上訴的制度直到近代才發展起來。

通常情況下，一個有著好名聲的人總是能夠通過誓證（即共誓滌罪）的方式洗清罪名，因為他們幾乎總是能夠找到足夠數量的共誓滌罪人。但是在一些特別的案件中，如果有跡象表明被告人有較大的嫌疑，或者被告人有不好的品格，則可能導致其必須接受「考驗」這種審判。

考驗的方法有兩種：一種是將被告人放進冷水中看被告人是沉下去還是浮上來；在這種審判方式中，被告人的死亡幾乎是毫無疑問的，因為，只有在被告人沉入水中的情況下，他才被視為是無辜的，而如果他漂浮在水面上，則他必須被判處死刑。❹史蒂芬認為，水的考驗實際上是讓被告

---

❸ F. Pollock, *supra* note 1, p. 93.

❹ Alice Stopford (Mrs. John Richard) Green, *The Centralization of Norman Justice under Henry II*, in *Selection Essays in Anglo-American Legal History*, Vol. I, Wildly & Sons Ltd., London, 1968, p. 116.

人選擇體面地死亡。因為，任何一個人，如果他不會游水，或者會游水但並不有意讓自己浮在水面，那麼他沉到水底都將是很自然的事情。因此，即使一個會游水的被告人相信自己的清白，他也必須以自殺的方式來證明這一點。❺

另一種考驗方式是讓被告人把胳膊伸進滾燙的開水中，或者讓被告人用手握住燒紅的熱鐵。❻毫無疑問，這些考驗的方式出現的年代都非常久遠，並且每一種模式都訴諸於某種超自然的力量；而主持這些考驗的儀式則是在教會職員出現之後加上去的。教會職員通過一定的儀式使這樣的考驗客觀化、長期化、神聖化。❼由於被告人只有在無法找到足夠的證人的時候才必須接受這種審判，因此，訴訟的結果顯然離正義十分遙遠，而被告人被無罪釋放的比例也相當地高。當時肯定也有很多人相信有罪者經常逃脫懲罰，只不過這種情況在多大程度上是真實的就只能發揮我們的想像了。孟德斯鳩在談到《撒利克法》中關於開水立證的規定時曾經以驚奇的口吻說道：「人們不能不感到詫異，當他們看到：我們的祖宗在決定國民的榮譽、財產和生命問題時所根據的事物，是屬於理性的少，而屬於運氣的多。」❽這樣的評論自然也適合英國古代具有神意審判特徵的彈劾式訴訟形式。

除了上述兩種審判方式以外，另一種為德意志部落所推崇的審判方式就是決鬥，但據史家考證，這種審判方式第一次出現在英國時不是薩克森

---

❺ J. F. Stephen, *A History of the Criminal Law of England*, Vol. 1, Macmillan and Co., 1883, p. 73. 在法國，冷水審判不是讓被告人接受考驗，而是從旁觀者中隨機抽出一個人放進水中進行考驗。無論如何，其原理都是一樣的：審判並非為了懲罰，只是讓神的意志干預審判的結果，從而確定被告人是否有罪。

❻ F. Pollock, *supra* note 1, p. 93. 關於以上兩種審判方式，還可參見：Robert Bartlett, *Trial by Fire and Water: The Medieval Judicial Ordeal*, Clarendon Press, Oxford, 1986.

❼ F. Pollock, *supra* note 1, pp. 92–93.

❽ 孟德斯鳩，《論法的精神》（下冊），張雁深譯，商務印書館，北京，1997 年，第 232 頁。

人的傳統，而是諾曼人的創造。❾同時，它在英格蘭的使用也非常罕見。❿

值得指出的是，不管是哪種審判方式，其結果對當事人都不具有當然的約束力。審判的管轄權一開始就是當事人自願的選擇，它不是來自國家的權威而是來自當事人的同意。如果他們一致同意去法院進行訴訟，他們也只是在名譽上 (in honour) 受訴訟結果的約束；他們存放在法院用以擔保裁判之執行的犁可能被沒收，但是法院對當事人沒有比這更多的強制力量。它有點類似現代社會的仲裁機關，雖然它有權作出裁斷，但卻無權執行自己的判決。換句話說，訴訟的結果存在著執行上的缺陷。當事人贏得了訴訟並不等於就贏得了財產，如果必須實現正義，當事人還必須借助自己的力量去實現在訴訟中贏得的果實。⓫法院與其說可以強迫當事人接受判決，不如說僅僅向當事人施加一些壓力而已。

另外，無論是共誓滌罪、水火考驗，還是決鬥，都具有彈劾式訴訟的基本特徵。因為，第一，總是有一個特定的起訴人作為控告者，或者說控告者總是個人而不是國家，這些個人將其與他人的爭端公開地提交出來，公開地面對自己的對手；第二，從來沒有任何形式的祕密程序，無論是民事訴訟還是刑事訴訟均是如此；第三，程序的進行都是口頭的，而不是書面的，並且也是當面對質式的；第四，法官在作出裁決方面並無積極主動的功能，訴訟的結果完全由當事人以原始的證明方式推進，法官只負責監督雙方當事人是否遵守了證明的規則；第五，宣誓總浸透在程序的每一個階段，訴訟的結果被認為體現著神的啟示。

二、威廉征服與陪審團的引進

以上是威廉征服以前英國主要的訴訟形式。威廉征服以後，英國法律

---

❾ F. Pollock, *supra* note 1, pp. 92–94.

❿ Theodore F. T. Plucknett, *A Concise History of the Common Law*, Aspen Publishers, Inc., 5th Edition, 2001, pp. 113–118. See also, Alice Stopford (Mrs. John Richard) Green, *supra* note 4, p. 116.

⓫ F. Pollock, *supra* note 1, p. 96.

最大的變化也許就是審訊陪審團的引進。之所以稱之為「審訊陪審團」(In-
quest Jury)，是因為它起源於古老的法蘭克王國所使用的名為「審訊」(In-
quest) 的調查程序。據梅特蘭考證，審訊陪審團原是法蘭克國王用以保護自
身利益的一種工具。當王室土地出現爭議時，國王可以不用古代大眾集會
法庭的習慣方法，而是任命一名王室官員從當地居民中選擇數人組成陪審
團，由陪審團決定案件的是非曲直。其他人若想使用陪審團審判，則必須
得到國王的恩准。法蘭克王國衰落後，法國西北部的諾曼人建立的諾曼底
公國卻吸收了這一制度。1066 年，隨著威廉征服，諾曼人將陪審團制度帶
進了英國。❷

　　梅特蘭關於英國陪審團起源於法蘭克王國的觀點得到眾多西方學者的
認同。在霍茲沃斯所著之《英國法律史》一書中，作者指出，儘管陪審團
可能會有更多的起源，但是它卻肯定是諾曼國王引進的制度。❸ 哈羅德·
伯爾曼亦曾指出，從公元 8 世紀起，法蘭克皇帝和國王就曾經傳喚鄰居調
查團，讓他們回答巡迴王室法官提出的問題；諾曼人從法蘭克人手中接過
了這一方法，並將其傳到英國。❹ 另外，歷史學家布倫納也認為，陪審團
是發生於 1066 年的諾曼征服而引進的一種制度，這一制度最早可追溯到加
洛林王朝時期的「集體偵查」(group inquests)。❺

　　當然，除了威廉征服這一種理論外，關於陪審團的起源也還有其他不

---

❷　F. Pollock & F. W. Maitland, *The History of English Law*, Vol. 1, Cambridge Uni-
versity Press, 1923, pp. 121–124.

❸　Sir William Holdsworth, *A History of English Law*, Vol. 1, Methuen & Co. Ltd.
and Sweet & Maxwell Ltd., 1956, p. 313.

❹　哈羅德·J·伯爾曼著，《法律與革命》，賀衛方等譯，中國大百科全書出版社，
1993 年版，第 541 頁。

❺　轉引自 W. R. Cornish, *The Jury*, Allen Lane the Penguin Press, First Published,
1968, p. 11. 邱吉爾也曾指出：陪審團是古老的法蘭克王國給予英國法制的一個
偉大的貢獻；在威廉征服以前，英國人並不知曉此一制度，而它在遙遠的加洛
林 (Carolingin) 王朝時期即已存在。——Winston Churchill, *A History of the
English-Speaking Peoples*, Cassell & Co., London, 1998, p. 90.

同的說法。例如，有的學者將陪審團審判制度追溯至古羅馬的集會審判，那時的刑事案件陪審團由 501 人組成，民事案件陪審團則由 201 人組成；[16] 還有學者將其起源歸結為英國古代實行的共誓滌罪制度。[17] 事實上，要考證英國的陪審團究竟是起源於法蘭克人以及諾曼人還是起源於英國本土，實在是一件十分困難的事情。[18] 本文無意於完成這項不可能的任務，更無意於提出更新的見解。比這更重要的是，一系列的歷史資料表明，無論陪審團起源於什麼地方，它在威廉征服的那個時代，首先並且經常是以調查者身分出現的。換句話說，陪審團在英國的使用最初乃是出於行政的目的而非司法的目的。在諾曼征服後不久，威廉一世曾進行過一次規模龐大的全國性調查，要求申報全部地產和稅款，全部統計數字記錄在 1085–1086 年間的《末日審判書》中。[19] 據記載，各村鎮分別由村長和六位村民組成陪審團，經宣誓後，向欽差大臣彙報各村的土地、牲畜及財產狀況。對此，科尼希曾評論說：「無疑地，威廉使用了當地鄰居集體偵查的手段，不過只是出於獲得行政信息的目的。」[20] 陪審團廣泛地應用於司法，則主要是亨利二世的貢獻。

三、亨利二世改革與陪審團的司法化

亨利二世有著強烈的願望和行政管理的天才，此外還富於改革的精神。他極大地增加了王室法院的司法管轄權，而且無論其巡迴法院走到哪裏，

---

[16] 趙宇紅，〈陪審團審判在美國和香港的運作〉，載《法學家》，第 4 期，1998 年，第 38–48 頁。

[17] 普拉克內特曾對此觀點給予有力的批評，指出英國古代的共誓滌罪人是由當事人召集，而陪審團則是由政府所召集。詳見：Theodore F. T. Plucknett, *supra* note 10, p. 108.

[18] 《陪審團》一書指出：「任何關於這一主題的結論都必然是冒險性的，而且，陪審團制度也可能是從多種起源中發展起來的。」——W. R. Cornish, *supra* note 15, p. 10.

[19] 哈羅德·J·伯爾曼，同[14]，第 541 頁。

[20] W. R. Cornish, *supra* note 15, p. 11.

他的審訊制度就跟到哪裏。亨利二世不喜歡也不相信傳統的證明形式。他比前任國王更加大膽，他認為，破壞和平或者威脅生命或肢體等具有嚴重性質的犯罪都是對公共秩序的侵犯，也是對王國和平的破壞。因此，他要求國王的法院在任何時候只要可能就以國王的司法制度進行處理，而不是僅僅以古老的證明方式了事。國王的制度是建立在審訊的基礎上的，審訊則是代表著鄉人的裁決。從此，曾經是行政調查工具的東西同時成為了民事案件和刑事案件中起訴陪審團和審判陪審團的基礎。

當時，原始的共誓滌罪的證明模式已經開始墮落。其非理性變得越來越明顯。威廉征服之後，它變得日益不為人們相信，因而也就很難繼續生存下去。同時，亨利也不相信考驗這種證明模式，因為它很容易被主持這一證明模式的牧師操縱。但是，決鬥的方式又太危險了，它可能導致生命或肢體的喪失，從而減少國王的稅收。所以，亨利二世決心改變這一狀況。

但是，亨利二世並沒有取消這些證明模式。他只是在任何可能的情況下以另外的程序取代它們，通過對訴訟當事人提供更為公平的訴訟形式的方式，對它們表示不信任。❷❶亨利二世登上王位是在 1154 年，革新則開始於 1164 年，這一年的「克拉倫登憲章」第 9 條授權使用陪審團來確定某塊土地是由教會持有的特殊土地 (utrum) 還是俗人的保有土地 (assiz utrum)；1166 年在克拉倫登舉行的另一次王室會議規定，如果原告占有的土地最近為被告侵占，原告因此而提出返還該土地的訴訟請求，這樣的案件應由陪審調查團審理。❷❷

「克拉倫登憲章」還規定，世俗人不得以不可靠的證據或不充分的證據被起訴到教會法院，但是，如果嫌疑人是誰也不敢起訴的人，則鎮長在教士的要求下可以讓 12 個人組成的陪審團宣誓並以提起控告的方式宣告事實真相。從此，在「克拉倫登憲章」，就有了解決土地爭議的民事陪審團

---

❷❶　邱吉爾說：亨利二世在其法制改革計劃中很少使用強力 (compulsion)，其改革政策的第一個原則就是通過吸引 (attract) 而不是強迫 (compel) 的方式促使人們到王室的法院去提起訴訟。See Winston Churchill, *supra* note 15, p. 89.

❷❷　哈羅德·J·伯爾曼，同❶❹，第 541 頁。

和承擔刑事告發義務的大陪審團。❷

　　兩年以後的「克拉倫登憲章」加強了大陪審團的設置並設立了一系列重要的程序改革。國王命令巡迴法官對於告發到他們面前的任何嚴重的刑事案件或重罪案件行使管轄權，並由具有廣泛代表性的陪審團在宣誓的基礎上進行審訊。其具體程序大致如下：鎮長把 12 個人從各百戶邑召集起來，把 4 個人從百戶邑的鎮上召集起來，參加公開的巡迴法院審判；他們聯合調查所有的犯罪案件，並在調查完畢後宣誓報告附近地區所有的被告人和嫌疑人；被告發的當事人如果還沒有被監禁，就必須加以逮捕並對他進行冷水的考驗；哪怕考驗結果並不顯示被告人有罪，那些聲名狼藉的被告人也將被迫離開其賴以生存的土地。

　　亨利二世對民事審判方式的改革保持了土地租賃關係的穩定性，擴張了國王法院的司法管轄權，犧牲了封建法庭的司法管轄權，幫助國王的理財法院增加了收入，並且消滅了民事案件中的決鬥審判。

　　至此，民事案件中的審判陪審團和刑事案件中的起訴陪審團已經誕生。但在刑事案件中，陪審團並不裁斷被告人是否有罪。其功能與其說是裁判，不如說是檢舉。恰如伯爾曼所言：

> 1166 年的「克拉倫登法令」規定，在巡迴法官到場時，宣誓的陪審員應對全部犯有謀殺、盜竊、搶劫罪的嫌疑人或窩藏犯有上述罪行的人以及犯有偽造貨幣和縱火罪的所有嫌疑人提出指控。然後對所有這些嫌疑人立即通過冷水裁判法予以審判。❷

　　因此，1166 年亨利二世改革產生的刑事陪審團實際上僅僅是後來刑事案件中起訴陪審團的前身。因為，這些陪審團並不作出終局性裁決，而僅作出中間性裁決。而且，起訴的主要形式仍然是私人告發，而不是陪審團的公訴。據史料記載，在 1180 年代及其以後的很長時期內，英格蘭刑事訴

---

❷　Leonard W. Levy, *The Palladium of Justice: Origins of Trial by Jury*, Ivan R. Dee, Chicago, 1999, p. 11.

❷　哈羅德・J・伯爾曼，同❶，第 544 頁。

訟程序的啟動仍然主要是依靠私人的告發；由陪審員提出的啟動性報告首先要由法官進行實質性審查，這樣，陪審員實際上被要求對所有有犯罪名聲的人提出報告，然後再安排他們指出哪些是他們懷疑有犯罪行為的人。對被懷疑有罪的人要求其接受考驗的審判方式，對僅有犯罪名聲而不被陪審團懷疑有罪的人則安排比較容易的證明方式，即共誓滌罪。**㉕**

　　從 1194 年開始，重罪案件大部分是由巡迴法院——一個王室法官在各郡定期訪問的組織——來主持。巡迴法院開庭期到來之前，鎮長 (sheriff) 得到通知，他必須保證每個百戶邑都必須由 12 名最主要的人來代表，每個鎮 (vill) 都由四名鎮官 (reeve) 代表。當巡迴法官到來的時候，百戶邑的陪審員就得到通知——通知包括要求他們向法官報告的事項。重罪經常包括在內。**㉖**

　　陪審員向法庭報告重罪案件的方式是在百戶邑向法官提交被稱為「報告書」(*veredicta*) 的文件。報告書的報告有兩種方式，一種就是它自己的起訴書 (presentment)，這是陪審團報告它自己掌握的犯罪案件；另一種則是報告籲請 (appeal)，它是私人向陪審團告發而使陪審團瞭解的案件。如果嫌疑人向當地官員作出供述，起訴書就可直接導致對嫌疑人的定罪。**㉗**

　　若被告人對指控予以否認（被告人的確經常否認），則證明的方式就是考驗 (ordeal)。但是並非所有被陪審團起訴的被告人都被要求經受考驗；相

㉕　Roger D. Groot, "The Early-Thirteenth-Century Criminal Jury", in J. S. Cockburn and Thomas Green, *Twelve Good Men and True: The Criminal Trial Jury in England, 1200–1800*, Princeton University Press, 1988, p. 5.

㉖　Roger D. Groot, *supra* note 25, p. 6.

㉗　Roger D. Groot, *supra* note 25, p. 6. 此處，私人的告發被翻譯成「籲請」，是因為英文中 "appeal" 一詞與 "accuse" 一詞在此處所引文獻中意義並不完全一致，相反，羅傑對 "appeal" 一詞曾給予了特定的說明：An appeal was an accusation made by the victim against the alleged perpetrator. See from, Roger D. Groot, *supra* note 25, p. 8. 可見，此處的 "appeal" 專指私人尤其是被害人即其親屬的告發，不包括陪審團的起訴，因此譯為「籲請」。下文中提到私人告發的案件時，對 appellor 稱為「籲請人」，對 "appellee" 則稱為「被籲請人」。

反，在很多案件中，如果陪審團說被告人未受到懷疑 (not suspected)，則將其釋放。實際上，被告人只有在兩種情形下才被要求接受考驗：一種情形是，如果陪審團懷疑他犯有所指控的罪，並且告發者提供證據支持起訴，則被告人被要求接受水的考驗；另一種情形是，如果百戶邑的陪審員懷疑被告人有罪，並且 4 名鎮官也加入懷疑的行列，則被告人也被要求接受水的考驗。但在第二種情形下，如果 4 名鎮官不加入陪審員懷疑的行列，則被告人可避免接受考驗。這可能是由於指控的罪名比較輕的緣故。

總而言之，只有當陪審團懷疑被告人，並且或者（告發者）提供證據，或者 4 名鎮官也加入陪審團的時候，被告人才接受考驗。因此，直到 1215 年前，陳述陪審團並不僅僅是一個起訴陪審團。起訴之後，陪審員要決定哪些被告人接受考驗，哪些不必。但是，即使是對被告人不利的決定，也僅僅是要求被告人接受考驗，而不是對他定罪。❷⑧

在私人籲請 (appeal) 的案件中，通常由雙方決鬥的方式證明。但如果一方不能決鬥，則以考驗的方式取代。有時候，被籲請人 (appellee) 可以以籲請是出於仇恨和厭惡為名，買到一個令狀以便由陪審團來就此事進行決斷。通過答辯和付費，案件可以拖到巡迴法院開庭的時候，從而推遲被告人接受肉體考驗的時間。有利於被籲請人的裁決可以使他免受考驗，不利於他的裁決則使他必須接受考驗。如果籲請在一個巡迴法院開庭期內沒有得到解決，則等到下一個巡迴法院開庭期。❷⑨

巡迴法院還引進了洗罪 (purgation) 之後的棄絕 (abjuration) 制度，並使該制度成為普遍的實踐。該制度使得被陪審團懷疑有罪的被告人處於十分不利的地位。因為，根據這一制度，只有經陪審團裁決為不受懷疑的人，才可以不接受考驗；而一旦陪審團裁決被告人受到懷疑，他就必須接受考驗。儘管考驗的方式不盡相同，但無論被告人接受何種方式的考驗，並且無論考驗的結果如何，被告人都必須離開他居住的地方，這有點類似於後世的放逐。❸⓪ 所以，只有在陪審團認定被告人不受懷疑時，他才既不需要

---

❷⑧　Roger D. Groot, *supra* note 25, p. 8.

❷⑨　Roger D. Groot, *supra* note 25, p. 8.

接受考驗，也不必宣誓棄絕。之所以引入這一制度，很可能是出於對考驗這種審判方式的不信任。早在 1100 年的時候，紅臉威廉就曾為教士操控考驗的審判程序而大為光火。在這一年，50 名被指控犯有違反森林法的被告人全部安然無恙地通過了烙鐵考驗，從而被無罪釋放。❸

以上並非 1215 年以前陪審團的全部內容，但是它已經包括了兩種主要的形式：陳述陪審團報告起訴，中間陪審團作出中間性裁決。陳述陪審團也就是大陪審團，由於其職責是進行起訴，所以也稱為起訴陪審團。中間陪審團很可能和起訴陪審團是同樣的組織，但據有的史家考證，中間陪審團很可能是在大陪審團的基礎上再增加四名鎮官組成；因而，這種陪審團又被稱為「擴充陪審團」(Augmented Jury)，因為它是在起訴陪審團的基礎上通過擴充成員的方式組織起來的；其職責在於決定被告人究竟接受哪種形式的審判：決鬥、共誓滌罪、或者考驗。❸當然，如果上述三者對被告人來說都不合適，那麼，陪審團也可以讓被告人宣誓後走人。換句話說，這些陪審團可以釋放被告人，卻不能對他定罪。如果不釋放被告人，其對被告人的裁決也只是中間性質的，而非終局性的，因為其裁決並不具有定罪的性質，所以稱其為「中間陪審團」。❸

為了更清楚地顯示審判陪審團產生以前陪審團作為一個中間裁決機構的性質，表 1–1 列出了陪審團審判作出裁決後的處理結構：

---

❸　Roger D. Groot, *supra* note 25, p. 7.

❸　參見：William L. Dwyer, *In the Hands of the People: The Jury Trial's Origins, Triumphs, Troubles, and Future in American Democracy*, Thomas Dunne Books St. Martin's Press, New York, 2002, p. 33.

❸　Roger D. Groot, *supra* note 25, p. 29.

❸　此處「起訴陪審團」對應的詞組是 "*presenting* jury"，「中間陪審團」對應的詞組是 "*de odio* jury"。

表 1-1　陪審團的中間性裁決及其後續處理 ❸

陪審團的裁決	裁決後的證明方式	證明後的處理
無罪（不懷疑有罪）	無須證明	宣誓後釋放
有罪（懷疑有罪）	決鬥（損失生命或肢體，不利於王室稅收）	被告人失敗，即意味著有罪，可能判處絞刑
	考驗（1215 年以後禁止）	不能通過考驗，則意味著有罪，一般處絞刑；通過考驗，也要宣誓棄絕
	共誓滌罪（諾曼征服以後即已很少使用）	12 名證人證明其誠實可靠，則獲得釋放

四、拉特蘭宗教會議及審判陪審團之產生

1215 年，歐洲發生了兩件在世界歷史上足以引人注目的事件：一是英國國王約翰在蘭尼米德的草地上，在一片刀光劍影當中，簽署了舉世聞名的「自由大憲章」；二是教皇英諾森三世在第四次拉特蘭宗教會議上簽署了禁止教士參加考驗之審判程序的命令，並通過了不遺餘力地鎮壓異端的決議。後來令人談虎色變的糾問式訴訟，就是根據這一決議而設置。因此，利威稱前者象徵著自由的主題，後者則象徵著拷問的刑具。❸

但是，作為「象徵著自由永存之明燈」的審判陪審團，卻並不是「大憲章」規定的結果。相反，在很大程度上，它是拉特蘭宗教會議禁止教士參加決鬥之審判活動的結果。

實際上，英國的司法活動在 1214 年的時候就已經中止了，因為那個時候大家都在打內戰。直到 1217 年亨利三世上臺的時候它才又恢復。在這期間，國王約翰曾經試圖廢除「大憲章」，並得到英諾森三世的強烈支持。從

---

❸　對於有罪的中間性裁決，陪審團可以決定被告人證明自己清白的方式。雖然各種方式都有一定的缺陷，但是直到 1215 年以前，三種方式都在使用。

❸　Leonard W. Levy, *supra* note 23, p. 24.

一開始英諾森三世就不承認「大憲章」的合法性。「大憲章」簽署後約翰跑到羅馬，受到教皇的精神鼓舞。但是等到他回到英國的時候，卻發現自己已經被廢黜了。 ❸❻ 新任國王為獲得民心，重新簽署「大憲章」並重申它的合法性。

如前所述，共誓滌罪在很早的時候就已經衰退了，儘管還沒有完全消亡。而考驗的審判方式取消後，唯一合法的審判方式似乎就只有決鬥了。但是，英國人並不喜歡決鬥的審判方式，而且法律也在朝著廢除決鬥的方向發展。1187 年格蘭維爾就已經指出，自由地擁有某物的權利很少能通過決鬥的方式得到證明。而且，決鬥永遠也不能適用於年老、殘疾、有病的人和婦女。因此，隨著考驗的消亡，英格蘭的刑事訴訟程序，就像波洛克和梅特蘭所宣稱的那樣：「被奪走了最趁手的武器。」 ❸❼

不僅沒有了審判那些不適用決鬥的當事人的訴訟，而且由經過大陪審團宣誓告發的被告人現在也無法審判。決鬥僅僅適用於私人對重罪的告發而進行的審判。按照史蒂芬的說法：「當考驗的審判方式被取消，同時大陪審團起訴的制度又建立起來的時候，當然就沒有任何一種模式能夠確定大陪審團的起訴所聲稱之事實的真偽。」 ❸❽ 這種狀況可以通過 1219 年 1 月巡迴法院 ❸❾ 的法官們收到的指示中得到證明：

> 由於在你們的巡迴法院建立之前，對於那些被指控犯有搶劫、謀殺、縱火以及類似罪行的被告人，由於以火或水的方式進行考驗 (ordeal) 已經為羅馬教堂所禁止，然而究竟以何種方式進行審判，目前還沒有確定；因此，御前會議決定，在你們的巡迴法院，……臭名昭著的刑

---

❸❻ Lysander Spooner, *An Essay on Trial by Jury*, Chapter 2, In Kenn D'Oudney Alam and Lysander Spooner, *Trial by Jury: Its History, True Purpose and Modern Relevance*, Scorpio Recording Company, Ltd.

❸❼ Leonard W. Levy, *supra* note 23, p. 17.

❸❽ J. F. Stephen, *A History of the Criminal Law of England*, p. 254.

❸❾ 1218 年末，一個主要的全國性的巡迴法院建立。——Roger D. Groot, *supra* note 25, p. 10.

事罪犯必須只能監禁……被指控中等程度犯罪的被告人由於不太可能再犯，所以只需要讓他們宣誓棄絕（自我放逐）就可以了；更輕微的被指控者則在其「忠誠宣誓維護和平」以後予以釋放。我們將給予你們憑自己的判斷力和良心對前述命令進行斟酌的處理（自由裁量）的權力。❹

從這一法令可以明確看出，陪審團審判直到這個時候還沒有成為制度。或者說，刑事案件中的審判陪審團仍然尚未誕生。斯伯納曾經認為，英國刑事案件中的審判陪審團產生於 1215 年的「大憲章」。❹如果斯伯納的考證正確，也就是說，刑事案件中的審判陪審團產生於 1215 年「大憲章」之規定的話，重新賦予這一文件以合法性的亨利三世就應當建立陪審團審判，以表明他確實願意服從人民的心願。但是現有的資料表明事實並非如此。到 1217 年司法活動恢復之後，陪審團的裁決仍然只是中間裁決，而不是終局性裁決。實際上，在刑事案件中，審判陪審團的產生是 1218 年以後的事情，而不是在這之前。對此，格羅特和利威均予以了論證。❹根據格羅特的敘述，陪審團的發展在 1218–1222 年間經歷了 1218–1219、1219–1221 以及 1221–1222 三個階段。其前提條件是「未受尋求之偵訊」(Unsought Inquest) 的出現，即陪審團在沒有私人告發或者告發被撤回的案件中得到適用；在此之後，又接著出現了「接受陪審團終局裁決之答辯」，這種答辯的出現使陪審團的裁決具有了司法裁判的意義，並標誌著審判陪審團的誕生，也意味著陪審團審判制度的形成；但是，陪審團審判制度的形成在開始時以被告人作出「接受陪審團終局裁決的答辯」為前提，在被告人不作出此種答辯時，為了使審判繼續進行，通過強迫手段促使其作出此種答辯最終成為必要的設置。

這裏首先必須解釋一下何為「未受尋求之偵訊」。❹如前所述，陪審團

❹　Theodore F. T. Plucknett, *supra* note 10, p. 119; See also, Roger D. Groot, supra note 25, p. 10; Leonard W. Levy, *supra* note 23, p. 17.

❹　Lysander Spooner, *An Essay on Trial by Jury*, Chapter 2.

❹　Roger D. Groot, *supra* note 25, p. 10; Leonard W. Levy, *supra* note 13, pp. 3–35.

是在巡迴法官到來之前組織的，其職責是向巡迴法官報告本地的重罪案件及其他事項。陪審團向法官提交的報告既可能是陪審團本來就瞭解到的犯罪案件，也可能是在陪審團組成以後當事人向陪審團籲請的案件。有些情況下，在案件審理之前，籲請人就已經死亡，或者在法庭開庭時沒有到庭，或者向陪審團撤回了籲請。很顯然，在 1219 年以前，如果是私人籲請的案件，而又出現上述情況，則案件應當不會到達法官面前。因為，私人籲請的案件通常由雙方決鬥的方式證明；但如果一方由於種種原因不能參加決鬥，則以考驗的方式取代。在這些方式中，都沒有陪審團參與。但是，如果被籲請人認為告訴是出於仇恨或者厭惡，則他可以通過購買令狀的方式獲得陪審團審判以便避免決鬥。通過答辯和付費，案件可以拖到巡迴法官到來的時候，從而推遲被告人接受考驗的時間。在這樣的情況下，如果籲請人死亡或者撤回籲請，自然也就沒有訴訟。但是從 1219 年開始，即使發生這樣的情況，被籲請人還是必須接受陪審團的裁決。如果陪審團裁決其「受懷疑」或「有罪」，他還是得接受考驗。這一類案件中的陪審團審判，就是「未受尋求的陪審團審判」。因陪審團審判本身起源於古老的偵訊程序，因此，它又被稱為「未受尋求之偵訊」。

在「未受尋求之偵訊」出現以後，陪審團的裁決就逐漸演變成為終局性裁決，而不再是中間性裁決。但是，使陪審團裁決成為終局性裁決的，是因為被告人已經不能由陪審團通過中間裁決讓被告人接受決鬥的方式了結案件。

對於不瞭解英國刑法歷史的人而言，理解這個制度可能比較費勁，所以這裏必須再次提到英國古老的訴訟模式：決鬥、考驗和共誓滌罪。在陪審團被運用於司法程序以前，我們只能假設，任何一種模式的證明方式都是由教士或者地方紳士主持的。在陪審團被引入到司法程序以後，一直到 1215 年以前，被告人被指控後，均由陪審團決定被告人接受何種方式的證明。但是，根據 1215 年拉特蘭宗教會議的精神，考驗已經不能再使用了。

---

❹ 格羅特並未給「未受尋求之偵訊」下定義，但是在其文中有對這一概念的解釋。
　　參見：Roger D. Groot, *supra* note 25, p. 12.

同時，根據 1219 年國王給法官的指示，只有罪行比較輕微的被告人才可以以共誓滌罪的方式獲得釋放。所以，從 1219 年以後，對於重罪被告人，陪審團一旦裁決被告人「受懷疑」或「有罪」，被告人唯一的證明方式就是與起訴人決鬥。如果他在決鬥中失敗，他就被絞死。但是，如果起訴人死亡，或者不能參加決鬥，被告人就再也沒有辦法證明自己的清白了。

這樣的案件在 1220 年的時候發生了。其中一個案件的主角是「威廉」。他指控了好幾個人，其中包括山姆。但是，在第一場決鬥中，威廉就被山姆擊敗，從而被判處絞刑。這樣，被威廉指控的另外幾個被告人的案件就無法再通過決鬥的方式進行審判。在另外一個案件中，被告人愛麗絲也指控了好幾個人，但是她自己卻供認自己有罪，所以，無須決鬥，她就被處死。在這種情況下，依照 1219 年的法令，對那些被愛麗絲指控的被告人就必須無限期地關押下去。但是在愛麗絲指控的被告人中，有 5 人決定，由陪審團來決定他們的命運。經陪審團審判後，其中 4 人被判處絞刑，1 人被無罪釋放。❹

被威廉指控的被告人中有一人名叫羅傑。他是被陪審團懷疑有罪的，所以他本來應該通過與威廉決鬥的方式證明自己無罪。但是威廉已經死了，所以羅傑也選擇了由陪審團來決定：如果鄰人們認為他無罪他就獲得釋放，如果鄰人們認為他有罪那就對他定罪。在羅傑的案件中，首次出現了 *de bono et malo*（即「接受陪審團終局裁決」）的答辯形式。❺

本來，被愛麗絲指控的 4 名被告人是首次被英國陪審團正當定罪的人。但是，只有在羅傑的案件中，才清楚地顯示了 *de bono et malo* 這一表達式的涵義（在下文提到該表達式時，將以「作出接受陪審團終局裁決的答辯」代替）。羅傑被懷疑犯有很多罪行，按 1219 年的法令，他應當被監禁。由於證明方式的缺失，他必須被永久關押。但是，中世紀英國的監獄無法

---

❹ 被判處絞刑的人是因為陪審團和 4 名鎮官說他們是賊，而不是因為陪審團認定他們犯有被指控的罪行。另外 1 名被告人則被陪審團認為是守法的，所以在宣誓後釋放。

❺ Roger D. Groot, *supra* note 25, p. 18.

支持長期的關押。當時的政府也必然已經意識到它不能夠無限期地對被告人進行關押。所以，他們必須作出決定，對被關押的嚴重犯罪嫌疑人提供別種的選擇：由陪審團裁決其有罪或者無辜。這種陪審團裁決是斷定性質的而非證據性質的。這種斷定性質而非證據性質的裁決，在很大程度上是受到 1218–1219 年間存在著的「半定罪性質的裁決」的啟發；那時，嫌疑人即使通過了考驗洗清了自己，也必須宣誓棄絕❹（自我放逐，套用文化大革命的一句話說，叫作「自絕於人民」）。

由上可見，第一個定罪陪審團的出現是來源於那些無法通過決鬥的方式證明自己無罪的人。值得注意的是，在這些案件中，陪審團關注的問題似乎不是罪行的有無，而是被告人的品行。在愛麗絲指控的一個案件中，被告人被控殺人，而 4 名鎮官卻被問及被告人的品行，鎮官們也只是說他是賊。在愛麗絲指控的另一個案件中，第一名被告人被認為是誠實的，剩下的兩名被告人則也被說成是賊。很清楚，他們的調查很大程度上是對品格的調查，而且在很大程度上是在鎮官的幫助下進行的。

只有那些被強烈懷疑犯罪，極有可能被陪審團定罪的被告人，才會在接受陪審團審判和遭受監禁之間進行選擇。毫無疑問，這應當是一個不愉快的選擇；同樣毫無疑問，選擇陪審團是因為害怕遭受監禁的結果。到 1220 年的時候，被監禁的被告人被告知：按照 1219 年的法令你應當受到監禁，但是你可以選擇「作出接受陪審團終局裁決的答辯」而避免繼續遭受監禁；到 1285 年左右的時候，這一告知改成：你必須接受陪審團審判；如果你拒絕，你將遭受監禁的懲罰。❹

羅傑的迫切的利益是立即避免遭到監禁；他得到許諾，如果他答辯「接受陪審團終局裁決」，他就可以馬上獲得釋放；政府的首要利益則在於，必

---

❹ 對於古老的過去我們雖然不能使之重現，但是現代文化人類學家已經發現了與這種自我放逐極其相似的懲罰方式。參見：吉爾茲，〈地方性知識〉，載《法律的文化解釋》（增訂本），生活・讀書・新知三聯書店，北京，1994 年 10 月，第 1 版，第 73–171 頁。

❹ Roger D. Groot, *supra* note 25, p. 20.

須馬上清空監獄，並獲得對被告人進行審判的權力。❹而這兩個需要都可以通過這一答辯而實現。

但是，在 1220–1221 年間，仍然有一些被認定為道德上不誠實的人被允許與他的起訴人進行決鬥。所以，在此期間，「接受陪審團終局裁決」的答辯以及由此產生的斷定性裁決，陪審團的終局裁決，已經開始存在，但是它在刑事起訴中的普遍適用尚未確定。這很可能是因為新制度普遍施行的困難在於它依賴於被告人自願選擇接受終局裁決。雖然有的被告人選擇了接受陪審團作出終局裁決的答辯，但是並非所有的被告人都是這樣。如果被告人不接受陪審團的終局裁決，而決鬥卻已經不再可能，考驗又已經被禁止，在這種情況下，應當如何處理？1221 年，在英格蘭的沃徹斯特和格羅徹斯特都出現過這種情況。

在格羅徹斯特，有 8 個案件的 11 名被告人拒絕接受終局裁決。也許他們聽說了在沃徹斯特和威斯敏斯特有被告人拒絕接受終局裁決並被允許宣誓棄絕的事情；也許他們認為定罪是確定無疑的：有一名被告人拒絕是因為很多人都恨她；另一名被告人拒絕是由於在內戰期間他做了壞事；還有一名被告人是在兩名被告人剛剛被判處絞刑的時候來到法庭。所以，這 11 名被告人很可能是認定自己逃脫不了被陪審團定罪的命運從而選擇了不接受陪審團的終局裁決。❹

毫無疑問，法官認為這些拒絕是一個麻煩。在這個巡迴法庭審判期快要結束時，他們似乎願意給予被告人多種形式的陪審團的選擇以便獲得他們的答辯；但是他們拒絕了所有的這些選擇。這對於陪審團審判是一個緊

---

❹ Roger D. Groot, *supra* note 25, p. 21.

❹ 問題是，如果定罪是無疑的，監禁更是無疑的。1219 年的法令仍然是有效的，而這些被告人是否比那些因自首者的告發而被監禁的被告人更加強壯則是有疑問的。無論如何，這些拒絕接受終局裁決的被告人被關押。其中 2 名被告人被允許宣誓後走人。最後法官又允許另 2 名被告人宣誓並讓另 1 名被告人宣誓棄絕。這三個人都相當清楚地是殺人案的兇手。對他們的釋放正是國王的法庭還在審理其他案件的時候，因而當然影響了對這些正在審理的案件的處理。

要的關頭。

　　格羅徹斯特的審判期結束後，巡迴法院的法官到達荷利福德和萊徹斯特，在那裏沒有案子需要審判，所以，巡迴法官於 1221 年 9 月來到沃里克。大概在格羅徹斯特到沃里克之間的某個地方，巡迴法官已經就如何對付頑固的被告人作出了決定。

　　沃里克審判目錄上有一個案件是一名寡婦籲請，其丈夫被人謀害。由於她已經有了一個新的丈夫，而這個新的丈夫又沒有加入籲請，所以該案撤銷。但是法官命令偵查機構到鄉村去瞭解該案的真相。陪審團對被籲請人的裁決是強烈懷疑，但是被籲請人拒絕接受陪審團的終局裁決。此時法官似乎已經想好了對付這類頑固分子的方法。他們在 12 名百戶邑的陪審員之上增加了 24 名騎士，這一由 36 名陪審員組成的陪審團宣布被告人有罪，並且判處被告人絞刑。大約 40 個案件之後，又有 1 名被控竊盜的被告人拒絕陪審團審判。同樣，法官在 12 名百戶邑陪審員之上增加了 24 名騎士，對其定罪並處以絞刑。❺⓪

　　沃里克的這種做法有效地阻止了拒絕陪審團審判的行為。他們的做法告訴了我們早期陪審團制度的很多東西。來作答辯的被告人都是已經被百戶邑的陪審團起訴的被告人，並且陪審團的每個陳述書都通過了審慎的審查。如果它們在審查中未獲通過，被告人就被無罪釋放，或者在宣誓後走人。被告人可以選擇接受陪審團審判，從而被 12 名百戶邑的陪審員加上 4 名鎮官審判並作出終局裁決，否則他就被 12 名百戶邑的陪審員加上 24 名騎士審判。

　　至此，我們可以說刑事案件中的審判陪審團正式誕生了。在以後的很多年裏，陪審團審判基本上就是處於這種狀態。也就是說，在 1216–1222 年的短暫期間，審判陪審團誕生並逐漸走向成熟。突如其來的事件是 1215 年羅馬教堂禁止考驗的審判方式。但是陪審團的發展是由於 1215 年以前陪審團的中間裁決為它的替代物作了準備。它從中間裁決向終局裁決轉變的第一步是半定罪裁決 (Quasi-convicting verdict)，第二步才是終局性裁決。只

❺⓪　Roger D. Groot, *supra* note 25, p. 31.

有在陪審團作出終局性裁決以後，陪審團審判才算正式確立，因此，刑事案件中第一個真正的陪審團審判發生於 1220 年，其產生是由於特殊的起訴——自首者的告發。在這些案件中，沃里克由 24 名騎士組成陪審團對不願接受陪審團裁決的被告人進行審判的試驗非常重要。這是由於新的陪審團審判方式在格羅徹斯特並未發揮很好的效果，所以必須在某些方面作出改變。但是沃里克的試驗在其他地方的實施情況並不清楚。在被告人不接受陪審團終局裁決的情況下，有些法官會不理睬被告人的反對，繼續進行他認為應該進行的程序；另外一些法官則視為被告人已經被定罪。最終，1275年的制定法規定：如果被告人不同意接受陪審團終局裁決，那就拷打以讓他同意。這一制定法規定：「聲名狼藉的重罪罪犯如果惡名已經公開但又拒絕接受國王的法官主持的重罪審訊，他必須交給監獄關押，受到適合於那些拒絕遵守這片土地上的普通法的人的艱苦而嚴厲的監禁；但是這決不可以理解為對有輕微嫌疑的被告人也予以適用。」❺

五、陪審團審判制度確立之原因

達馬斯卡在其著作中指出，決定一國訴訟模式的因素主要是國家意識形態與司法官僚結構。司法官僚結構分等級模式與同位模式兩種類型，與之對應的分別是合作模式的訴訟風格與爭鬥模式的訴訟風格；國家意識形態也分積極行動主義與放任自由主義兩種類型，與之對應的分別是「政策執行模式的訴訟程序」和「糾紛解決模式的訴訟程序」。❺

根據達馬斯卡的論述，陪審團作為一種審判機制，顯然屬於典型的同位模式的司法官僚結構。與歐洲大陸於 12-13 世紀形成之典型的等級模式

---

❺ Leonard W. Levy, *supra* note 23, p. 20. 此處利威的敘述與格羅特的敘述並不一致。依格羅特的說法，在 1285 年的時候，法官會告訴被告人，如果他不接受陪審團審判，他就會遭受關押的懲罰。我認為這兩種說法並不矛盾，因為關押和拷打可以同時進行。

❺ Mirjan Damaska, *Faces of Justice and State Authority*, Yale University, New Haven and London, 1986. 亦可參閱本書〈緒論〉部分。

司法官僚結構形成鮮明的對比，二者訴訟程序之風格特徵，亦大相逕庭。儘管有很多學者不承認英國的陪審團審判制度起源於古老的法蘭克王國，但古老的法蘭克王國的確存在過陪審團審判這一事實，卻幾乎無人反對。因此，人們不禁要問：陪審團在歐洲大陸的法國沒有流傳，卻在隔海相望的英格蘭得到發揚光大，其原因究竟何在？

對於國家意識形態與司法官僚結構之間的關係，達馬斯卡沒有明確論述。筆者以為，在積極行動主義的意識形態之下，更容易產生等級模式的司法官僚結構；在放任自由主義的意識形態之下，更容易產生同位模式的司法官僚結構。陪審團作為一種典型的同位模式的司法官僚結構，其產生雖然有很多偶然的因素，但是與當時英國的國家意識形態有著天然的聯繫。具體而言，陪審團審判制度的產生，既在一定程度上反映了當時積極行動主義意識形態有抬頭之趨勢，又反映了英國仍然以放任自由主義意識形態占主導地位的狀況。茲分述如次：

㈠陪審團審判之確立反映著積極行動主義意識形態抬頭之趨勢

這主要體現為，到審判陪審團產生的時候，即使被告人沒有檢舉，或者已經撤回檢舉，陪審團也得到使用。如前所述，在 1219 年以前，陪審團並不負責檢舉那些已經被撤回籲請的被告人。但是，到 1220 年的時候，即使籲請人撤回籲請，被籲請人仍然要接受陪審團的調查。只有當陪審團不懷疑他有罪時，他才可以獲得釋放。這說明，犯罪行為已經不再僅僅被視為私人的事情，它已經被視為是對社會秩序的侵犯。所以，即使籲請人撤回籲請，也必須對該被籲請人進行審查。這一點在格羅徹斯特的一個案件中體現得尤為明顯。該案中，在被害人的妻子對被告人提起訴訟後，又與他達成了詳細的和解。自然地，原告在巡迴法院開庭的時候沒有到庭，百戶邑的陪審團也就沒有報告她的籲請。實際上，被害人的一個兒子就是陪審團的一個成員，正是他成功地幫助陪審團實現了對該案的隱瞞。然而當犯罪事實為法官所知曉時，被告人仍然必須接受審判，但此時被告人卻認為他不會被（陪審團）定罪，因為原告已經撤回了籲請。但是當他作出接受陪審團審判的答辯後，陪審團卻對認定他有罪，並且 4 名鎮官也支持有

罪認定，所以他被判處絞刑。

　　這是一個非常重要的案件。這個案件顯示被告人不僅必須對原告抗辯，而且須對國王抗辯。很明顯，該案由於和解，被害人親屬的告訴（籲請）已經不構成完整的起訴。但是，這一和解雖然可以滿足被害人的要求，卻不能滿足國王的要求；被告人同樣必須對國王抗辯，而國王卻是不和解的。在此意義上，正如格羅特所指出的那樣，採用陪審團的裁決並不是考驗方式被禁止的直接結果，而是由於國家已經增強的維護秩序的角色意識；而採用陪審團裁決作為施加懲罰的基礎，則是走向最終由陪審團來定罪的重要步驟。❸國王的制度是建立在審訊基礎之上的，審訊則是代表著鄉人的裁決。從此，曾經是行政調查工具的陪審團同時成為了民事案件和刑事案件中起訴陪審團和審判陪審團的基礎。在 1215 年以前，絕大部分被拖延或撤回或取消的告訴都沒有被提交給陪審團，因為它與告訴人獲得賠償的希望相衝突。1218–1219 年間，國家需要結束以前的無秩序狀態，也需要結束戰爭帶來的不和諧狀態。與此同時，對個人的傷害也已經不僅僅視為是個人的事情，而且也被認為是對王國的和平與秩序的侵害。所以，即使是在個人的傷害案中，王國的利益也優先於個人的利益。

㈡陪審團起源時仍然是放任自由主義意識形態占主導地位的時代

　　從陪審團起源的社會背景來看，雖然積極行動主義意識形態已經開始抬頭，但當時英國的訴訟程序仍然處於放任自由主義意識形態的控制之下。這可以由以下幾點論據來支持：

　　第一，訴訟模式主要還是彈劾式而不是糾問式，起訴方式主要依賴於私人的告發而不是國家官吏的主動追查。這說明，訴訟仍然主要被視為是私人自己的事情，國家存在的目的在一定程度上僅僅是為了給私人之間的糾紛提供一個解決的框架；這個國家並不為社會規定什麼是值得嚮往的生

---

❸　Roger D. Groot, *supra* note 25, p. 10. 事實上，在亨利二世改革時期，國家的維護秩序的角色意識就已經得到了加強。亨利二世認為，破壞和平或者威脅生命或肢體都是對公共秩序的侵犯，因此他要求國王的法院在任何時候只要可能就以王的司法制度進行處理，而不是僅僅以古老的證明方式了事。

活方式，什麼是社會應當追求的目標，並且也不強迫其成員追求這樣的目標。第二，從審判制度來看，當時的審判主要表現為，只有當事人自己解決不了的糾紛，才由政府來解決。因為，當時如果一個私人告發他人但後來又撤回告發，在 1215 年以前，這樣的案件視為不存在。也就是說，政府不會主動提起一個訴訟，只有當私人提起訴訟時，政府才解決他們之間的爭議。個人的自主權得到充分的尊重。第三，從審判形式來看，即使政府受理了案件，爭議仍然由當事人自己解決，共誓滌罪、考驗、決鬥，都是當事人自己解決糾紛。政府僅僅是主持糾紛解決的程序，並不積極追求所謂實體的正義。實體的正義這些都是後來的事情。只有在這些審判方式都已經消失了，或者被禁止了，或者不適用了的時候，政府才開始考慮，如何來解決這樣的問題。

以上因素無不證明當時英國訴訟中占主導地位的意識形態應當是放任自由主義而不是積極行動主義。這一點從法律本身的運作也能得到論證。在英國，早期的習慣法法典將過錯行為的賠償權完全留給被傷害的一方。其方式是提起一個刑事訴求 (a criminal plea)。但是，一旦國家增加了其權力，這一程序的不足就顯示出來。陪審團的公訴書和告發書在國王的案件中迅速取代了古老的刑事訴求。我們可以看到，無論是陪審團的組成方式，還是強迫當事人同意由陪審團進行審判的方式，都顯示出國王的法官已經準備像基督教的宗教官員那樣採用無情的手段以獲得對被告人的定罪。但是，這裏又一次出現了這種情況：新程序被引進的時間，正好是古老的觀念在英國占上風的時候，它避免了將歐洲大陸刑事訴訟程序中某些特別惡劣的因素引入到英國法中。正如霍茲沃斯所指出的那樣：在國王的法院中，所有程序均由告發書啟動的作法完全複製了古老的以刑事訴求方式啟動程序的某些因素，而且，在其他因素中，也仍然保留了這樣的觀念：被告人處於受到原告反對的地位，而原告必須證明其主張——即使是在以國王為原告一方的訴訟中。❺

我們看到，在審判陪審團還沒有產生的時候，法官可以有兩種選擇：

---

❺　W. S. Holdsworth, *supra* note 13, p. 320.

一是由法官自己來對案件作出裁判，歐洲大陸的法官們就是這麼做的；二是由法官以外的人來作出裁判，就是由與被告人地位相當的人來裁判，英國的法官就是這麼做的。按照放任自由主義意識形態的原則，國家並沒有自己的目標，也不會為社會制定目標，所以，由誰來解決糾紛，對政府而言並不重要，重要的是政府必須為糾紛的解決提供一個框架，所以，政府並不強求糾紛一定要由政府任命的法官來裁斷；如果是一個積極行動主義的政府，政府必然有自己追求的目標，並且它通常也會向社會推銷、甚至強制執行自己的目標，為了實現這一目的，它必然要通過在審判程序中灌輸自己意志的方式，推銷自己為社會制定的目標。所以，它也必然要實行法官審判而不是陪審團審判。實行陪審團審判的結果，就是國家對於什麼行為是犯罪，什麼行為應當受到譴責並不關心。它把這個問題交給與被告人居住的社區去解決。它不把自己的意志強加在被告人所居住的社區。但是，如果由法官來決定什麼行為是應受懲罰，實際上就是由法官將統治階級的意志強加在某個特定的社區。這是典型的積極行動主義意識形態。所以說，陪審團審判體現了放任自由主義意識形態，法官審判體現了積極行動主義意識形態。

由此可見，幸運的時間安排對於英國陪審團審判制度之確立是一個十分重要的因素。必須看到，雖然當時英國占主導地位之意識形態仍然是自由放任主義，但是英國的法律很早就實現了中央集權化，而且英國的國家也比歐洲大陸國家更早實現中央集權化，而其中一個最重要的實現中央集權的手段就是王室的法官採用審訊的制度，這一制度最終發展成為大陪審團和小陪審團這種雙重陪審團制度。利威認為：在英國，中立的法官主持審判，陪審團控制裁決的結果，這樣一種彈劾式的訴訟程序有效地滿足了國家的需要，從而不必像大陸國家那樣採用糾問式的訴訟程序。❺波洛克和梅特蘭亦曾經指出：英國的命運可以說是九死一生，在古老的證明模式被打破的時候，幸運的是，亨利二世的改革在英諾森三世改革之前就已見成效；亨利二世逝世於 1189 年，9 年以後，英諾森三世就職掌了教會大權，

---

❺　Leonard W. Levy, *supra* note 23, p. 51.

而那時，英國偉大的改革制度已經在 1166 年制度化了。**⑤⑥**

　　綜上可見，陪審團的被接受是在古老的審判方式占統治地位的時候。在 15 世紀後半期，當福特斯糾寫下對英國法律讚美的詞句時，陪審團審判制度已經被作為全英國人引以為驕傲的普通法中最有價值的成分。霍茲沃斯曾經寫道：「由於它（陪審團）保持了那樣的地位，它在 16 世紀極大地限制了星座法院和御前會議引進（歐洲）大陸（糾問式訴訟）程序的能力。在後來的幾個世紀，它又有力地保證了行政上自由裁量權的行使符合當時人們的一般觀念。」**⑤⑦**

---

⑤⑥　轉引自 Leonard W. Levy, *supra* note 23, p. 51.

⑤⑦　W. S. Holdsworth, *supra* note 13, at 320. 此處提到的星座法院式中世紀英國國王特設的法院，擁有比較大的權力，其訴訟程序更多地受到歐洲大陸糾問式訴訟之影響。

第二章　陪審團司法功能之發展

一、大小陪審團之分離

必須指出，雖然在 1220 年的時候，陪審團審判制度即已確立，但當時大陪審團和小陪審團並未完全分開。陪審團雖用於審判，但其功能卻不僅限於審判，而是同時兼司檢舉。在此方面，伯藍德關於 14 世紀初期（大約在 1312 年左右）普通巡迴法院的一段敘述值得注意：

……當（起訴陪審團）正式作出一個起訴書 (presentment) 之後，法庭就會詢問被告人他有何話可說。如果他說，而且他幾乎總是會說，他並未實施所指控之罪行，法庭就會問他，他希望以何種方式洗刷自己的清白？通常，被告人都會說，他將自己交給陪審團來決斷。這樣，他就立即由陪審團來審判。但對於今天的人們來說，難免會提出一些不易回答或者不費筆墨就難以回答甚至大費筆墨亦無法作出確定之回答的疑問：被告人是被什麼樣的陪審團審判？是由原先起訴他的 12 名陪審員，還是由其他的陪審員？乍一看，由起訴人充當法官的制度是不公平的。但是，（在當時），起訴陪審員，那 12 名陪審員，製作起訴書時認定的事實並非得到證明的事實。他們在很大程度上是依賴於傳聞，乃至對於過去事實之當下的回憶。因此，他們的起訴書完全不同於經過聽證後認定的事實而作出的裁決。根據 1313 年肯特郡巡迴法院的手稿，「如果 12 名陪審員針對任何人作出了起訴書，則鎮長應當傳喚該人，該被告人出庭時亦應當將自己交給原來起訴他之陪審團裁決。」 ❶

---

❶　William Craddock Bolland, *The General Eyre: Lectures Delivered in the University of London at the Request of the Faculty of Laws*, Cambridge at the University

　　但是，即使假定這一手稿之記錄真實可信，它也不一定是當時陪審團審判的全部狀況。因為，很可能僅僅在某些案件中，起訴陪審團同時充當審判陪審團；也可能只是在個別地方，起訴陪審團同時充當審判陪審團。

　　利威認為，審判陪審團和起訴陪審團的分離主要是由於被告人擔心被定罪而不願意接受陪審團終局裁決的結果。❷一方面，審判方式必須得到被告人同意的觀念是如此地深入人心，以致被告人不選擇接受陪審團的終局裁決就沒有辦法對他進行審判；陪審團審判必須由被告人同意的觀念一直保留到 1772 年；另一方面，國家權威的實現和社會秩序的維持又不能容忍犯罪案件的發生，而同時，監獄的狀況也不允許對被告人長期地關押。所以，王室在 1275 年頒布法令允許對被告人拷打以使他接受審判。起初被告人是被鞭笞，然後是放置在監獄中最糟糕的地板上，並在他身上放置鐵塊；只給他粗糙的麵包，隔一天提供一次飲水。接下來懲罰升級：他被慢慢地擠壓，五馬分屍般地平放在地上，他能承受多少鐵塊就在身上放多少鐵塊，然後再讓他承受更重的壓力。使得它變得如此野蠻的力量，一是來自頑固的教條，必須有被告人同意才能對他使用陪審團審判；二是最嚴重的重罪被告人也要允許他為自己辯護。換句話說，痛苦的拷打並不是為了獲得他的口供，而僅僅是為了獲得被告人的答辯。法律不關心他作何種答辯，只關心他是否答辯。1772 年一個新的制定法規定，如果被告人保持沉默，將被認為他已經供認自己的罪行。直到 1827 年，法律才規定保持沉默視為無罪答辯。

　　但是，法律也在朝著比較溫和的方向發展，那就是設法使陪審團審判至少表面上看起來更加公正，而不是像被告人所擔心的那樣：審判就意味著定罪。如此，則可以鼓勵他們願意接受陪審團審判。這樣的法律在 13 世紀中期逐漸地發展起來。據相關史料記載，1258 年，亨利·布萊克頓就注意到，被告人可以反對惡意或虛假的起訴人；13 世紀末期，約翰·布雷頓

Press, 1922, pp. 61–62.

❷ Leonard W. Levy, *The Palladium of Justice: Origins of Trial by Jury*, Ivan R. Dee, Chicago, 1999, p. 21.

也說，如果陪審團成員中有他的敵人或覬覦他財產的人，他可以申請他迴避；1305 年，愛德華女王，以及後來的愛德華二世，都曾經以被告人朋友的身分，要求法官提供一個沒有起訴陪審團參加的審判陪審團。❸ 可以說，1305 年的這個案件是陪審團審判制度發展歷程中的一個重要案件，因為這是第一次由被告方提出審判陪審團的成員中不能有參加過起訴的陪審員。

被告人申請起訴陪審團成員在審判陪審團中迴避的頻率越來越高，但是經常遭到國王法官的反對，因為起訴陪審團成員參加審判陪審團會對定罪有利。由於這個緣故，1340 年代，平民院曾經兩次呼籲國王同意通過一個制定法賦予被告人申請大陪審團成員在小陪審團中迴避的權利。在 1351–1352 年間，對起訴陪審員參與審判的反對情緒已經如此強烈，以致法案不得不規定，在反叛和重罪案件中，如果起訴陪審員遭到被告人的挑戰，他就不得參與案件的裁決。❹ 於是，小陪審團就脫離了大陪審團，並逐漸發展成從各郡進行隨機抽選的機制。這一說法得到德弗林的肯定：「直到 1352 年的時候，愛德華三世才頒布法令，規定起訴陪審團成員不得參加審判陪審團。」❺ 作為這一制定法規定的結果，小陪審團和大陪審團在組成和功能兩個方面都區分開來。

二、迴避制度之發展

如前所述，被告人有權申請陪審員迴避。要求迴避可以有理由，也可以沒有理由。前者被稱為「有因迴避」，後者則為「無因迴避」。無因迴避又包括兩種情況：一種是要求最多 35 名陪審員迴避，另一種則是要求最多

---

❸ Leonard W. Levy, *supra* note 2, p. 22.

❹ W. S. Holdsworth, *A History of English Law*, Vol. 1, Methuen & Co. Ltd., Sweet and Maxwell, London, 1956, p. 325.

❺ Sir Patrick Devlin, *Trial by Jury*, Stevens & Sons Limited, London, 6ᵗʰ Impression, 1978, p. 10. 貝克也認為，最晚在 1351 年的時候，大小陪審團已經分離開來。參見：J. H. Baker, *An Introduction to English Legal History*, 3ʳᵈ Edition, Butterworths, London, 1990, p. 580.

三個整個的陪審團迴避。這一制度產生的年代已經不可考，但是比較確定的事實是，這一制度直到 1533 年的時候都沒有改變。1533 年，亨利八世的法令將 35 這個數字改為 25。❻值得注意的是，這一權利只有被告人享有。控訴方若要求陪審員迴避，必須說明理由。

　　一般情況下，在陪審團宣誓之前，被告人被告知，其在制定法上有權對陪審員提出迴避申請。但是這一制度在執行中可能並不盡如人意。有的學者認為它甚至僅僅是個形式，因為它並沒有為在巡迴法院接受審判的被告人帶來利益。曾有一個被告人向法官打聽他可以申請多少陪審員迴避，法官說：「我不想回答你這個問題；我是來當法官的，不是來做你的顧問的。」❼不過，這樣的法官畢竟是少數，因為，中世紀英國的法官在理論上是必須為被告人提供幫助的，因為除了法官以外，被告人無從獲得幫助，因此法官通常被視為被告人的律師 (Cousel)。1663 年，首席大法官海德在其審理的一個案件中明確表示了這一觀念。❽

　　要求整個陪審團迴避的情形不是沒有，但是很少發生。一般來說，只有在被告人懷疑主持召集陪審員的鎮長在製作候選陪審員名單不公正時，才會提出這樣的申請。

---

❻　Sir James Fitzjames Stephen, *A History of the Criminal Law of England*, Vol. 1, Macmillan and Co., 1883, p. 302. 另一種說法是，重罪案件和輕微叛亂案件中強制迴避的權利在 1531 年時被縮減到 20 次。詳見：Theodore F. T. Plucknett, *A Concise History of the Common Law*, Aspen Publishers Inc., 5th Edition, 2001, p. 433.

❼　J. S. Cockburn, *A History of English Assizes: 1558–1714*, Cambridge, 1972, p. 120.

❽　Chief Justice Hyde explained to John Twyn, a defendant being tried in 1663 for publishing a treasonable book: "The courtare to see that you suffer nothing for your want of knowledge in matter of law; I say, we are to be of counsel with you." See from, John H. Langbein, *The Origins of Adversary Criminal Trial*, Oxford University Press, 2003, p. 29.

三、小陪審團組成人數之確定

在開始的時候，小陪審團人數比大陪審團人數還要多，因為它是以在大陪審團基礎上增加人數之方式組成的。大、小陪審團分離以後，審判陪審團的人數變化仍然經歷了一個緩慢的過程。關於 12 這個數字有很多羅曼蒂克的說法，比如 12 個以色列部落，12 名部族首長，所羅門的 12 名官員，耶穌的 12 名使徒等。並非所有的解釋都是令人高興的，比如 12 使徒一說，似乎暗示著以前的陪審團有 13 名陪審員，總是有一名陪審員要叛變，所以才改成 12 名了似的。

霍茲沃斯認為，12 這個數字被固定下來也許是因為需要對陪審員的數目加以限制；在陳述陪審團中增加成員的方式在實踐中被發現是不方便的，因為它導致了太大規模的陪審團。❾12 這個數字被固定下來也可能是因為百戶邑的陪審團就是 12 個人，他們被認為已經可以代表他們的百戶邑了，所以後來整個郡的陪審團都由 12 名成員組成，因為他們也可以代表整個郡決定被告人有罪與否。這一解釋得到德弗林的贊同。德弗林指出：實際上，12 這個數字的形成僅僅是因為必須要有一個數目足夠令人望而生畏的團體來作出某種決定而已。❿

四、從多數裁決到一致裁決

陪審團的一致裁決也經歷了一個發展的過程。即使在陪審團尚具有證人特徵的時代，也並未要求一致裁決。據黑爾之敘述，一致裁決制度最早可以追溯到 13 世紀布萊克頓時代：

的確，在亨利二世、亨利三世乃至愛德華一世的時代，如果有陪審員表示不同意見，法官會在原陪審團的基礎上增加與多數意見相同數目的陪審員，然後由這一群體中 12 名較老的陪審員作出裁決。但是這一方式

---

❾　W. S. Holdsworth, *supra* note 4, p. 325.

❿　Sir Patrick Devlin, *supra* note 5, p. 8.

早已經是老古董了,最多也就延續到布萊克頓時代,因為從那時起,全體陪審團組成時就宣誓:要嘛作出一致裁決,要麼不作任何裁決。**⑪**

　　但據史蒂芬之敘述,剛開始時,如果陪審員意見不一致,則法官會分別對他們進行詢問,最後按照多數意見決定被告人有罪還是無罪。**⑫** 這樣的制度至少延續到 1346 年。但是,在 1367 年,陪審團一致裁決的制度最終得以確立。**⑬**

　　關於一致裁決確立的理論有四種說法:一是認為與共誓滌罪的審判方式有關,因為在這種審判方式下,共誓滌罪人的誓言都是一致的;二是出於對不完善的程序規則和證據規則的一種補償,因為普通法加在被告人頭上的刑罰是很嚴厲的,一致裁決則是對被告人的一種保護;第三種理論認為,原始的陪審團是瞭解案件事實的人,而無論如何,關於案件事實的問題都只會有一個正確的答案,而如果陪審員不能夠達成一致的裁決,無論是多數意見陪審員還是少數意見陪審員,都會因為「偽證」而受處罰;第四種理論認為一致裁決理論起源於中世紀的一致同意觀念,有證據表明議會認為多數裁決不足以約束社區及其成員。**⑭**

　　在 15 世紀,由於一致裁決獲得的困難,議會又採納了多數裁決主義,但是在刑事案件中,一致裁決的做法卻一直保持到最近。為了獲得一致裁決,剛開始的做法是將持不同意見者予以監禁。但是這種措施過於激烈從而很快被拋棄,但是幾個世紀以來,把陪審員關在一起,不提供食物和飲料,也不提供供暖設備的做法卻十分普遍,並且一直延續到 1870 年「陪審員法」的頒布。**⑮**

　　一致裁決在陪審團審判制度當中也是十分引人注目的。黑爾曾經指出:

---

⑪ Matthew Hale, *A History of the Common Law of England*, 1712, Chapter XII.

⑫ Sir James Fitzjames Stephen, *supra* note 6, p. 258.

⑬ Sir Patrick Devlin, *supra* note 5, p. 48.

⑭ Michael H. Glasser, *Letting the Supermajority Rule: Nonunanimous Jury Verdicts in Criminal Trials*, Florida State University Law Review, 1997.

⑮ Sir Patrick Devlin, *supra* note 5, p. 50.

直至 12 人一致同意時，陪審團裁決方可接受；因此，多數陪審員並不決定少數陪審員之意見，就像有些採用陪審團審判制度的國家所做的那樣。相反，只要 12 名陪審員中的任何一名表示反對，就無法達成裁決，也無必要接受該裁決。……12 名陪審員必須一致同意，不能有任何反對意見方能作出裁決。這一制度的確賦予其裁決偉大的力量、價值與可信度。儘管他們必須全體一致同意，很多時候也可能是多數對事實無知之人往往聽從少數瞭解事實之陪審員的意見。❶⑥

五、陪審團證人身分之弱化

㈠早期陪審團的證人特徵

關於早期陪審團在司法領域所具有的證人特徵，至少可以從以下兩個方面看出：

首先，陪審團的成員必須是來自爭議發生地點的鄉人。這一觀點不僅在早期陪審團的組成中得到樹立，並且在後來的法律中一直得到堅持。黑爾指出：陪審員必須是來自事實調查地之鄉人，或者至少是該郡或鎮之居民。❶⑦據記載，至少有 4 名成員必須是來自主張之事實發生地的百戶邑。❶⑧從陪審團組成人員的地域限制我們可以看出，早期陪審團的成員至少有一部分是瞭解案件事實的人，或者是對於瞭解案件事實具有便利條件的人。布萊克頓 (Bracton) 和布雷頓 (Britton) 都曾指出，陪審團必須採取最佳手段以獲得真相，並且在他們之間進行討論；如果他們仍然無知，其陣容將為那些更瞭解真相的人所加強。❶⑨科尼希 (W. R. Cornish) 認為，在 13 世紀，由於最初的陪審團都是從瞭解案件事實的當地人中選拔出來的，因而法官

---

❶⑥ Matthew Hale, *A History of the Common Law of England*, 1712, Chapter XII.

❶⑦ "They are to be the Neighbourhood of the fact to be inquired, or at least of the County or Bailywick." Cited from Matthew Hale, *A History of the Common Law of England*, 1712, Chapter XII.

❶⑧ W. S. Holdsworth, *supra* note 4, at 313.

❶⑨ W. S. Holdsworth, *supra* note 4, at 333.

就面臨這樣的選擇：是讓 12 個陪審員做出集體的裁決，還是就案件問題單個地向陪審員詢問以便確定哪一個陪審員最瞭解案件事實，以便在這個陪審員提供的信息的基礎上自己作出裁決？記錄表明，13 世紀的法官更多地採用後者而不是採用前者。❷⓿

其次，陪審團的裁決如果被推翻，則作出該裁決的陪審團成員要受到處罰，他們原來的裁決則被認為是作偽證。這一點可以從當時大小陪審團的組成得到論證。剛開始的時候，大陪審團的成員也是小陪審團的成員。在調查結束後，（大）陪審團被問道，嫌疑人有罪還是無罪；有時候，在大陪審團決定被告人是否有罪的時候，為了更具有代表性，更多的人被加進來；有時候，只有部分大陪審團的成員參加決定嫌疑人是否有罪的程序。❷①也就是說，在小陪審團決定案件時，至少其中的一部分成員並且是大部分曾經參加過大陪審團的調查和起訴工作。這樣，如果小陪審團的裁決與大陪審團認定的事實不一致，這樣的裁決就表示陪審員的裁決前後矛盾。同樣的陪審團在不同場合作出不同的裁決，這與證人在不同的場合作出不同的陳述沒有本質上的區別。所以，他們必須以偽證罪論處。

㈡從證人團到法官團的演變

然而，在陪審團發展的早期階段，其地位和司法功能究竟是屬於證人還是屬於裁判者有時候是很難加以區分的，因為陪審團雖然一方面像證人那樣受到詢問，但另一方面法官又有賴於他們決斷案件。所以，在很多場合下，法官像對待證人一樣對待陪審團；而在實際功能方面，陪審團又確實具備就事實問題進行裁斷的特徵。❷②也有論者根本不承認陪審團曾經具有證人身分。例如，普拉克內特指出：如果陪審員具有證人身分，則被告

---

❷⓿ W. R. Cornish, *The Jury*, Allen Lane the Penguin Press, 1968, p. 71.

❷① W. S. Holdsworth, *supra* note 4, p. 324.

❷② 塞耶曾經指出：如果與現代進行比較，我們就會感到困惑：古老的審判是將陪審團既當作陪審團又當作證人；這種狀況直到 16 世紀時才得到改變，而這種改變無疑是陪審團和一般證人之間的身分區別日益明顯的結果。——Thayer, *A Preliminary Treaties on Evidence at the Common Law* (1898), p. 102.

人在布萊克頓到福特斯糾期間可以行使 35 次強制迴避權就簡直是不可想像的；事實上，陪審員從來就不是證人，而是（社區）的代表。❷❸ 無論採取何種立場，唯一可肯定的乃是：陪審團司法功能的發展是一個漸進的過程，它從一個具有證人特徵的團體演變為完全的司法裁判者，其間經歷了至少上百年的歷程。在這個過程中，幾乎每一步都與削弱其證人身分的特徵有關。

　　首先，陪審團成員的地域限制在逐步放鬆，必須來源於案件發生地的陪審團成員數目在逐漸減少。在民事案件中，這一數字在 1543–1544 年間是 6，但在 1584–1585 年間在私人爭訟案件中這一數字減少到 2；到 1705 年，法律的規定是只要是來自本郡就足夠了；但是，直到 1826 年，在刑事案件中必須有陪審員來自百戶邑的規定才被最後廢除。❷❹ 由此決定的是，陪審團獲得信息的方式不再依賴於那些瞭解案件事實的陪審員，而是更多地依賴於與陪審團成員相區別的證人。霍茲沃斯說道：「完全明白的是，裁決不是建立在第一手知識的規則之上。即使在 13 世紀早期，也很難說他們都是目擊證人。」「所以，在不同的時期，陪審團通過不同的手段獲得信息……在爭議是關於一件事情的真實性的情況下，陪審團和證人都被召集起來。」另外，英國法律在 1361 年確立了這樣的規則：證人必須在公開的法庭上提供證據而不是私下地向陪審團傳達事實。❷❺ 這一規則的意義在於，如果證人私下向陪審團提供信息，陪審團就成了案件的偵查者，而在法庭上則是向法官提供傳聞證據的證人；當證人必須在公開的法庭上向陪審團提供證據時，這時候陪審團就更像法官而不像證人。1367 年的一個案例明確地顯示陪審團的裁決必須反映全體陪審員的一致觀點，這標誌著證人從陪審團分離出來，並將陪審團轉變成在法庭上判斷證據的集體。❷❻ 但是在

---

❷❸　Theodore F. T. Plucknett, *A Concise History of the Common Law*, Aspen Publishers Inc., 5th Edition, 2001, p. 433.

❷❹　W. S. Holdsworth, *supra* note 4, p. 313.

❷❺　W. S. Holdsworth, *supra* note 4, p. 334.

❷❻　W. R. Cornish, *supra* note 20, p. 71.

16 世紀以前，對宣誓證人之證言的依賴性都還不普遍。其中一個原因是這樣的證據是最不可相信的陳述。到 17 世紀中期，證人和陪審團的區別已經如此明顯，以致如果審判中任何一方希望陪審員以自己的知識向其他陪審員提供證據時，法庭就會公開在法庭上要求他宣誓並對他進行詢問，而且他還必須被他的同伴單個地進行詢問。到 1816 年，如果一個法官要求陪審員根據他們自己的知識做出裁決，那麼請求重開審判就會得到允許。

其次，不管是出自法律的規定還是當事人的同意，陪審團的主要功能都是用來決定爭議事實。這些爭議事實之所以由他們來決定是因為他們熟悉事實，或者，即使他們不熟悉事實，他們也有能力輕易地獲得必須的知識。正是由於這個緣故，原始的陪審團才被視為證人而不是法官，但是他們不僅僅是證人，他們是當事人被迫或自願同意的一種證明方式。尊重他們（而不是別人）是最容易的，因為他們在某種意義上代表了他們所從來的社區——百戶邑和縣；而且，在那個時代，由於每一個社區都有自己的法院，而且人們的生活也相對簡單，社區意識也比較強烈，因此，儘管法官也許曾經將他們視為證人，並且如果法官受過教會法原則的影響，他們應當如此對待過陪審團。但是，在 13 世紀末期，法官已經不再是掌握教會法或市民法知識的人。他們是在王室法院執業的人，而且，王室法院的法律對於言詞證據是沒有規則的。❷❼在這樣的環境下，法官將這些證人作為正式的證明事實的方式是不存在任何困難的。但是這一方式的重點仍然在強調其司法功能而不是其作證能力。並且，在這些因素的影響下，他們的司法功能變得更加成熟並且更占主導地位。於是，儘管晚至 1346 年多數裁決仍被採用，到 1367 年，一致裁決已經被最終確立起來。❷❽所以，陪審團在作出裁決之前不得被解散的規則也是非常古老的。他們必須完成其職責，並且為了加快其討論的速度，法律規定在裁決作出之前他們既不能進食也不能飲水。這樣的規則是在民事案件中逐漸得到放鬆的，而在刑事案件中只是得到部分的放鬆。因此，儘管陪審團在 17 世紀後半期才完全喪失其證

❷❼　教會法有，那就是完全證據規則。

❷❽　W. S. Holdsworth, *supra* note 4, p. 319.

人特徵，其法官特徵早在 14 世紀的時候就已經占據了主導地位。

其次，關於大陪審團成員可以在小陪審團裁決案件時繼續充任小陪審團成員這一點，13 世紀和 14 世紀早期不確定的實踐給法官留下了視情況而決定具體程序的自由空間。但是很明顯，這樣的制度安排不利於被告人權利的保護。因為，在這種制度下，一旦被告人被大陪審團起訴，其命運就幾乎已經確定無疑，除非陪審員甘冒被判偽證罪的風險。逐漸地，在被告人和王室兩種對立的利益都予以考量的影響下，這種實踐開始改變。儘管在 13 世紀或 14 世紀早期，所有或部分大陪審團成員組成小陪審團；並且，法官認為，如果曾經將被告人作為嫌疑人而起訴的小陪審團的成員在審判中卻將其無罪釋放，他就是自相矛盾，因而必須受到懲罰；但是，由於大陪審團必須與小陪審團分開，其功能上的差異正日益被人們所認識。逐漸地，人們承認大陪審團的功能僅僅是：從起訴的證據來看，懷疑是否存在合理的基礎。❷⁹

由此看來，陪審團從證人身分轉變到法官身分也與當事人申請陪審團成員迴避之權利的確立有關。早在布萊克頓的時代就已經認識到，當被問及被告人是否有罪這樣的問題時，被告人有權要求那些跟他有仇隙的人迴避。而且布雷頓還允許被告人申請大陪審團成員不得擔任審判陪審團的成員。1302 年，一個被告人（其身分為騎士）反對陪審員的理由是：他們曾經擔任陳述陪審團成員；他們不是騎士，因而不是與其地位相等之人 (his peers)。❸⁰另外，S.F.C. 密爾松在《普通法的歷史基礎》一書中也提到，1352 年的法令似乎允許以某人曾經是起訴陪審團的成員為理由，而對小陪審團的組成提出異議。❸¹正是由於這個緣故，霍茲沃斯認為，陪審團脫掉其證人服裝的過程是在個人可以申請陪審員迴避的法律制度的幫助之下實現的。他說：無論是福特斯鳩還是科克都提到無數個人可以申請陪審員迴避

---

❷⁹　W. S. Holdsworth, *supra* note 4, p. 322.

❸⁰　W. S. Holdsworth, *supra* note 4, p. 325.

❸¹　S.F.C. 密爾松著，《普通法的歷史基礎》，李顯冬等譯，中國大百科全書出版社，1999 年 11 月，第 1 版，第 469 頁。

的案例；而所有迴避的事例都是以陪審團的司法功能為基礎的；實際上，在 14 世紀時，證人已經與陪審團區別開來：證人可以是未成年人，而且也不能被申請迴避。❷

六、陪審團獨立地位之加強

(一)糾汙陪審團❸的消亡

儘管陪審團已經初步具備了司法者的身分和地位，並且在刑事訴訟中實現了起訴陪審團和審判陪審團的分離，在民事案件中其裁決通常也就是最終的裁決，但是，由於其證人的特徵並未完全消失，所以，一旦當事人尋求翻案並且獲得成功，陪審團的成員還是免不了遭受懲罰的命運。懲罰的方式最初是以剝奪財產及公權之令狀的形式出現的。霍茲沃斯認為，在陪審員更像證人而不是更像法官時，他作出錯誤的裁決就類似於作偽證；正是為了防止陪審員的偽證才發明了剝奪公權及財產的令狀 (attaint)。❹ 據記載，剝奪公權及財產的令狀 (attaint) 出現於 1202 年。成功地引入這樣的令狀不僅使陪審團遭受懲罰，而且導致他們的裁決被推翻。1275 年時，國王已經將這樣的令狀擴張到不動產訴訟案件的裁決中；1327 年它擴張到過錯侵權案件；1360 年它延伸到所有的不動產案件和私人訴訟案件。❺ 很清楚地，這一系列的制定法都只適用於民事訴訟，而不適用於刑事訴訟。這一方面是因為刑事訴訟程序本身已經對國王十分有利 (偏向國王)，另一方面則是因為反對雙重危險這一古老的訴訟原則，同時也是因為國王還有其他手段對付拒絕作出有罪裁決的陪審團。

對大巡迴法院陪審團 (the grand assize) 和小巡迴法院陪審團 (the petty assize) 做出的錯誤裁決提供之救濟的效果之間的差別似乎來自直接的立

---

❷ W. S. Holdsworth, *supra* note 4, p. 333.

❸ 為論述方便起見，作者將因其裁決引起上訴而被推翻的陪審團稱為「汙點陪審團」，該裁決被推翻後對該案重新審判的陪審團稱為「糾汙陪審團」。

❹ W. S. Holdsworth, *supra* note 4, p. 338.

❺ W. S. Holdsworth, *supra* note 4, p. 340.

法。那時候，陪審團裁決尚未要求必須全體一致。這樣，如果裁決被證明為錯誤，持少數意見的陪審員可免受處罰。當陪審員的數目經常以 12 出現時，糾汙陪審團成員的數目就固定為 24。當一致裁決的規則固定下來時，所有的陪審員都平等地承擔責任。但對於同一事實不得再簽發第二次汙點令狀 (no second attaint on the same facts)。如果原陪審團被糾汙陪審團定罪，量刑即以立體的形式作出：他們被監禁 1 年，沒收財產，戴著不名譽的帽子，他們的妻子和孩子也被驅逐，土地則被荒蕪。

這種實踐自然產生這樣的問題：糾汙陪審團是否能夠看到比原陪審團更多的證據？而且，對作出錯誤裁決的陪審團成員處以剝奪公民權的處罰是否也太嚴厲了一點？1451 年的一個案例顯示，受陪審團冤枉的當事人不願意尋求救濟，因為作出錯誤裁判的陪審員被嚇壞了，而且對他們加以如此嚴厲的懲罰也被認為是不公平的。1495 年，曾經有一次試圖對這一制度予以改進的努力，這一努力形成法案，並規定，如果爭議金額價值 40 英鎊，則由法庭自由裁量，對作出錯誤裁決的陪審團成員沒收財產 20 英鎊，並使他們不名譽；如果爭議金額價值低於 40 英鎊，則他們應當被沒收 5 英鎊。但是，由於受傷害的一方有權在制定法和普通法的程序之間進行選擇，而且他們通常選擇不追究汙點陪審團的責任，所以這一規定對於推行糾汙陪審團制度而言實際上並無多大效果。托馬斯·史密斯曾經指出：「剝奪公民權（的令狀）極少被用到，部分是由於紳士們不願意誹謗與羞辱他們的鄰居，所以長時間以來他們寧願付出少量的罰金，而不願意提出這樣的請求。」儘管如此，在 1690 年，上議院居然提議將這一制度推廣到刑事訴訟中去。這一提案遭到否決。18 世紀晚期，剝奪公民權令狀停止適用。1757 年，曼斯菲爾德勳爵宣稱這種令狀「僅僅是空谷足音」；1825 年，它被完全廢除。㊱

㈡法官懲罰陪審團制度的廢除

與糾汙陪審團的取消同樣重要的一件事情是，在刑事訴訟中，法官懲罰作出無罪裁決陪審團成員的權力也逐漸遭到廢棄，同時陪審團否決法律的現象也日益頻繁。

㊱　W. S. Holdsworth, *supra* note 4, p. 342.

　　儘管從理論上看,陪審團完全有作出任何他們認為正確的裁決的權利,但在實踐中,一直到 1664 年,陪審團都會由於將被告人無罪釋放而遭到例行公事的罰款。從 1670 年以後,這樣的實踐才慢慢地遭到否定。

　　在 1670 年,一個叫威廉‧佩恩的人由於在一次非法集會上對貴格會進行講道而被審判,在這次政治審判中,4 個陪審員在被監禁並餓了 4 天之後,仍然堅持要對佩恩無罪釋放。這些陪審員遭到罰款並被監禁直至他們交出罰款為止。其中一個陪審員愛德華‧布歇爾拒絕繳納罰款並將其案件提交到普通上訴法院。該院首席大法官沃漢裁決:陪審員不能因其裁決而遭受懲罰。❸⓻布歇爾案件是普通法陪審團的歷史上最重要的發展之一,德懷爾曾對該案之審判給予高度讚揚:

> 愛德華‧布歇爾及其勇敢之同事光榮地贏得了勝利──這不僅僅是他們自己的勝利,而且也是所有英美法律之繼承者的勝利。法官從此不再侵擾陪審團之裁判。陪審員雖偶爾亦屈服於官方之壓力,它像其他任何制度一樣也有失靈的時候,但是通過該案,一個偉大的原則建立起來:陪審團而非法官決定裁判之結果,他們不受強制,亦不會因為誠實地作出裁決而受到制裁──即使法官認為其裁決錯誤時亦是如此。在法律的界限內,人民而非政府對於被告人有罪還是無辜擁有最終發言權。在法庭上從來還沒有哪一次正義像這次那樣獲得偉大的勝利。❸⓼

---

❸⓻ *History of Jury Nullification*, http://www.fija.org. 同時參見: Clay S. Conrad, *Jury Nullification: The Evolution of a Doctrine*, Carolina Academic Press, Durham, North Carolina, pp. 24–28. 佩恩在獲得釋放後繼承了他父親的遺產,從此成為一個謹小慎微之人,甚至成為國王查理二世的密友。他結了兩次婚,成為 15 個孩子的父親,寫了上百篇論文,並從國王那裏獲贈一大片位於特拉華河兩岸的土地。1681 年,他在那裏建立了賓夕法尼亞殖民地。

❸⓼ William L. Dwyer, *In the Hands of the People: The Trial Jury's Origins, Triumphs, Troubles, and Future in American Democracy*, Thomas Duune Books St. Martin's Press, New York, 2002, p. 59.

　　布歇爾案件是陪審團抵制法官專橫的一個成功的案例。但是在這之後的另一個案件中，陪審團在面對法官的壓力時卻屈服了：該案被告人是一個矮小的老太婆，她因為允許一個叫希克斯的男人——當時她並不知道他在叛亂中已經站在蒙茅斯公爵一邊——在她家裏住了一夜而被指控為犯有叛逆罪。由於希克斯並未受到審判，所以，她為自己提出的辯護理由是：應該首先對主要的叛徒進行判決，因為在她被判為窩藏他以後，他卻可能被宣告無罪釋放。該案陪審團拒絕對被告人定罪，但是由於法官的反覆堅持，陪審團最終還是屈服了。❸❾丹寧勳爵評論說：「由於一個不公正的法官，陪審團審判失敗了。」❹⓿

　　不過，在 1688 年的一個案例中，也許是由於當時政治氣氛的影響，陪審團居然又一次成功地抵制了法官的壓力。這就是英國歷史上著名的七主教案件。在這個案件中，國王詹姆士二世曾宣布他有廢除英國法律的權力。主教們向國王呈交了一份請願書，他們在請願書中說國王沒有廢除王國法律的權力，因此這七名主教被控告犯有煽動性誹謗罪。英國人民完全支持這些主教。該案中，儘管主持審判的首席法官是羅伯特・賴特爵士 (Sir Robert Wright)——一個「在英國法庭上出現過的最卑劣的人」，但是陪審團在討論了一個晚上之後，還是宣告七名主教無罪。結果出來後，整個倫敦市欣喜若狂。當陪審團走出審判大廳時，所有人都同他們握手。丹寧勳爵評論說：「他們拯救了英國憲法。他們的裁決意味著政府——國王——沒有權力廢除英國法律，唯獨國會才能制定、修改或廢除法律。」❹❶

　　之所以在這裏提到對陪審團進行糾汙和懲罰之制度的消亡，是因為它

---

❸❾ 陪審團退庭後，屢次拒絕作出有罪的裁決，而首席法官傑弗里斯也屢次讓他們回去，重新考慮他們的裁決。陪審團商量了很長時間。當時傑弗里斯派人告訴他們，如果他們不馬上回到法庭，他將把他們整夜鎖在裏面。因此他們回到法庭，但他們說他們懷疑這個起訴是否有證據。在法官的壓力下，陪審員商量了大約一刻鐘後裁決她有罪。她是在溫徹斯特市場的砍頭臺上被處死的，她沉著而又勇敢地迎接了她的命運。

❹⓿ 丹寧勳爵，《法律的未來》，第 48–50 頁。

❹❶ 丹寧勳爵，《法律的未來》，第 51–53 頁。

對於陪審團實現其真正的司法功能有著十分重要的意義。它也許可以告訴我們，司法權的本質特徵之一就是它的裁決的終極性；只有當陪審團的裁決具備這樣的特徵的時候，我們才可以說，現代的、司法意義上的、作為爭議事實之裁決者的陪審團才算正式誕生了。

不過，雖然從布歇爾案件開始，法官喪失了懲罰陪審團的權力，但是仍然在很多方面約束著陪審團。例如，法官可以對陪審團作出指示，有些指示明顯地帶有傾向性。有時候，法官指示的影響經常是原始的甚至可能是粗魯的。有一個法官在總結其案件時對陪審團說：「紳士們，這個男人偷了別人的鴨子。考慮你們的裁決吧！」❷

如果法官認為陪審團可能會作出與其意見相反的裁決，他也可以在陪審團作出裁決之前解散該陪審團 (Terminating a trial short of verdict)，重組陪審團重新審判。如果陪審團作出的是定罪裁決，法官還可以通過王室的赦免令對被告人給予寬恕 (Clemency)，從而糾正法官認為是錯誤的定罪裁決。❸ 法官還可以讓陪審團重新評議，以便達成一個他認為正確的裁決。❹ 如果法官不同意陪審團的裁決，他可以命令重新組成陪審團進行審判。另外，根據 1875 年的制定法，法庭可以直接判決，而不必重開審判——如果它願意的話。更為甚者，上訴法院還有權作出或下達任何必要的判決或命令。但是，正如賦予法官的許多其他的權力一樣，這一權力的行使也十分謹慎。德弗林聲稱：法官不能作出裁決這一傳統原則幾乎雷打不動。❺

---

❷ Sir T.Humphreys, *Criminal Days* (1946), p. 75; W. R. Cornish, *The Jury*, Allen Lane the Penguin Press, 1968, at 112.

❸ 以上討論詳見：John H. Langbein, *supra* note 8, pp. 322–329.

❹ 1678 年，一名被控強姦罪的被告人在老貝利受審，陪審團對被告人作出了無罪裁決，主持審判的法官傑弗里斯拒絕接受這一裁決，他對每個陪審員進行單獨的提問，以便瞭解他們真實的想法；感覺到陪審員可能因為該案中一名被害的小孩以及另一名兒童作證時未經宣誓而拒絕定罪，傑弗里斯重新傳喚了這兩名兒童證人，經宣誓後讓其重新作證，然後陪審團作出了定罪裁決。詳見：John H. Langbein, *supra* note 8, p. 327.

❺ Sir Patrick Devlin, *Trial by Jury*, 6th Impression, 1978, p. 73.

第二編　陪審團審判與彈劾式訴訟

第三章　糾問式訴訟之濫觴

就在英國發展出陪審團審判制度的同時，歐洲大陸的訴訟程序卻在另外一種方向上越走越遠。很簡單，大陸國家在教會訴訟程序的影響下，其刑事訴訟逐漸走向了糾問式的訴訟模式。但是，即使是教會法院的訴訟程序，也不是從一開始就是糾問式的。無論是教會法院還是世俗法院，其刑事訴訟程序走向糾問式的泥坑都是一個緩慢的過程。有意思的是，這一過程與陪審團審判制度的產生和發展幾乎是同步的。當英國開始建立陪審團審判制度的時候，大陸法系國家才開始建立糾問式訴訟；當英國的陪審團審判基本成熟的時候（16 世紀），糾問式訴訟才步入鼎盛時期。本章第一、二、三、四部分，重點闡述糾問式訴訟建立的歷史，並歸納其最本質的特徵；第五部分介紹糾問式訴訟在世俗法院的擴張。

一、教會法院訴訟程序之起源

糾問式的訴訟程序起源於中世紀基督教的訴訟程序，因此，當我們提到它的時候，不能不從基督教會的訴訟程序說起。

在公元 4 世紀以前，基督教尚未獲得合法地位的時候，作為一種宗教，它還沒有建立自己在司法方面的權威。它有自己內部的規則，這些規則用來約束教徒的行為和信仰。但是，這些規則僅僅是一些紀律上的約束。公元 303 年，基督徒最後一次遭受迫害；313 年，基督教成為唯一合法的宗教。由於王權和教權的合一，昨天的懺悔者成為了今天的迫害者。新的超自然的理論找到了另外一種說話的方式，羅馬的教士開始成為立法者，也許是更為重要的立法者。❶528 年，查士丁尼開始了使他名垂青史的傑作，

---

❶　教會法的發展經歷了一個漫長的時期，其起源則可以追溯到公元 4 世紀左右。公元 380 年前後由安條克主教梅雷提奧斯編輯成冊的《教規集成》(*Corpus*

534 年，他的法典完成。大約在公元 600 年的時候，格列高利 (Pope Gregory the Great, 590–604) 把奧古斯丁派到英國。從康斯坦丁統治時期開始，作為基督徒的國王就明確承認了主教 (bishop) 以及其他教會官員有關教義和道德問題的司法管轄權，並賦予其決定以公法的效力。從而，教會建立起了自己的法院。從此教會法成為強制性權力並且具有道德上的權威，教會層級則在效果上成為羅馬政府的司法工具。❷

　教會法院，在英國有時候被稱為基督教法院，運用教會的規則處理提交到它面前的爭議，並可以對違反教會規則的行為施加紀律制裁。在地方，主教和宗教會議經常處理各種糾紛。實際上，由於長期的幾乎成為日常事務的處理爭議問題的經驗，主教自己有時候就是令人敬畏的法律專家。❸到 12 世紀的時候，主教和宗教會議仍然是解決教會問題的首要機構，並且在有些地方，一直扮演著司法機構的角色。但是，這樣的安排已經越來越不能令人滿意，因為教會法律已經變得複雜和卷帖浩繁起來，而主教和宗教會議又總是必須處理其他宗教事務。因此，在 12 世紀末，很多主教就任命代表履行其司法職責，這些被任命的代表往往是受過正規法律訓練的專家，他們處理著大多數宗教方面的法律事務。❹

二、教會刑事訴訟程序之發展

　12 世紀末葉以前，教會法院適用的程序長期以來都是彈劾式的。早期教會法主要借用了羅馬法的訴訟程序規則，並且擴大了其在宗教事務方面的應用，但其結果卻是使刑事訴訟程序遭致了很多嚴重的缺陷。首先，啟

Canonum)，收錄了 4 世紀安條克和其他地區主教會議所頒布的法令，後又增加了加尼西亞等公會議的法令以及教父們關於教會法紀的一些書信，這一法律集成被認為是第一步以宗教會議法令和教父著作片段為內容的教會法令彙編，並於 692 年在君士坦丁堡主教會議上得到確認、修改和增補。——見彭小瑜著，《教會法研究》，商務印書館，2003 年，北京，第 1 版，第 19 頁。

❷　James A Brundage, *Medieval Canon Law*, Longman Group Limited, 1995, at 12.

❸　James A Brundage, *supra* note 2, p. 120.

❹　James A Brundage, *supra* note 2, p. 121.

動一個刑事訴訟程序要求私人以個人身分提交告發書。同時，這一制度又打擊私人提起訴訟的積極性，因為訴訟的開銷要由原告來支付。更為嚴重的是，如果原告敗訴，他還要對被告人因此而遭受的損失承擔責任，被告人可以因此而起訴他惡意控告。此外，起訴方的證明標準也非同尋常地高，他必須為他提出的指控提供一個「完全的證明」。他提供的證據必須「像正午的太陽一樣清晰」。❺它的實際效果則是，要嘛起訴方讓被告人招供，要嘛提供兩個可信的目擊證人，他們將作證他們看到或聽到被告人實施了犯罪行為。這一標準實際上來源於《聖經》手稿上「對於一項指控而言至少需要兩個或三個證人」這一教條。❻而實際上，儘管也有一些被告人在法庭上招供了，但也有很多犯罪分子成功地抵制了任何可能導向他自我歸罪的勸說。因此，定罪的判決幾乎總是很難獲得。

另外一個阻礙定罪判決之獲得的因素是，被告人可以以證人與他有仇怨為由申請證人迴避。被告人還可以以某人曾經被定罪為由，主張其不具有將某人陷於訴訟或在某個案件中作證的法律資格。如果被提出異議的人並未實施所謂的犯罪，訴訟程序實際上就轉變為決定該人是否實施了這項犯罪。但是，即使最後發現該人確實實施了該項犯罪，也不會對他施加懲罰，只不過不允許他參加原先那個案件的審判。

這一程序被稱為常規司法程序 (ordo iudiciarius)。顯而易見地，它並不是很有效率，因為哪怕被告人的惡行早已盡人皆知，也很難通過這種程序將其繩之以法。由於程序上必須要求常規司法程序的緣故，很多清楚的和公開的違反教會法的犯罪都未受到懲罰。這一已經確立的程序在懲治隱蔽性犯罪方面尤其不能令人滿意，因為這樣的犯罪分子在實施公眾所不能容忍的窮凶極惡的犯罪之前早就已經準備掩蓋他們的犯罪行為。因此，在 12 世紀的最後 10 年以及 13 世紀的開頭幾年，教皇就已經開始試行一些懲治犯罪的替代措施。其中一個對付宗教犯罪的新策略就是新的定罪程序——憑名聲定罪程序 (per notorium)。據說這一程序的原理被稱為實現刑事正義

❺　James A Brundage, *supra* note 2, p. 142.

❻　James A Brundage, *supra* note 2, p. 143.

的「常識」。它認為，如果犯罪事實和犯罪分子的身分已經明顯並且在這個社區已經眾所周知 (well known)，傳統的精密美好的常規司法程序就與之無關從而不必適用。這一程序受到相當普遍的歡迎 (enjoyed considerable popular appeal)，因為它看起來似乎是精心設計的、巧妙而又省錢的，同時又可以避免律師之詭計和拖延的程序。❼ 提倡這種程序的人甚至可以舉出令人尊敬的教會權威來支持其立場，因為格里希安 (Gratian) 在評論來自聖安波羅斯的一段經文時曾注釋說法官無須遵循傳統司法程序的所有程序性步驟。在這種認識的基礎上，教皇路修斯三世（Lucius III，1181–1185 年在位）和英諾森三世 (Innocent III) 均授權法院在處理牧師公然與姘婦或妓女同居的案件中採用精簡過的刑事訴訟程序。在這樣的程序中，不僅不要求有起訴人或告發 (denunciation)，而且法院還可以放鬆傳統的常規司法程序要求的嚴格的證明標準。如果兩個目擊證人所構成的完全的證明是不可達到的，那麼，部分證明，一個證人提供的有情況證據 (circumstantial evidence) 支持的證言，也可以定罪。

新的憑名聲定罪程序只是簡單地要求法官確信在被告人居住的社區有眾多的人們相信被告人實施了某些犯罪，不需要提供目擊證人。法官可以通過針對被告人的「依職權調查」(*ex officio*) 這一職權主義程序來確定他的嫌疑是否已經臭名昭著，他只需要找到兩名證人作證他在其生活的社區被普遍認為實施了犯罪，一旦他們完成這件事，法官就可以順理成章地對被告人作出有罪判決並施加懲罰。傳統的法理學家自然憎惡這種訴訟程序，他們認為這一懲罰程序太過於簡化。他們堅持認為法官在作出判決之前必須至少傳喚並訊問一下被告人，但是那似乎也僅僅是在這種程序中被告人有限的權利。

新定罪程序許諾以快速的和簡便的方式解決使公眾憤怒的、不能容忍的罪行。它對於教會職員實施的非法同居以及其他種類的性犯罪等在常規司法程序中非常難以證明的犯罪行為是十分有用的。法理學家的確曾經將「公眾的利益要求犯罪不能逃脫懲罰」作為這一程序的理論基礎。權威們

---

❼　James A Brundage, *supra* note 2, p. 144.

聲稱：「公共利益」已經使這一新的程序合法化（當然，他們自己已經儼然以公共利益的代表者自居）。❽

　　這一程序幾乎完全剝奪了被告人在傳統的常規司法程序中享有的全部權利，這就打開了濫用教會刑事司法制度的大門。因為它可以使起訴者輕易地就獲得勝利，而不好的名聲就可以使一個人被定罪。當然，這一程序的合理化也存在著一個智識上的缺陷：如果一個人的惡行是如此明顯，那麼就不難找到足夠的證人從而構成一個完全的證明；如果一個人的罪行如此難以找到相應的證人從而不能得到完全的證明，那麼他的罪行是否存在就是如此地有問題以致根本不能用一個簡易的程序來取代正式的程序。

　　由於這一程序過於危險，權威的法律教師和法律作家警告未來的律師和法官一定要盡量避免使用這種程序並且在使用時也一定要慎重。❾糾問式訴訟起初是為了揭露和懲罰教士的不良行為，但卻迅速地被採用來針對被誇大了的對異端的忠誠。晚至 12 世紀的時候，教會對於異端還有一個模稜兩可的政策，其刑事訴訟程序在實質上也是彈劾式的，並且對於具有糾問性質的成分也是十分痛恨的。❿並且，在剛開始的時候，異端也只是被視為一種錯誤的思想，還不是一種精神上或良心上的犯罪。只有在作禮拜這種外部行為以及在教義方面存在著差異的時候，才作為犯罪來懲罰。但即便如此，教會也不擁有特殊的偵查犯罪的機構。因此，直到 1184 年的時候，教皇路修斯三世還只是將頑固不化的異端革出教會並將其交給世俗政權予以懲罰——放逐，沒收財產，毀壞其房屋，喪失所有權利等。⓫但是這些懲罰並不意味著這個人有罪，他們既不會遭受肉體的傷害，也不會遭

❽　James A Brundage, *supra* note 2, p. 145.

❾　James A Brundage, *supra* note 2, p. 146.

❿　例如，格里希安對於刑訊逼供就十分痛恨，他認為沒有通過正當法律程序就對被告人給予處罰是非正義的，以刑訊逼供或單憑嫌疑定罪則是最壞的司法，它來源於人的傲慢和狂妄，是對神的裁判的挑戰。他冷靜地說明，並非所有的罪行都應當由人來裁斷，有些罪行是不可能在塵世得到證明的，只有留待上帝的末日審判。——參見：彭小瑜前引著，《教會法研究》，第 327 頁。

⓫　Leonard W. Levy, *The Palladium of Justice*, Ivan R. Dee, Chicago, 1999, p. 26.

到監禁。 ❶❷

　　另外，在英諾森三世改革以前，對異端進行偵查和起訴的程序還是非常古老的，也是不那麼奏效的。大體上，它的原始程度和那些英格蘭和歐洲大陸的世俗法院採用的具有彈劾式特徵的訴訟程序是一樣的。 ❶❸ 私人控訴引起當事人宣誓辯解，其誓言由共誓滌罪人予以支持，或者接受考驗。此外，教會在很早的時候就開始尋求對參加宗教會議的證人進行的審訊，最後也以糾問式程序而告終。在這種教會的審訊中，主教——教會的法官，在他的管轄區內訪問他的教區，將召集信徒的宗教會議或者集會。他挑選其中的一些人，讓他們宣誓指責那些有罪並且需要偵查的人，然後他就緊密地訊問這些譴責者，或者宗教會議的證人，以便發現違法事實並檢驗他們的誓言。

三、糾問式訴訟之產生

　　但到 13 世紀的時候，一切都變了。托馬斯・阿奎那思主張：對於自我

---

❶❷ 教皇路修斯三世還曾下令各教區主教建立異端審判法庭，這一命令被視為第一個用超越國家之上的觀點對付異端的努力，但是由於忙碌的主教們幾乎沒有時間到自己的教區去主持審判而無法有效地履行這一職責，因此這種異端審判法庭幾乎沒有什麼效果。具體論述參見：愛德華・伯曼著，《宗教裁判所：異端之錘》，何開松譯，遼寧教育出版社，2001 年 7 月，第 1 版，第 13 頁。

❶❸ 例如，當時的《教會法彙要》對異端的懲罰程序提出了三項原則：首先，僅有嫌疑不足以對被告人定罪，隨意的假設不能替代嚴格的程序，任何判決都必須以適當的法律程序為先導；法庭僅在對自願坦白的罪行和公然的、正在進行的罪行才可以未經審訊即予判決；法庭不能以絕罰（教會的一種處罰方式，大致相當於開除教籍）處置尚未得到證實的罪行，對非法以絕罰處置他人者，教會亦須以絕罰懲罰之；其次，舉證責任由控告方承擔，只有公開和臭名昭著的罪行可以不經控告即行審判，但假如只有法官知道某人的罪行，在沒有進一步調查該罪行的情況下不得交法庭審理，因為法官不能同時既是控告者又是審判者；再次，教會在作出絕罰判決之前，必須先警告當事人，爭取他們及早地改過自新，只有經警告無效且難以糾正的罪犯，才對其施以絕罰。——參看彭小瑜前引著，《教會法研究》，第 326–329 頁。

歸罪的問題，被訊問人必須如實回答；對於異端，必須處以死刑，以拯救其被腐蝕的信仰。 ⓮ 按照英諾森三世的說法，對異端的忠誠，就是對上帝的不忠。因此，活著的必須處死，死去了的，如果安葬在聖地上，也必須挖出來予以詛咒，並以火焚燒。 ⓯

在教皇英諾森三世在位期間，一個更為廣泛的刑事訴訟程序出現了。作為教皇反對非法同居、亂倫、買賣聖職等犯罪的戰役的一部分，英諾森在 1199 年的教令中授權法官在傳統的訴訟模式之外運用一種新的訴訟形式：糾問式訴訟 (per inquisitionem)。 ⓰ 這種新的訴訟模式可以說完全是英諾森三世的創造。教皇在 1206 年的飭令中更加充分地描繪了這一程序，而它堅定地作為一種常設的教會，刑事訴訟程序則是在 1215 年的拉特蘭宗教會議。 ⓱ 英諾森三世主持的這一會議有兩大成果，第一是通過了禁止教會職員參與考驗審判的決議。據說，教會的這一決議的目的在於使君王和其他世俗權威認識到他們的統治離不開教會的配合。用英諾森三世的一個著名的比喻來說就是：「教會權力之於國家權力，就好比太陽的光輝之於月亮的光輝。」 ⓲

會議的第二個成就就是肯定了舉世聞名的糾問式訴訟。但是，英諾森三世卻像所有的改革者或革命者所作的那樣，聲稱這一訴訟模式並非最近的創造，而是有著長期的傳統支持。因為，上帝自己在調查索多姆 (Sodom) 和果姆拉 (Gomorra) 的醜行並在摧毀它們之前就曾經採用過糾問式的訴訟程序。 ⓳ 英諾森還進一步宣稱，上帝自己是贊成糾問式訴訟程序的。這些斷言都實際上把本來是激進的變革偽裝成來自《聖經》的權威。儘管英諾

⓮　L. W. Levy, *supra* note 17, p. 26.

⓯　L. W. Levy, *supra* note 17, p. 27.

⓰　James A Brundage, *supra* note 2, p. 147.

⓱　該會議於 1215 年 12 月 1 日在羅馬開幕，參加會議的有四百多位主教和八百多位修道院院長，還有大部分西方基督教世界統治者的代表。

⓲　James A Brundage, *supra* note 2, p. 141.

⓳　James A Brundage, *supra* note 2, p. 148.

森所做的合理化的努力所援引的權威實際上與糾問式訴訟程序並無必然聯繫，但是這一程序最終還是獲得了合法性。

教會法官起訴被告人並決定其是否有罪，這種糾問式的訴訟程序只是一個很短的步驟。英諾森三世跨出了這一步，第四次拉特蘭宗教會議肯定了這一步。

四、教會法院糾問式訴訟之特徵

人們已經習慣於將糾問式與彈劾式相比較。那就是，糾問程序的首要特徵就是其程序的啟動模式。私人的告發在理論上仍然啟動和引導著英格蘭的刑事訴訟程序。傳統的觀點認為，純粹的彈劾式訴訟和糾問式訴訟之間最本質的區別就是，前者是當事人在尋求自己的權利，而後者則是國家追訴犯罪。

今天的歷史學家給糾問式的訴訟程序賦予了兩個主要的特徵：第一，包括啟動程序在內的訴訟程序的所有階段全部官方化；換句話說，政府的機構有義務依職權引導整個訴訟程序；第二，這些機構自己進行偵查並建立起客觀上的事實和主觀上的真相。這兩個決定性的特徵就足以劃清糾問式訴訟程序與其他程序的界限。在任何地方，只要這兩個因素結合到一起，它就是糾問式訴訟。糾問式訴訟程序的癥結在於，國家官員，尤其是法官，有義務負責調查和搜集證據以便為作出理性的判決準備基礎。[20]

當然，以上兩個要素的確已經足以概括糾問式訴訟與彈劾式訴訟的區別，但是也不僅僅是這些。達馬斯卡就將歷史學家對糾問式訴訟特徵的歸納總結為十個方面：第一，刑事訴訟程序的啟動是由國家的偵查官員在其原先進行的祕密偵查的基礎上發動的；第二，在偵查的第一個階段，偵查員的任務是確定犯罪是否存在並辨認嫌疑人；一旦嫌疑人確定後，則程序進入偵查該特定嫌疑人的第二階段；第三，通常，被告人在此階段總是被關押，與外界失去聯繫；第四，無論是被告人認定還是證人都在宣誓的要

[20] John H. Langbein, *Prosecuting Crime in the Renaissance*, Harvard University Press, Cambridge, Massachusetts, 1974, p. 131.

求下單獨受到訊問，對訊問的所有回答或其他反應都將製成筆錄；第五，直至偵查進入最後階段，被告人認定也不清楚自己被指控的罪名和對他歸罪的證據；第六，在所有嚴重的犯罪案件中，情況證據都不足以對被告人定罪，唯一「合法」的證明通常就是被告人的口供；第七，所以，在嚴重的犯罪案件中，如果被告人拒絕供述，而偵查人員又不能搜集到強有力地證明他有罪的證據，則拷打以迫使被告人供述乃是家常便飯；第八，當偵查人員結束所有的偵查活動後，他會將所有的案件材料（通常稱為卷宗）移送法庭以作裁決；法庭程序的進行就建立在這樣的卷宗的基礎上，而在很多國家法庭基本上不見被告人。實際上，審判並不存在，法庭的功能僅僅在於終結程序；第九，公訴人即使存在，其存在對於程序的啟動、推動和結束也無關緊要；第十，在眾多國家，被告人均不享有獲得律師幫助的權利。❷❶

應當說，中世紀歐洲大陸的宗教法庭適用的訴訟程序完全具備這些特徵——實際上，這些特徵正是根據這樣的程序總結出來的。在這個程序中，不需要起訴人，也不需要告發書，法官就可以強迫嫌疑人「依職權宣誓」。法官可以在穩固的、廣泛的相信嫌疑人實施了犯罪行為的基礎上啟動一個訴訟程序。糾問程序的整個過程——決定何時和是否提起刑事訴訟，決定指控的罪名和指控的對象，提供證人，獲得他們的證言，對被告人的論證和爭辯作出反應，以及作出和宣告判決，均由法官來掌握。於是，整個調查和起訴的功能都集中於法官一人身上。這些功能集中在一個偵查者或起訴者或裁決者身上的做法明顯將被告人置於非常不利的地位，它為預見和偏激留下了廣闊的空間。更糟糕的是，被告人在教會的任何刑事訴訟程序中都不允許有代訴人在法庭出庭作為他的代表，另外他也沒有資格接受辯護人的諮詢。而在傳統的 *ordo iudiciarius* 訴訟程序之下，一旦起訴被接受，被告人就有權瞭解指控的信息，他必須被傳喚到法官面前，他必須獲得辯護人的幫助，除非他願意作有罪答辯。❷❷但是，的確有很多人相信，嚴格

---

❷❶　Mirjan Damaska, *Evidentiary Barriers to Conviction and Two Models of Criminal Procedure: A Comparative Study*, 121 U. Pa. L. Rev. 557.

的證明責任會使很多有罪的被告人逃脫正義的懲罰。因此，他們堅持認為整個社區的利益要求遏制犯罪。還有一些人甚至相信，法官有權威脅甚至拷打被告人以便獲得口供以及嚇阻其他潛在的犯罪者。❷

教會法的特徵之一就是賦予法官在對犯罪和犯罪環境的考慮施加懲罰方面有廣泛的自由裁量權，這也在一定程度上反映了教會法所主張的療救式懲罰方式。換句話說，他們相信懲罰的首要目的是讓犯罪分子重新做人。療救式刑罰一直到 11 世紀晚期都是教會刑法的規範目標。教會規則在中世紀早期的適用都是插話式的和互動的：教會權威僅僅在犯罪是如此囂張和公然，以致其有可能導致醜聞和其他方面的誤入歧途的情況下才採取行動。在其他情況下，中世紀早期的教會人士一般都不願意對個人的祕密犯罪活動進行偵察和懲罰。他們的第一個目標不是追究違法失職的人，而是拯救不信神的人，並對他們施加嚴格的紀律懲戒。❷

然而，從 11 世紀末葉開始接受教會王冠的教皇就變得越來越氣勢洶洶。他們以及他們的支持者充滿激情地為刑法設置了強有力的和激烈的懲罰措施。主教和其他高級教士都堅信必須挖掘出與正統觀念相悖的信仰和行為，對他們的懲罰必須是相似的、公開的和殘忍的，只有這樣才能使那些潛在的犯罪分子在崇拜異端之前三思。因此，教會刑法在實現糾錯功能的同時，也必須實現其嚇阻功能。❷到 14 世紀的時候，拉丁教堂已經創造出了一套可怕的法律執行和裁判機構。

在糾問式訴訟程序中，教會的法官成為他自己的法律，以祕密的方式控制著訴訟程序。每一種辯護手段都受到拘束，每一條逃脫的路徑都被堵死，被告人完全只能寄希望於得到他的法官——糾問者的同情。法官被任命為履行神聖的職責，其任務就是通過剷除異端的方法為上帝復仇並純潔信仰。他不僅是犯罪行為的法官，而且也是其犧牲者的懺悔之父，法官還

❷ James A Brundage, *supra* note 2, at 149.

❷ James A Brundage, *supra* note 2, at 150.

❷ James A Brundage, *supra* note 2, at 151.

❷ James A Brundage, *supra* note 2, at 152.

必須尋求被告人的有罪的供述以便使他靈魂得救，而不顧該被告人曾經犯有可能導致永久受罰的良心上的錯誤。從而，糾問者的任務，就幾乎是不可能的任務，因為它要求辨別被告人祕密的思想和觀念。信仰者必須有固定的和不可動搖的信念，而這就是糾問法官的任務——辨別他的思想狀態。

　　祕密的偵查，自我歸罪誓言的要求，以及最後，拷問的使用，都只有一個目標：那就是被告人的口供。14 世紀的一個糾問法官寫道：除非被告人招供或者被證人定罪，否則他不能受到譴責。所以，法官在深信被告人有罪但是又缺乏罪證的情況下，就必然會採取拷問的方式獲取口供。糾問式訴訟程序是一個以目的正當的方式證明其手段正當的經典例證。1252 年英諾森四世簽署了一個文件，指示建立一個制度化地迫害異端的機器，並授權使用拷打手段。這一文件授權世俗的政權拷問嫌疑犯，目的在於迫使他供認出他的同謀並供認自己的異端罪行。4 年以後，教皇又授權教會法官免除相互之間的分工，因而他們可以直接運用拷問程序。❷⑥

　　通過拷打獲得的口供還必須在拷打之後「自由地」復述一遍；如果被告人收回供述，他必須被送回拷問臺重新接受折磨。毫無疑問，拷問是一種很有效的偵查方式，它既節約時間，也省了很多麻煩。但是教會法官還有很多其他方法說服被告人招供，他可以將被告人無限期地關押，經常是一關就好幾年。被告人在漆黑的地牢裏，單獨遭到監禁，並且總是處於半飢餓狀態；他還經常受凍，有時候不許睡覺。當他被帶到糾問法官那裏接受肉體的拷問的時候，他已經根本沒有能力為自己進行防衛了。

五、世俗法院訴訟程序之糾問化

　　1973 年，達馬斯卡在其一篇長文中指出，宗教裁判所 (inquisition) 是教會為鎮壓反對教會的特定犯罪——異端——而設立的特別法庭。其程序包括許多一般的世俗法院適用的程序中所不包括的內容。他認為，對於糾問式訴訟程序的描繪通常混淆了世俗法院適用的訴訟程序與宗教裁判所適用的訴訟程序的區別。❷⑦達馬斯卡似乎相信，在宗教裁判所之外的世俗法院

---

❷⑥　L. W. Levy, *supra* note 17, p. 34.

中，存在著一種與糾問式訴訟完全不同的訴訟程序；至少，這種程序不像糾問式的訴訟程序那麼氣勢洶洶。

更多的學者持相反的觀點。利威就指出：教會是第一個將彈劾式訴訟轉變為糾問式訴訟的權力機關；並且，由於它的無上的權威和榜樣作用，這種程序迅速地激發了大陸國家的靈感，開始按照羅馬的模式改造自己的世俗的刑事訴訟程序；在除英格蘭以外的任何地方，祕密訊問、糾問誓言和拷打都成為標準，剛開始的時候還只運用於「特別突出」的案件中，但是迅速地就蔓延到除了最輕微的刑事案件以外的所有案件的訴訟程序中。 **㉘**

布倫戴奇也認為，在刑事訴訟程序方面，不管是教會法院還是世俗法院，在 13 世紀都發生了根本的改變。最基本的變化是在世俗法院中取消了考驗這種審判方式並在教會法院中引進了糾問式的審判方式。 **㉙**

郎本對歐洲大陸糾問式訴訟程序的產生和發展進行更為細緻的研究和闡述。他指出，人們從來沒有懷疑過，成熟的糾問式訴訟程序在 16 世紀的時候已經出現於德國、法國以及其他歐洲大陸國家的法典中。 **㉚** 郎本主要是對當時歐洲大陸在 15–16 世紀頒布的一些有關刑事訴訟的法典進行的研究，並且在其著作中也提供了這些法典的原文。應該說，在這樣的材料的基礎上得出的結論是比較可信的；雖然我們也可以爭辯說法律的實際執行情況與法律規定本身可能會有很大的差距，但是作為一個歷史的研究，除了法院對案件審理的詳細記載，對當時的法律進行描述的最權威依據就是政府公布的法典。

根據郎本的敘述，到 16 世紀中期的時候，歐洲大陸的刑事訴訟程序儘管也還存在著一些細微的差別，但在總體上卻十分地相似。德國於 1532 年

㉗　Mirjan Damaska, *supra* note 27, p. 558.

㉘　L. W. Levy, *supra* note 17, p. 35.

㉙　James A Brundage, *supra* note 2, at 140.

㉚　John H. Langbein, *supra* note 26, p. 133. 該書第二部分一共四章，全部都是探討歐洲大陸的糾問式訴訟程序。相關的法典則在附錄中列出。

頒布了法令，法國於 1539 年頒布了法令，西班牙於 1570 年頒布了法令。
到 16 世紀，羅馬教會的糾問程序在歐洲大陸已經隨處可見。**❸❶**

　　霍茲沃斯認為，這些法令在這些國家本身也是一種新生事物。**❸❷** 也就
是說，這些國家在新的法令中採用糾問式的訴訟程序也就是較晚的時候才
發生的事情。但郎本卻不這麼認為。相反地，在歐洲大陸的世俗法院中，
糾問式訴訟早在 13 世紀的時候就已經開始發展了。糾問式訴訟的建立是為
了廢除一種不合理的制度，但是它同時創立了另一種不合理的制度。德國
花了三個世紀的時間來建立糾問式的訴訟制度，後來又花了三個世紀的時
間來控制並徹底從刑事訴訟中廢除刑訊制度。在 1496–1497 年的法律改革
運動中，曾經對於是否保留刑訊進行了爭論。在整個 16 世紀，對這一爭議
的回應都是普遍的妥協，即設計一個可以僅僅將無辜者從刑訊的宮殿裏拯
救出來的制度。**❸❸**

　　德國糾問式程序的中世紀傳統在 1499 年頒布的法令中達到頂峰。1506
年，該法令在作輕微改動的情況下在哈布茲堡 (Hapsburg) 公布。這兩部法
律就是人們所熟知的「國王馬克西米利安一世刑事法院法令」(Maximilian-
nischen Halsgerichtsordnungen: the criminal court ordinances of Emperor Max-
imilian)。郎本認為，這一法令所規定的訴訟程序所具有的糾問式訴訟的性
質是不容置疑的。**❸❹** 它規定：

> 在對某人，不論是男人還是女人，進行刑訊之下的訊問的場合。法官
> 必須帶領從來自御前會議或者舍芬庭的三個人。在他們在場的時候，
> 以及法庭進行記錄的場合下，指定之人接受訊問。違法者承認其罪行
> 並肯定之。法庭記錄必須無訛誤地反映被告人之供述。法官以及跟他
> 在一起的人必須將供述念給他聽。當需要作出判決的時候，還必須讀

❸❶　John H. Langbein, *supra* note 26, p. 129.

❸❷　Sir William Holdsworth, *A History of English Law*, Methuen & Co. Ltd., Sweet
　　　and Maxwell Ltd., London, 1956, p. 170.

❸❸　John H. Langbein, *supra* note 26, pp. 157–158.

❸❹　John H. Langbein, *supra* note 26, p. 158.

給舍芬庭或御前會議官員聽。然後三名參與審訊的人必須在法官和其他舍芬庭官員的面前一致地宣誓證實這一供述。如此，這一供述就滿足條件了。然後，在舍芬庭，三個人中的其中一個首先被問到他關於本案的判斷。❸❺

這一程序的驚人之處並不在於它與以前的程序形成的對比方面，而在於它與將來的程序形成的對比方面。按照規定，刑訊是在一個外行偵查人員組成的委員會的面前進行的，這個委員會在將來會證明這一供述的真實性，如果被告人撤回該供述的話。古老的儀式性的程序消失了。但是，對於刑訊的限制性規定——在何時以及由誰出於何種需要進行刑訊——這些內容在後來的「卡羅林那法典」(the Carolina) 中均有規定，但是在這兩部法典中卻是沒有的。

1498 年「沃姆塞法典」改革 (the *Wormser* Reformation) 的內容，對於刑訊進行了比較文明的限制。它規定了在哪種情況下可以刑訊，對哪種人可以刑訊，對哪些人不能刑訊。並規定，當好多人必須刑訊時，必須首先刑訊最可能開口說話的那個人。比如，年輕人先於老年人，體弱的人先於強悍的人，兒子先於老子，妻子先於丈夫。❸❻

在此之後的就是「卡羅林那法典」。「卡羅林那法典」儘管也包括一些實體的內容，但主要還是一個程序性法典。其程序內容主要包括：法庭的結構和職員；程序的啟動，包括依職權啟動和依私人的正式告發而啟動；訊問程序，包括對刑訊進行調控的規定以及對口供和證人證言進行控制的規定；最後的定罪和執行的儀式性程序；訊問程序中的記錄制度以及最終判決的程式性規定；法庭花費的調控以及特定財產的整流；聽取外界法律建議的規定。❸❼ 郎本認為，「卡羅林那法典」一個最重要的方面就是限制刑訊的使用，這也是德國的世俗政權第一次在這方面的努力。❸❽ 當時的人們

❸❺　John H. Langbein, *supra* note 26, p. 159.

❸❻　John H. Langbein, *supra* note 26, p. 161.

❸❼　John H. Langbein, *supra* note 26, pp. 167–175.

❸❽　John H. Langbein, *supra* note 26, p. 155.

已經認識到強迫供述的危險性，所以「卡羅林那法典」的有些規定就在於削弱強迫供述的不真實的危險性。它規定：

> 在被告人否認所指控的犯罪的時候，就必須勤勉地問他，當指控的犯罪發生時，他是否和什麼人在一起，或者他在一個可以辨認的地方，而且如果他在該地方就不可能實施所指控的罪行，以此來證明他的無辜。這樣的措施是必要的，因為很多人因為頭腦簡單或者因為害怕，甚至即使他是無辜的卻也不知道他必須怎樣做才能開脫自己。並且如果被告人以這種方式或者以相似的方式表明自己的清白後，法官就必須立即調查被告人所提供的情況是否存在。❸❾

當開脫的藉口被否定掉以後，法官仍然還有一種獲得真相的替代措施，那就是：威脅要使用拷打。

「卡羅林那法典」並不相信自己規定的拷打所獲得的口供，相反，它規定，在拷打的時候，不允許作筆錄。必須等拷打停止的時候，被告人的供述才可以記錄下來。無論如何，這一規定都顯示了該法典的起草者認識到拷打這種程序獲得的供述是有問題的。所以，它又規定：

> 在拷打和供述兩天後，被告人還必須帶到法官和兩名陪審員面前；向他宣讀他兩天前作出的供述，並讓他簽字，然後他還要再次被問到，他的供述是否真實。他的回答也被製成筆錄。❹⓿

提高供述證據可信性的一個更有效的機制是調查和核實。一旦被告人認定供認有罪，就應當停止拷打，並繼續訊問以便獲得更進一步的信息。

下面的規定是一個比較典型的例子：

> 如果被告人供認自己殺人，則法官必須問他為什麼殺人，在哪一天殺的，具體哪個時候，在什麼地方，是否有人幫助，如果有，都是誰，

---

❸❾　John H. Langbein, *supra* note 26, p. 183.

❹⓿　John H. Langbein, *supra* note 26, p. 185.

> 屍體埋在何處，或者放在何處，用的是什麼工具，他是怎樣毆打或者
> 傷害或者刺傷被他殺害的那個人，或者他是怎樣殺死他的，被害人的
> 什麼東西、金錢還是其他，吸引了他，他從他身上拿走了什麼；他把
> 這些東西放在何處，或者賣了，或者分散了，或者分開了，或者藏起
> 來了……。❹

在獲得相關的細節後，法官就必須進行可能的核查。他必須到訊問時
被告人供認的地方去查看，以便證實被告人口供的真實性。當然，這樣的
程序可能會引導被告人說出無辜者不可能知道的地方。

儘管「卡羅林那法典」也處理其他問題，但是其最主要關心的還是如
何調控刑訊的問題。刑訊使得糾問式訴訟成為打擊犯罪的有效的工具，但
是它的有效性已經過頭了。在足夠的壓迫下，一個無辜的人同有罪的人一
樣急迫地供認自己有罪。另一方面，刑訊制度還使官員過分依賴通過刑訊
口供獲得的其他證據。在很高的定罪要求下，對於以刑訊這種方式收集證
據就沒有可行的替代方式。在開始的時候，需要口供來廢除古老的證明方
式；後來，羅馬——教會法制度又規定可以以 2 名能夠證明控訴要旨的目
擊證人代替口供。證據搜集機關的地域限制、他們的管轄權，通常受到嚴
格的限制。並且，現代的偵查技術在那時候也並不存在。

更為重要的是，他們缺乏對證據進行評價的能力。一方面，證明的要
求如此之高；另一方面，司法人員的專業化要求又如此之低。這兩方面的
因素結合起來，刑訊逼供就不可避免。

---

❹ John H. Langbein, *supra* note 26, p. 186.

第四章　陪審團審判之運作原理

序　論

　　如前所述：13 世紀以前，在歐洲大陸，也與英格蘭一樣，曾經盛行過彈劾式訴訟；為什麼在 13 世紀以後，歐洲大陸刑事訴訟程序在教會糾問式訴訟程序的影響下，紛紛走上了糾問式訴訟的泥坑，而英格蘭的訴訟卻仍然保持著古老的彈劾式訴訟之特徵？是什麼獨獨使英國的刑事訴訟程序逃脫了歐洲大陸國家的命運？

　　眾多學者認為，陪審團審判制度在其中發揮著至關重要的作用。是陪審團審判制度保障了英國的自由傳統，使英國人民免受專制與暴政的壓迫。早在 1768 年，布萊克斯通就讓陪審團作為智慧女神的光輝照亮了每一個英國人的心靈，他將陪審團視為自由的堡壘。❶利威亦指出：

> 由陪審團進行公開審判以及法官只握有極小權力的設置拯救了英國的刑事訴訟程序，使它沒有滑入糾問式訴訟的泥坑。法庭對所有在意其審判或與審判有利害關係的人以及對審判感到好奇的人開放，這種設置的確與眾不同；但真正重要的是，陪審團的權威不僅解決了各種案件，而且保留了彈劾式訴訟制度。❷

　　對以上論斷，筆者深表贊同。但是，陪審團審判究竟如何保留了古代彈劾式訴訟之特徵，至今仍然語焉不詳。因此，本章之中心目的，就是探

---

❶ William Blackstone, *Commentaries on Laws of England*, Vol. 4, University of Chicago Press, November 1979, Vol. III, p. 379, Vol. IV, p. 342.

❷ Leonard W. Levy, *The Palladium of Justice: Origins of Trial by Jury*, Ivan R. Dee, Chicago, 1999, p. 45.

討陪審團在多大程度上影響了英國刑事訴訟，以及這些影響如何發揮效用。

筆者認為，陪審團至少在以下幾個方面對英國中世紀的刑事訴訟產生影響，並決定其訴訟特徵：第一，陪審團審判不僅體現著放任自由主義之意識形態，而且決定著當事人主義訴訟模式，因此，陪審團審判對於該意識形態所要求之原則亦能發揮能動之作用，它與放任自由主義意識形態一起構成當事人主義的基石；第二，陪審團評議奉行樸素的無罪推定原則，它確保被告人在刑事審判中能夠獲得較好的保障；第三，陪審團審判本身是一個中立的裁決機制，同時它又在很大程度上促進了法官獨立與中立身分之實現；第四，陪審團否決法律之權力以及反對雙重歸罪原則之確立，既保證了陪審團裁決的終局性，又在一定程度上保障著陪審團獨立與中立之地位，並且可以有效地保障社區成員按照自己所習慣之生活方式生活；第五，陪審團審判作為一種廣場化的司法形式，有助於實現刑罰目標所需要之劇場化效果，並使古代法庭審判中爭鬥之風格得以延續。因此，整個中世紀英國的陪審團審判程序與歐洲大陸的糾問式訴訟存在著本質上的區別，這些區別共同構成了今天英美法系與大陸法系訴訟程序之區別的基礎。

以下第一、二、三、四、五部分分別就陪審團審判制度與彈劾式訴訟的五大基本特徵（當事人進行主義、無罪推定、法官中立、終局性、戲劇性）間之關係進行闡釋；第六部分對陪審團審判與糾問式訴訟之特徵進行比較，並對本章內容作一小結。

一、放任自由主義與當事人主義

㈠放任自由主義意識形態與當事人主義訴訟模式

彈劾式訴訟模式是人類訴訟的原初狀態。之所以如此，是因為當時的國家觀念不發達，放任自由主義意識形態主導著訴訟，因而，訴訟被認為是私人間之爭鬥，是一種純粹個人利益的鬥爭。❸在這樣的訴訟形態之下，

---

❸　關於古代訴訟形式具有彈劾式訴訟特徵之具體論述，可參見：A. Esmein, *A History of Continental Criminal Procedure——With Special Reference to France*, translated by John Simpson, The Lawbook Exchange, Ltd., New Jersey, 2000.

法院對案件的管轄一般都出自當事人的選擇而不是來自國家的權威；法院的判決僅僅具有道德上的說服力而不具有當然的執行力，其執行有賴法官自身的權威（如果法官有權威的話）；訴訟過程實行兩造對抗、言詞辯論的形式，或者採取非理性的形式；判決往往體現著形式上的正義，實質的正義還是遙遠的未來的事情。

這種彈劾式訴訟程序中有一個核心的因素：國家觀念的不發達以及國家暴力的缺席。可以想像，在人類尚未完全開化的階段，當對資源的占有和利用發生爭議時，最簡單最普遍的方法就是個人暴力。以暴力手段解決糾紛在西方甚至一直保留到 12 世紀早期，它代表了人類在野蠻時期解決爭議的最初形態。隨著人類的不斷進化，人們逐漸發展出一種不需要通過互相傷害而解決資源分配問題的手段。這種手段如何發展起來，現在已經無從考證，但是顯而易見，這經歷了一個相當漫長的過程。在這個過程中，人類自身發展的需要——比如種族的繁衍、部落的強大、狩獵的需要等等，這些經濟上的因素必然發揮著深層的作用。

因此，在國家尚未充分建立起來的時候，訴訟乃是當事人自己的事情，訴訟結果具有不確定性，當事人可以自行和解；法官居中裁斷，其裁斷的合法性 (legitimacy) 主要取決於法官的權威 (authority)，而不是像後來那樣主要取決於法官的權力 (power)。而當國家建立起來並且中央集權逐漸強大時，國家和社會這種「必要的惡」的負面效應即開始顯露出來。糾問式的訴訟程序僅只是其中一例。

所以，彈劾式訴訟實行當事人主義。所謂當事人主義就是訴訟由當事人主導進行，法官不主動提起訴訟，不主動調查證據，也不主動詢問證人，他對於哪一方能夠勝訴漠不關心，也沒有義務加以關心。當事人自己必須充分注意保護自己的權利，如果他自己沒有能力保護自己，那麼也只能怨他自己（「命苦不能怨政府」，因為本來就沒有「政府」）。他不能對法官抱有太大的希望，如果他抱有太大的希望，他必然會失望。這種模式強調充分調動個人的積極性和主動性，強調最大可能地避免依賴別人。

訴訟模式也具有自然的慣性，在彈劾式的訴訟模式下，人們已經習慣

於依靠自己的力量伸張正義，自然也就不會對法官寄予過高的期望。

但在積極行動主義意識形態之下，任何對個人身體或生命的傷害都是對社會秩序的侵犯，都是對國家安寧的威脅。因此，國家運用其已經獲得的權力，將這種行為規定為犯罪，並運用國家機器對其施加懲罰。從而，一旦發生這樣的事件，國家就大包大攬，將偵查犯罪、緝拿兇犯的重任一頭扛在自己肩上。國家不僅自己主動偵查犯罪，而且鼓勵受到傷害的個人向其設立的機構告發，以保衛國家的安全和社會的秩序。

當積極行動主義開始抬頭，並在法律程序中建立起糾問制或類似糾問式訴訟之制度時，他們同時也就採用了職權主義。所謂職權主義就是法官主動受理案件，並且主動調查證據，主動詢問證人，積極地追求案件事實真相；對於伸張正義而言，法官比當事人還要積極，因為法官同時肩負保衛國家安寧、維護社會秩序之重任。在這裏，個人權利被國家利益和社會利益所吸收，個人的傷害之所以能夠得到國家的救濟不是因為國家真正對個人權利表示尊重，而是因為國家的利益也受到了傷害。所有的合法要求都必須轉化為符合國家整體利益的主張才能夠得到保護，或者說，所有的個人利益都必須以國家整體利益之名得到保護。

在這樣的訴訟模式之下，法官依職權主動受理案件，主動調查證據，詢問證人，並自如地影響案件的結局。訴訟不僅僅是當事人自己的事情，而且也是整個國家的事情。訴訟的結局不僅關係當事人自身的利益，而且也被視為關涉到國家的安寧和社會的穩定。所以，當事人的利益被國家利益充分吸收，當事人的聲音自然也就顯得十分微弱。當事人推動訴訟進程的能力十分有限，其影響訴訟結局的能力更是受到嚴格的限制。

久而久之，出於慣性，當事人自然會對國家產生極大的依賴。既然國家已經從公民手中奪走了那麼多的權利，既然國家許諾要保衛國民的安全以保證國家的安寧，既然政府反覆宣揚實質的正義，既然司法制度不斷地重複「發現真實」之論調……，總而言之，既然國家期望國民對自己抱有希望，那麼，國民最終自然就像這個國家的政府所希望的那樣，對它充滿了希望。人們一旦受到傷害，利益一旦受到侵犯，他們就希望國家能夠並

且一定要給他們一個說法。具體到訴訟當中，就是要將犯罪分子（有具體
被害人的犯罪案件）和違約及侵權之人繩之以法，要為權利受到侵害之人
伸張正義。法官的職權是因為曾經許諾要為每一個受到侵犯的當事人伸張
正義而獲得的，因此也只有當法官真正做到這一點的時候，其職權的存在
才繼續具有正當性。如果法官不能滿足當事人發現事實真相的要求，法官
的地位將受到動搖，因此，法官必須盡其所能地發現案件事實真相，法官
依職權主動調查證據不僅是職權主義的原因，也是職權主義的結果。他們
必須為自己所作的承諾負責（雖然他們經常做不到這一點）。而一旦他們令
當事人失望，他們受到指責也就是合情合理的事情。而且，他們也的確經
常受到指責。「不怨天，不怨地，只怨自己不爭氣」的理論，只適用於當事
人主義之訴訟，不適用於職權主義之訴訟。

㈡陪審團審判下的放任自由主義與當事人主義

　　在中世紀英國，所有的刑事案件均嚴格實行私人告發主義，訴訟中既
沒有檢察官，也沒有律師，對此，郎本稱其為「無法律家之刑事審判」
(Lawyer-free criminal trial)。❹無論是重罪案件還是輕罪案件，均無檢察官
代理控告。即使在殺人案件當中，也是由被害人的親屬或者當地的驗屍陪
審團 (coroner) 提出指控。恰如布萊克斯通所言：「儘管大陪審團告發書在名
義上是國王簽署的，但實際上在任何案件中都是私人進行訴訟。」❺只有在
叛逆案件中，國王的檢察官才必然出現在法庭上支持指控，這是因為國王
不能在自己的法庭上出庭指控自己的臣民，因而只能由國王之檢察官代理
其出庭控告。❻通常，這樣的案件都是由王國的高級官員主持審前之調查，
然後由法律官員在審判中履行控訴職能，但是這樣的案件在任何時代都是

---

❹　John H. Langbein, *The Origins of Adversary Criminal Trial*, Oxford University
　　Press, 2003, p. 2. 在 18 世紀 30 年代以後，由於律師的介入使得英美的刑事訴
　　訟為律師所掌控，對此，郎本稱其為「法律家操控之刑事審判」(lawyer-control
　　criminal trial)。

❺　William Blackstone, *supra* note 1, Vol. 4, p. 300.

❻　John H. Langbein, *supra* note 4, 2003, p. 12.

極少數。

　　不僅起訴實行私人告發主義，而且無論在何種案件中，被告人均有機
會為自己辯護。這一點在眾多法史學家的論著中均有論述，在有明確記載
的第一個案件──發生於 1554 年的思羅克莫頓 (Throckmorton) 案件中亦
有充分體現。❼在說到中世紀英國的刑事審判時，史蒂芬指出：

> 審判是短暫而嚴厲的，他們直接奔向各自的主題，並且儘管被告人由
> 於外行而處於不利地位，但是他卻被允許進行任何辯護──只要他樂
> 意。他的注意力集中在每一個針對他的論點上，並且如果他真的有什
> 麼需要作出回答，他完全有機會有效地、具體地作出回答。儘管有時
> 候他也會遭受虐待或侮辱，但是這樣的情形畢竟很少見。❽

　　唯一讓現代法學家感到遺憾的可能是，那時候被告人還不允許獲得律
師幫助。因此，被告人除了自己為自己辯護以外，幾乎別無選擇。這一制
度設置的主要目的據說是為了保證真實的發現。❾

　　因此，中世紀英國的刑事訴訟程序完全充斥著私人告發主義因素和當
事人主義觀念；甚至，被告人不被允許獲得律師幫助之機制亦可視為當事
人主義之體現，因為，在放任自由主義意識形態之下，國家只有義務不干
預當事人實現自己的目標，而沒有義務幫助私人實現自己的目標。因此，
當事人主義是中世紀英國刑事訴訟的基本特徵。之所以如此，是因為放任
自由主義意識形態占主導地位時期確立的陪審團審判制度在一定程度上抵

---

❼　該案之詳細論述可參見：J. F. Stephen, *A History of the Criminal Law of Eng-
land*, Vol. 1, Macmillan and Co., 1883, pp. 326–329.

❽　John H. Langbein, *Prosecuting Crime in the Renaissance*, Harvard University
Press, Cambridge, Massachusetts, 1974, p. 40.

❾　對此，郎本稱其為「被告人說話模式」之審判，而被告人可以獲得律師幫助的
審判則稱為「辯護律師檢驗起訴模式」之審判。具體論述可參見：John H. Lang-
bein, *The Origins of Adversary Criminal Trial*, Oxford University Press, 2003;
Helmholz, R. H. et al., *The Privilege Against Self-Incrimination: Its Origins and
Development*, The University of Chicago Press, 1997.

制了積極行動主義觀念的入侵，從而防止了其訴訟程序走向糾問式訴訟。

陪審團的這一功能可以從兩個方面獲得論證：首先，陪審團的審判被視為國民的審判，亦即人民的審判，它區別於政府的審判。換句話說，陪審團審判是放任自由主義意識形態的體現。只有在放任自由主義意識形態之下，陪審團這種由外行、與被告人身分地位平等之人組成的審判組織才成為保障訴訟公正的必要設置，也只有在這一意識形態之下，這樣的審判組織才可能得到認同。相反，一旦積極行動主義乃至其極端形式專制主義意識形態占據主導地位，陪審團審判制度即使得到確立，也會受到壓制甚至予以廢除。道理其實很簡單：當國家產生以後，代表國家的政府不可避免地會成為訴訟的一方；只有當「審判」不是國家的工具、也不是政府的工具的時候，審判才有起碼的公正可言。也只有這樣，刑事審判才不至於淪為一種行政治罪程序，一種統治者壓迫被統治者的程序。筆者以為，提倡由「國民來審判」或「由人民來審判」的說法，而不是「由政府來審判」的說法，正是為了防止來自政府的任何形式的壓迫。陪審團審判正是「國民的審判」的標誌，而且也是實現「國民的審判」而不是「政府的審判」的唯一方式。也正是因為陪審團審判代表著人民的審判，所以被告人接受陪審團審判的答辯，也就是「將自己的命運置於國民的決定」(put himself upon the country) 的答辯。從 13 世紀以來，陪審團審判制度在發展，刑罰制度在改革，訴訟程序也在變化，而這一答辯形式卻沒有任何改變。

說陪審團審判抑制了政府對人民的壓迫，並不是說政府的壓迫從來都不存在。而只是說，政府要利用刑事訴訟來實現自己的意圖比較困難（如果不是不可能的話）。實際上，任何一個專制政府，其對人民的壓迫都可以通過刑事訴訟實現。但是在英國，這樣的事例雖然不是沒有，但的確非常罕見。由於陪審團的存在，刑事訴訟程序中專制主義的成分已經大打折扣。也正是由於這個緣故，德弗林指出：

> 白宮任何一位獨裁者的第一個目標就是將議會置於自己的從屬地位，第二個目標就是推翻或者減少陪審團審判（制度）。因為任何一個獨裁

者都不願意將決定一個人是否自由的權力交給他的 12 個臣民去行使。所以，陪審團審判就不僅僅是實現正義的工具，也不僅是憲法運轉之輪，同時也是象徵著自由永存的明燈。❿

其次，在陪審團審判的制度之下，不可能發展出職權主義的訴訟模式。職權主義訴訟模式是建立在對國家及其政府官員高度信任基礎之上的，它實際上是積極行動主義意識形態的體現。因此，說陪審團審判不可能發展出職權主義的訴訟模式，實際上意味著陪審團審判不僅僅是放任自由主義意識形態的被動體現者或接受者，而且在很大程度上保障了放任自由主義意識形態中的若干原則在審判程序中得到遵守和執行。這是因為：

第一，由 12 個或更多的平民組成的團體不可能進行大規模的證據調查──儘管他們也曾這樣嘗試過，但是這種嘗試很快就被證人出庭的制度所取代。或者，即使他們能夠進行這樣的調查，這一調查的功能也已經賦予了起訴陪審團。同時，由於自然正義觀念的發達，使得他們不能接受起訴陪審團同時又是審判陪審團的制度，這樣，他們就發展了雙重陪審團的制度。在這一制度中，由於起訴陪審團已經擔負了調查的職能，審判陪審團就不需要再承擔這樣的職能。而在法庭上陪審員很少向證人發問，與其說是出於公正的考慮，不如說是出於效率的考慮：如果 12 個人每個人都向證人發問，顯然會使法庭審判變得拖沓冗長，不僅當事人不堪重負，國家也會承受經濟上的損失。所以，最便捷的方式就是讓當事人自己充分地陳述事實，讓當事人自己對證人進行直接詢問和交叉詢問，只有在當事人充分努力之後，陪審員還有什麼問題不明白的時候，陪審員才對證人進行發問。所以，當事人的主動性和積極性得到充分發揮，他們也經常被鼓勵這樣做。

第二，在陪審團審判的情況下，當事人幾無任何可能對陪審團產生依賴之感覺。這是說，他們不會指望陪審團主動地替自己搜集證據，主動地為自己報仇雪恨，就像歐洲大陸和中國古代的法官所做的那樣。由於決定

---

❿　Sir Patrick Devlin, *Trial by Jury*, Stevens & Sons Limited, London, 6th Impression, 1978, p. 164.

事實的是與被告人一樣普通甚至更加普通的平民，或者在一定歷史時期內是與被告人地位平等之貴族，因而當事人不可能對這樣的事實法官產生神一樣的信任與期待——「斷案如神」的想法，從來不曾在英格蘭人的腦海中出現。恰恰相反，當人們遭受不幸之時，他們寧願選擇一個聰明的律師，也不會幻想出現一個「鐵面無私」、「明察秋毫」的「青天」。如果他們要獲得勝訴，就必須憑藉自己的力量，他們必須說服陪審團相信自己的主張，必須讓證人出現在法庭上（剛開始被告人無權以自己的名義傳喚證人，但是這種做法逐漸遭到廢棄）。

另一方面，雖然陪審團的裁決並不「斷案如神」，可是其裁決卻經常被視為神意的體現。所以，每當被告人答辯無罪時，檢察官就會說：「好極了，上帝會給出一個滿意的答案！」可以說，陪審團的裁決一開始就是有權威的，其權威既來自陪審團這個龐大的陣容，也來自人們認為陪審團的裁決代表著上帝的聲音。更明確地說，陪審團裁決的合法性與正當性不是來自於其正確性，而是來自於其本身的權威性。

總而言之，陪審團從未向任何人許諾要給他們「說法」，也從未向任何機構許諾要保衛個人生命財產安全和國家的安寧與社會的穩定。他們只按照自己的良心來裁決案件。除了自己的良心，他們不對任何人、也不對任何機構負責。陪審團審判制度內在地反對對這個團體的依賴。它的審判方式內在地導致了當事人主義的延續從而避免了其訴訟模式走向職權主義。

二、非犯罪控制程序與無罪推定原則

根據帕卡的兩個模式理論，刑事訴訟被分為犯罪控制模式和正當程序模式兩大類型。[11] 如前所述，中世紀英國的陪審團審判雖不能說是正當程序模式之訴訟，但亦絕無可能是犯罪控制模式之程序。因此，筆者稱其為「非犯罪控制模式」之訴訟。通常而言，只有在放任自由主義意識形態之下，其訴訟模式才可能是正當程序模式；在積極行動主義意識形態之下，

---

[11] Herbert Packer, *Two Models of the Criminal Procedure*, 113 U. Pa. L. Rev. 1 (1964), pp. 10–11. 亦可參見本書〈緒論〉部分。

其訴訟模式通常都是犯罪控制模式。因此，雖然放任自由主義並不一定意味著正當程序，但是在這一意識形態之下，其訴訟模式更有可能是正當程序模式，從而也更有可能實行無罪推定；而在積極行動主義意識形態之下，則更有可能實行有罪推定。

　　本文所稱之「無罪推定」，主要是作為觀念的無罪推定，而不是作為制度的無罪推定。作為一種觀念，無罪推定很早就已經產生，並且幾乎在任何一種文明的源頭都可以找到。就其作為制度而言，其生根發芽則是晚至18世紀的事情，而且其實際執行情況也並不十分清楚。但在中世紀英國，其法律雖然沒有明確規定無罪推定，但是這種觀念是從古老的彈劾式訴訟中繼承下來的，而且正是由於其訴訟的原始性，所以比較完整地保留了原始的無罪推定的觀念。這從前述英國法官的論述中可以得出結論。更為重要的是，無罪推定作為一種訴訟觀念，在普通民眾的心目中更有其雷打不動的地位。無罪推定之所以能在英國生根發芽，與陪審團審判有著直接的關係。這是由陪審團審判制度下的舉證責任規則所決定的。在英美法系國家，眾多的學者認為，無罪推定首先解決的是舉證責任問題。反過來，我們也可以說，舉證責任的分配也決定了究竟是實行無罪推定還是實行有罪推定。在舉證責任分配給被告人的情況下，該訴訟制度實行的是有罪推定；在舉證責任分配給控訴方的情況下，該訴訟制度實行的就是無罪推定。

　　不僅如此，無罪推定還應該是一個可以量化的原則——或者說，是一個可以進行定量衡量的原則。這個定量衡量的標準，就是刑事訴訟中無罪判決的比例。在一個宣稱已經確立了無罪推定原則的國家，其有罪判決的比例卻高達99%或者更多，我們無論如何也不能相信在這個國家真有所謂無罪推定。反之，即使一個國家沒有在任何法律文件中確立無罪推定，如果其無罪判決的比例比較高或者很高，我們仍可斷定這個國家的刑事訴訟中的確存在著無罪推定。從這個意義上說，在英國的陪審團審判制度下，控訴方承擔舉證責任的原則，也就是無罪推定原則一直得到很好的執行。或者說，從人類訴訟產生以來，無罪推定的觀念就隨之產生，這種觀念隨著彈劾式訴訟程序的消失而消失，但在英國，由於陪審團審判保留了彈劾

式訴訟的特徵，從而也繼承了彈劾式訴訟中無罪推定的基本觀念，所以這一原則雖然既無制定法之肯定，亦無判例法之支持，但是，它卻一直作為自然法的一部分而存在。這可以從定罪裁決和無罪裁決之間的比率得到顯示。很多統計資料都清楚地表明，在中世紀，陪審團裁決無罪釋放的比例非常高，有時候居然到了令人驚訝的程度。

表 4-1 1328 年的程序中對被告人的處理 ⓬

	被告人總數	重罪案件	重罪與過失罪	一般罪過	官員的罪過
因未出席審判而被放逐	780	723	39	6	12
1328 年出席審判的人	253	58	34	137	24
在國王法院的復核程序中無法出庭的人	261	118	28	103	12
對出現在王室法官面前之被告人的處理					
無罪釋放	143	114	3	22	4
重罪指控被撤銷，因過失被罰金	39	–	39	–	–
有罪，處以絞刑	18	11	7	–	–
有罪，處以罰金	235	–	–	208	27
有罪，因神職人員身分而獲得優惠	17	13	3	1	–
裁決為自衛行為	3	3	–	–	–
給予寬恕	42	30	10	1	1
無信息	17	5	–	8	4
總數	514	176	62	240	36

　　從表 4-1 可以看出，在 1328 年的陪審團審判中，被陪審團釋放的被告

⓬ Bernard William McLane, "Juror Attitudes toward Local Disorder: The Evidence of the 1328 Lincolshire Trailbaston Proceedings", in J. S. Cockburn and Thomas Green, *Twelve Good Men and True: The Criminal Trial Jury in England, 1200–1800*, Princeton University Press, Princeton, New Jersey, 1988, p. 55. 其中與本文主題無關的數據已刪除。

人占出席審判之被告人總數的 28.4% (146/514)。也許有人會爭辯說，那些確信自己肯定會被定罪的人沒有出席審判，從而自我放逐，如果這些人出席審判，定罪的比率肯定會更高。但是，這種說法對於本文的主題並無影響。恰恰相反，即使假定沒有出席審判的人都是有罪的，28.4% 這個數字仍然不變。因為這裏討論的是控訴方的舉證責任問題。我甚至也相信這些出席審判的人很可能都是堅信自己無罪從而會獲得釋放，或者確信自己能夠得到寬恕的人。但是這種確信，尤其是確信自己無罪從而會獲得釋放的信念，正好說明了人們對於陪審團無罪推定觀念存在的信任。這也從正面告訴我們，由於舉證責任由控訴方承擔，所以，真正無辜的被告人在陪審團審判制度之下是沒什麼可怕的。

其實，麥克蘭在其分析中就指出：

> 除了那些被抓住的以及獲得法官寬恕的被告人以外，剩下的願意接受審判的被告人很可能都是堅信自己無辜，或者至少對陪審員給予自己的待遇很有信心的被告人。另外，很多受審判的被告人之所以無罪釋放不是因為他們事實上確實無罪，而是因為陪審團不知道他們是否有罪。❸

也就是說，控訴方沒有完成提出證據說服陪審團的任務，所以陪審團將被告人無罪釋放。這正是無罪推定的基本精神。

這種較高的無罪釋放比例在中世紀英國一直得到保持。據勞森統計，在 1573–1624 年間，男性被告人被無罪釋放的比例高達 38%，女性被告人被無罪釋放的比例竟高達 59%。❹ 如此之高的無罪釋放比例，應當能夠很清楚地表明陪審團無罪推定觀念的強烈，也清楚地顯示了舉證責任的分配在當時得到嚴格的執行。❺ 除了勞森提供的數據外，1560–1670 年肯特郡

❸ Bernard William McLane, *supra* note 12, p. 56.

❹ P. G. Lawson, "Lawless Juries? The Composition and Behavior of Hertfordshire Juries, 1573–1624", in Cockburn and Green, *supra* note 12, p. 151.

❺ 如此高比例地將被告人無罪釋放的陪審團在歷史上被稱為「無法無天的陪審

的陪審團在財產案件中的裁決，也能證明這一主題（見表4-2）。

表4-2　肯特郡的陪審團在財產案件中的裁決：1560-1600❶

年代	案件數	無罪釋放		如所指控的罪名定罪		偏袒性裁決	
		No.	%	No.	%	No.	%
1560-69	237	113	47.7	124	52.3	None	
1570-79	257	89	34.6	166	64.6	2	0.8
1580-89	445	149	33.5	291	65.4	5	1.1
1590-99	569	184	32.3	367	64.5	18	3.2

　　以上數據無不顯示，在陪審團審判制度下，被告人無罪釋放的比例是很高的。尤其值得注意的是，表4-2顯示的是財產犯罪的情況，而不是極具政治色彩的叛國罪、煽動罪的情況。在叛國罪、煽動罪的案件中，也有很多被告人是被無罪釋放的，但是由於其政治色彩過於濃厚，而通常情況下政治案件總是很難代表一個國家刑事訴訟程序之全貌，因此，對於本文之主題而言，與政治無關之犯罪案件的統計數字，當更說明問題之意義。

三、中立的陪審團與獨立的法官

㈠法官中立與獨立之概述

　　法官中立意味著法官對待案件事實真相的消極態度。當然，這並不是說法官不希望查明案件事實真相，而是說法官沒有義務查明案件事實真相。既然沒有義務查明案件事實真相，自然也就沒有義務搜集證據、詢問證人。從嚴格的意義上講，法官搜集任何證據的行為都將使其喪失中立的地位。

　　在刑事訴訟中，法官中立還體現了法官對被告人的定罪與否漠不關心，他絕不像控訴方那樣積極地追求定罪的結果。即使一個明顯有罪的被告人

　　團」；勞森在其文章中對陪審團如此「無法無天」的原因進行了分析。見P. G. Lawson, *supra* note 12, pp. 117-157.

❶　J. S. Cockburn, "Twelve Silly Men? The Trial Jury at Assizes, 1560-1670", in Cockburn and Green, *supra* note 12, p. 171. 部分數據已刪除。

被宣布無罪釋放，「那樣也就那樣了」，誰也不能以國家安全和社會公共利益之名把被釋放的被告人抓起來重新進行一場審判。

　　法官之中立地位直接淵源於放任自由主義，具體體現為當事人主義。在國家觀念不強的情況下，法官不承擔保衛國家安寧和社會穩定的重任。國家與社會是兩個不同的概念，國家擔負著保衛人民生命財產安全的任務，而法官則代表社會對國家提起的刑事訴訟進行審判。在理論上，任何階級社會均由兩個基本主體構成，一個是代表國家之政府，一個是每一個單個之個體。在原始社會，由於國家尚不存在，國家與個人之間的糾紛也就無從談起。也正是在這樣的社會，訴訟才被視為純粹私人的事務，彈劾式訴訟也由此產生。後來，由於社會的發展，出現了國家，從而產生了國家與個人的對立，產生了國家（其代表機關為政府）對個人提起的刑事訴訟。在實行對抗式訴訟的國家，雖然也存在著代表國家的政府，在觀念上也將犯罪行為視為對國家安寧和社會秩序的破壞，但是在理論上，只有國家負有保衛人民、打擊犯罪的職能，並且，由於國家對於個人來說是一種「惡」——儘管是「必要的惡」——所以，必須由一個中立的機構對國家的權力進行約束，至少，在國家與個人之間發生糾紛的時候，不能夠由國家自己來對自己的案件進行裁判，因為任何人都不能作他自己案件的法官，這是古典自然正義思想的第一個原則。❶⑦

　　所以，就必須由一個超脫於國家之上的主體來對刑事案件進行審判。該主體既可以是代表國家之政府任命的，也可以是享受政府津貼的，但有一點必須明確：他自己不能代表國家，而是必須超脫於國家之外。在刑事案件中，他必須站在整個社會的立場，維護社會的正義，而不偏袒訴訟中的任何一方——尤其是代表國家的控訴方。必須指出，法官的中立主要就是指法官不偏袒控訴方，這也是法官中立的所有要求中最難實現的目標。

　　法官中立的前提是法官獨立。儘管法官可以由政府來任命，可以由政府發放薪金，但是法官一旦被任命之後，就必須保持獨立不羈之地位，不

---

⑰　H. H. Marshall, *Natural Justice*, The Eastern Press. Ltd. of London and Reading, 1959.

偏不倚地站在第三方的立場裁決任何提交到他面前的案件。

　　陪審團審判恰恰成功地使英美法系的訴訟制度實現了這一目標。陪審團在實現審判獨立的功能上從兩個方面發揮著影響：第一個方面是陪審團本身作為事實的裁判者是中立的，也是獨立的；第二個方面則是陪審團審判對於培養法官的獨立意識做出了積極的貢獻。

㈡陪審團之獨立地位及其效果

　　有些論者並不認為中世紀的陪審團在刑事訴訟中具有獨立地位。科伯恩曾經在其研究中指出，審判程序削弱了陪審團的獨立性並加強了法官的地位，從而保證陪審團的行為在很大程度上是由法官控制的。他推論說，在中世紀，盛行的審判形式都是陪審團屈從於或習慣於服從法官的意志。至於陪審團可以使現行法律無效的說法，可能只是一種表面現象，或者根本就是一種幻覺。[18] 在另一本著作中，他還著重強調了法官推翻陪審團裁決和強迫陪審團作出符合自己意志的裁決的各種手段。[19]

　　然而更多的研究表明，陪審團在中世紀是一個獨立地作出裁決的團體；陪審團與法官之間更多地是一種合作關係而不是衝突關係。陪審團之所以能夠獨立在很大程度上與其成員之財產狀況以及由此所決定之社會地位存在著極為密切之關係。

　　詹姆斯・戈伯特 (James Gobert) 認為，陪審員財產資格限制之理論基礎在於，只有符合條件的人才可能嚴肅地履行其對社會的責任。這樣的人同時也被認為受過更好的教育、更加聰明和更少可能被腐敗。其實際效果則是，能夠充任陪審員的僅限於上等和中等階級的人。而大多數被告人卻不屬於這些階級。因此，「大憲章」所規定的受與其地位平等之人的審判，實際上就變成了不受地位在其之下之人的審判。[20]

---

[18]　J. S. Cockburn, *Assizes Introduction*, see from, Cockburn & Green (Edited), *Twelve Good Men and True*, p. 118.

[19]　J. S. Cockburn, *A History of English Assizes: 1558–1714*, Cambridge University Press, 1972, p. 123.

[20]　James Gobert, *Justice, Democracy and the Jury*, Published by Dartmouth Publish-

這種財產限制的另一個效果是，充任陪審員的只能是富有的男人。女人一般是沒有財產的。對於這種性別的歧視直到 1919 年才正式取消。但是，35 年以後，德弗林勳爵還在批評說：他從來沒有看到過一個陪審團的組成人員中有超過 4 名婦女的；而且也很難找到有 3 名婦女的陪審團；最普遍的現象是只有 2 名婦女，而只有 1 名婦女的陪審團也很常見。❷毫不奇怪地，在陪審員資格有財產限制的情況下，陪審團不僅是由男性統治的，而且一般是由中年或中年以上的男性統治的，因為年輕的男人一般都沒有財產。

對財產資格的這些批評主要著眼於陪審團組成的民主化。但就陪審團的功能而言，雖然民主的陪審團也可能會保障自由，但是貴族化的陪審團卻更有可能保障自由。從某種意義上說，正是由於陪審員的中產階級身分，決定了他們不是任人擺布的工具。對此，勞森的研究恰恰表明，財產資格的限制實際上有利於陪審員履行其職責。通過對 1573 至 1624 年間赫特福德郡陪審員組成情況的考察，勞森指出，當時的起訴陪審員是郡上最富足的不動產保有者，而審判陪審員也基本上來源於與起訴陪審員具有相同社會地位和大致相當財富的人群；赫特福德的歷史資料顯示，該郡的陪審員在社會地位和財富上至少屬於中等；法庭的記錄顯示，在這裏，本地精英占統治的地位。❷

研究還顯示：如果陪審團受到來自法官的壓力，陪審員都會表現出一定的抵制；另外，也只有極少數法官運用他們手中約束陪審團的權力；即使在高度恭順的都鐸王朝和斯圖亞特王朝，也仍然可以看到陪審員在自己社區中的重要性；並且，一定程度的獨立應當是很自然的；所以，儘管司法權力可能限制陪審團的獨立性，卻並不必然消滅陪審團的獨立性。❷

從經驗的角度，陪審團頂撞法官而顯示自己獨立性格的案例是極為豐

---

ing Company Limited, Ashgate Publishing House, Gower House, 1997, p. 114.

❷ James Gobert, *supra* note 20, p. 114.

❷ P. G. Lawson, *supra* note 14, p. 127.

❷ P. G. Lawson, id., p. 141.

富的。其中最著名的可能要數對思羅克莫頓的審判。該案中，思羅克莫頓被指控與瓦特共謀反叛，但是陪審團拒絕對他定罪，他被無罪開釋。利威指出：陪審團的裁決確定無疑地證明了當時的審判程序即使相對於完美的彈劾式訴訟程序也應該算比較公平。❷不過，在這個案件中，陪審團也因為自己的大膽付出了代價。法庭沒能把思羅克莫頓怎麼樣，卻將 12 名陪審員監禁起來。4 名陪審員表示投降，並在承認了自己的錯誤後被釋放。但是剩下的 8 名陪審員在被星座法院監禁了 6 個月以後還遭到了嚴厲的罰金，然後才被釋放。

大約 10 年以後，托馬斯·史密斯說道：如果陪審團將有充分證據證明有罪的被告人釋放——他們有時候確實這樣做——則被告人獲得了自由，而陪審團卻會受到法官的指責，並被威脅要遭受懲罰。不過，這種懲罰威脅的次數遠勝於執行的次數。在提到思羅克莫頓這一案件時，史密斯注意到陪審團的確受到了懲罰，但是他補充道：「但是這種做法即使在那時候也被認為是殘暴和專制的，並且也是與英國國土上自由之傳統相違背的。而且，這樣的懲罰實際上也很少使用。」❷

應當承認，作為事實裁判者的陪審團的獨立地位經歷了漫長的歷史發展過程。但是，這並不是說，在這個過程沒有終結以前，陪審團就是不獨立的。本書第二章曾經指出，陪審團的獨立地位是在 1670 年的布歇爾案件中確立的。在這之前，法官可以通過不供給飲水、食品，或者威脅要對他們施加懲罰等方式，干預陪審團的裁決。在極端的情況下，法官還會三番五次地拒絕陪審團的裁決，壓迫他們作出符合自己心願的裁決。但是，法官與陪審團之間的這種緊張並非常態。幾乎只有在政治案件中，法官與陪審團才可能形成這種僵局。而在更具普遍意義的一般刑事案件中，法官與陪審團配合的成分遠遠多於對抗的成分。換句話說，在一般刑事案件中，即使陪審團作出了與法官認識不一致的判決，法官也會尊重陪審團的裁決。道理很簡單：在這樣的案件中，陪審團怎樣裁決與法官沒有利害關係；無

---

❷　L. W. Levy, *supra* note 2, p. 48.

❷　L. W. Levy, *supra* note 2, p. 49.

論陪審團怎樣裁決，他判完案件就要嘛度假去了，要麼到下一個巡迴審判區接著主持審判。相反地，裁決只與陪審員有利害關係——他們裁決完了以後還得繼續生活在被告人所在的地區，這個地區即使與陪審員不在一個村莊，應該也離他不遠；如果他冤枉好人，他回到社區會受到譴責；如果他放縱壞人，只會使他自己的生命、財產安全受到更多的威脅。

㈢陪審團對法官獨立之促進功能

從歷史上看，英國法官雖然為國王所任命，但是一旦他們得到任命，他們就希望自己獲得一種完全的獨立性，這種獨立之品格與陪審團審判制度存在著密切的關係。在陪審團審判制度之下，法官的審理活動實際上處於公眾的關注當中，陪審團參與審判也可以理解為對法官的一種監督，這是來自公眾的一種監督，他們代表了整個社區的成員對國家司法制度的運作進行約束。如果這個團體只有一二人或者只有二三人，可能無法產生約束法官的作用。但是，一個 12 人組成的團體已經足以構成對法官的心理約束，正如這個團體賦予了它所做的裁決足夠的權威性質一樣。在這樣的團體面前，即使最不追求上進的法官，即使最不要臉的法官，也會竭力裝出顧及面子的模樣。更何況，在英國，由於法官人數很少，極其不要臉的法官恐怕也很難見到（當然也不是完全沒有）。所以，他們在審判中哪怕真有任何傾向，他們也會至少在表面上做到大致的公平。比如，他不能三番五次地截斷被告人的辯護，變相剝奪他的辯護權；他不能像檢察官那樣對被告人聲色俱厲，哪怕他真的對這個被告人充滿仇恨；他也不能在控訴方發言時側耳傾聽，而在辯護方發言時則漫不經心……。總之，如果他不希望自己在社區的形象受到醜化，如果他不希望引起陪審團對他的反感，如果他不希望真正有罪的被告人被陪審團無罪釋放，他就必須表現出起碼的公正。

經驗性研究也表明，在無陪審團審判的案件中，法官就是干預主義者。費城審判的研究表明法官在詢問證人和律師的總結陳述時都喜歡積極行動。❷⓺在迪普洛克法庭，法官的干預也比有陪審團參與的案件要多。有些

---

❷⓺ Stephen J. Schulhofer, *Is Plea Bargaining Inevitable?*, 97 Harv. L. Rev. 1037, 1062

法官的干預可能會少一些。但即使在這樣的法官面前，律師也通常都能預見到法官的態度。❷

與之形成對照的是，在有陪審團的程序中，法官通常都會顯得更加消極一些。例如，在美國訴柯丁一案中，法院指出，在陪審團審判程序中，法官必須保證他的詢問不能給陪審員以有偏見的印象。❷在另一個案件中，法院指出，在陪審團眼裏，法官占據著十分重要而且也特別有說服性的位置，所以他必須控制法庭並使之不受激情左右，並且公平、沒有偏私。❷

正是在陪審團的期待和監督下，法官才壯起膽子對被告人的權利給予尊重。在這裏，起作用的不僅是陪審團嚴厲的目光，還有他們集團的力量激勵或者鼓舞著法官在必要的時候與王權對抗。在特定的環境需要法官這樣做的時候，法官會意識到自己並非孤軍奮戰，在他的背後，是代表著廣大人民的陪審團。所以，法官不僅必須表現得公正和獨立，而且也能夠表現得公正和獨立（儘管他們偶爾也違反這一原則）。法官在很早的時候就對陪審團給他們責任的減輕十分感激。黑爾和史蒂芬都強調過這一點，它不僅可以減輕法官的責任，而且可以使法官在作出指示時保持一種真正的司法的態度。這樣，它也就有助於維持法官的尊嚴；因為，如果法官能保持司法的態度，無論陪審團的裁決是什麼，都不會導致對他個人的厭惡（憎恨）。所以，托克維爾說：「陪審團看似降低了法官的權力，而實際上它給予法官無上的權威。」❸

(1984).

❷ John D. Jackson & Sean Doran, *Conventional Trials in Unconventional Times: The Diplock Court Experience*, 4 Crim. L. F. 503, 519 (1993).

❷ United States v. Kidding, 560 F. 2d 1303, 1314 (7ᵗʰ Cir.).

❷ Pollard v. Fennell, 400 F. 2d 421, 424 (4ᵗʰ Cir. 1968). 此處引用之案例雖為現代案例，但對於說明中世紀英國陪審團審判之消極性而言並無不當。

❸ "The Jury which seems to diminish the power of the magistrate really gives it its pre-eminent authority."《論美國的民主》，第 192 頁（法文版）。轉引自 Sir William Holdsworth, *A History of English Law*, Vol. 1, Methuen & Co. Ltd., Sweet and Maxwell Ltd. , London, 1956, p. 348. 在中文版《論美國的民主》相關章節中，

四、依照良心裁決與反對雙重歸罪

從理論上說，依照良心裁決之機制（即陪審團取消法律之權力）與反對雙重歸罪之原則均在一定程度上有助於保障陪審團獨立審判之目標。但是，陪審團取消法律之權力除保障陪審團審判之獨立性以外，還有一個重要的功能，就是防止國家意志對社區意志之侵犯，從而維護社區之自由；而反對雙重歸罪原則，則有力地保障著陪審團這一目標之實現。因此，儘管這兩項制度與陪審團獨立密切相關，為突出其作用與地位，以下將專門對這兩項制度進行論述。

(一)陪審團使法律無效之權力

雖然中世紀英國的陪審團在很多方面受到法官的控制，並且從較早的時候就已經存在著事實與法律的區分；但是從總體上看，陪審團在作出裁決時是不受任何約束的。作為一種制度，陪審團的獨立性經歷了一個漸進的發展過程。作為原則，陪審團一直是依照良心作出其裁決的。

陪審團以自己的良心對案件作出裁決，是指陪審團在判決案件時不受審判法官的約束，也不受任何行政官員的約束，也不受議會或國王頒布的法律的約束。

之所以出現這種結果，其中一個可能的原因是，在《大憲章》的時代，法律都是用拉丁文寫的，而當時除了牧師以外，沒有人懂得拉丁文。議會之下院用英文記載的第一部法案頒布於 1415 年。直到這個時候，甚至直到 1485 年以前，法律都是用拉丁語或法語寫的，一般人別說看不懂，就是念給他們聽，也不一定能聽得懂。所以，國王的法律一般都是通過口頭的傳播而使民眾知悉的。而這樣的傳播在內容方面自然會受到限制，而且國王的法律很可能會互相衝突，這又勢必降低這些法律對民眾的約束力量。

陪審員的宣誓內容從另一個側面加強了上面所述的觀點，即陪審員無

未找到相應文句。比較近似的一句譯文是：「表面上看來似乎限制了司法權的陪審制度，實際上卻在加強司法權的力量。」參見該書中譯本，董果良譯，商務印書館，1988 年，第 1 版，第 318 頁。

須按照制定法的規定進行裁判，而只需憑自己的內心價值進行判斷。按照蘇邁斯的說法，英格蘭大陪審團的宣誓內容是：

> 你們必須堅持不懈地查究、忠實無欺地描述因指控而呈現在你們面前的事物、問題、事件，以及與本案有關的其他問題和事件；國王的顧問、你們的同行以及你們自己，都必須保守祕密。你們對任何人都不得有仇恨和惡意，也不得對任何人因為你們的喜好、或者友誼或愛情，或利益，以及任何諸如此類的希望，而對他懷抱好感。在任何事情上，你們都必須充分運用你們的知識，說出真相，全部真相，別無其他，只有真相。願上帝幫助你們。 ❸①

此處所說的誓言和義務同樣適用於小陪審團。無論是民事案件還是刑事案件，法官的指示，國王的制定法，都不能規定陪審團的義務，而只有這一誓言，引導陪審員如何履行自己的義務。

因此，陪審團是一個良心法庭，陪審員依據自己關於正義與衡平的觀念進行判斷，而不是依據國王的法律進行判斷，除非他們認為國王的法律與正義相符合。任何法律對於決定案件而言並不具有優於陪審員自己關於自然正義之信念的效力。

陪審團依照良心作出裁決的形式，就是通過不斷地在同一類案件中宣告被告人無罪從而否定某一法律之效力。這一制度通常被稱為「陪審團取消法律」(Jury nullification)。有時候陪審團會作出沒有證據支持的無罪裁決，這既可能是因為陪審團沒有聽從法官關於控方沒有進行任何證明的指示，也可能是因為陪審團不喜歡適用於該案之法律，從而作出了與證據顯示之情況相反的裁決。在任何一種情況下，法官都必須接受該裁決。換句話說，對於無罪裁決，沒有任何途徑可以推翻。曼斯菲爾德爵士早在 1784 年就指出：「在任何案件中，法官都有責任告知陪審團如何正確行使權力，儘管他們有權錯誤地行使權力，而究竟是正確還是錯誤行使他們的權力則完全取決於上帝和他們的良心。」 ❸②魏勒斯也說：「我承認他們有權力作出

---

❸① Lysander Spooner, *An Essay on the Trial by Jury*, 1852, at 90.

與法律相悖的裁決，所以他們也有權力作出與證據相反的裁決，但是我不認為他們有權利作出這樣的裁決。」❸

陪審團審判案件只服從自己的良心，這一制度安排是令人矚目的。李桑德‧斯伯納指出：

> 司法的運作和法律的執行決定了一個國家的國民是自由還是遭受壓制。如果司法的運作必須屈從於立法者的意志，這個政府就是專制的，其人民則是被奴役的；相反，如果司法的運作是根據自然衡平和正義的原則，即最終由人類的一般良心來體現，即由人類良心來啟迪的原則而作出決定，那麼，在這樣的體制下，人民就是自由的。❸

法律歷史學家也把它視為普通法制度的美德。密爾松 (S. F. C. Milson) 曾指出：「如果說正義在整個世紀得到伸張，它伸張的方式就是陪審員拋棄野蠻的法律」。勞森亦認為，陪審團是刑法適用的調節器，它通常蓋過嚴厲的刑法典而使被告人免受過於嚴厲的懲罰。❸

(二)反對雙重歸罪之原則

反對雙重歸罪原則之發展也經歷了一個漸進的過程。利威認為，在英國 15 世紀末期的《年鑑》中即可找到反對雙重歸罪原則的微光；因為詹姆斯國王的《聖經譯本》一書中就提到「痛苦不可兩次施加於一人」。❸據德弗林之敘述，1534 年的法律規定如果陪審團作出針對國王的不真實的裁決，就要對其施加懲罰；這種懲罰經常由更高級別的法院比如星座法院行使，但是法官們自己也經常行使；在 1602 的一個案例中，陪審團將一個殺人犯無罪釋放，結果其中 3 名陪審員遭到罰款和監禁；但是所有這些案件

---

❸ Sir Patrick Devlin, *Trial by Jury*, 6th Impression, 1978, p. 87.

❸ Sir Patrick Devlin, *Trial by Jury*, 6th Impression, 1978, p. 88.

❸ Lysander Spooner, *An Essay on the Trial by Jury*, 1852, at 63.

❸ P. G. Lawson, *supra* note 14, p. 117.

❸ Leonard W. Levy, *Origins of the Bill of Rights*, Yale University Press, New Haven and London, p. 203.

也僅止於懲罰陪審員，換句話說，陪審員受到懲罰後，對於被告人無罪釋放的裁決仍然得到執行，而不是重新對他組成陪審團來審判。❸❼

　　但是，這個時代即使存在著反對雙重歸罪原則，也應當是十分有限的。1487 年，亨利七世就曾經頒布過一個法令，它規定在殺人案件中，控告方可以對已經被宣告無罪的被告人通過上訴的方式重新開啟審判程序，只不過這一「上訴」必須在 1 年又 1 日之內提出。❸❽

　　17 世紀初期，大法官科克亦曾經簽發布告宣布曾被剝奪財產及公權之人不得被起訴；科克還相信，一個在殺人指控中以自衛作為辯護理由而被無罪釋放之人，不得因其行為再次遭受審判。❸❾雖然反對雙重歸罪原則在那時仍處於朦朧階段，但可以斷定，從科克的時代開始，這一原則就逐漸得到確認。利威認為，從那時開始，被告人無論是答辯「已被定罪」還是答辯「已獲釋放」，在法律上均不得再對其進行審判。❹❶不過，剛開始時這一原則顯然是比較模糊的，比如，一個人如果第一次被指控殺人而被無罪釋放，能否對其同一行為再以「搶劫罪」加以審判？1696 年，英國最高刑事審判機關——王座法院對此給予了否定的回答，法院的立場是：只要被告人已被無罪釋放，就不得對「同一事實」(the same fact) 再「提出任何指控」。❹❶

　　這樣的規則是有利於被告人的。他不能因為同一行為遭受兩次危險。首席大法官普拉特 (Partt) 在 1724 年就指出：「迄今為止，在任何以刑事起訴為基礎的案件中，還沒有聽說過哪個將被告人無罪釋放的裁決被擱置一旁。」❹❷但是，如果是被告人遭受冤枉，1907 年的制定法允許法庭在他們

---

❸❼　Sir Patrick Devlin, *Trial by Jury*, 6th Impression, 1978, p. 76.

❸❽　Alfredo Garcia, *The Fifth Amendment: A Comprehensive Approach*, Greenwood Press, Westport, Connecticut and London, 2002, p. 26.

❸❾　Leonard W. Levy, *supra* note 36, p. 203.

❹❶　Leonard W. Levy, *supra* note 36, p. 204.

❹❶　Leonard W. Levy, *supra* note 36, p. 204.

❹❷　Sir Patrick Devlin, *Trial by Jury*, 6th Impression, 1978, p. 77.

認為裁決與證據不一致的時候擱置判決。從此，在新法之下，由於只有被告人有權上訴，因而有罪的裁決可能會被推翻，而無罪的裁決仍然不可挑戰。

筆者以為，該制度在英國法律史上的地位是顯而易見的。人們通常認為陪審團審判制度有效地保障了英國的自由，也與這一制度密切相關。如果沒有這一制度，政府就可以無數次地對同一公民就同一事實提出指控，直至其達到目的為止。即使所有陪審團都拒絕對被告人定罪，只要政府擁有不斷起訴之權力，公民的自由就不可能得到有效的保障。因為政府可以將公民無限期地關押下去，直至其身心俱毀。

五、廣場化的司法與劇場化的審判

㈠廣場化之司法與劇場化之審判界說

司法的廣場化是一個法律地理空間概念，它表明，歷史上有些司法活動是在廣場或其他露天的空間進行的，諸如中國古代的「遊街示眾」、「棄市」，近現代的「公審大會」、「批鬥大會」等。司法的劇場化則是指司法在以「劇場」為符號意向的人造建築空間內進行的司法活動類型。**43**

司法的廣場化可以追溯到古代先民對司法儀式之神聖性的崇拜和對法的形象的感性認識。人類歷史上最早的司法活動包括神明裁判、共誓滌罪、決鬥等都是在露天廣場進行的。露天廣場是可以從不同路徑和方向自由進出的場所，它使人們通過自由地觀看法律活動而直接感受法律之生動形象（有時甚至緊張刺激）的過程及其效果，它將司法活動的所有細節置於眾人的矚目之下，防止司法「暗箱操作」所可能導致的冤假錯案及司法腐敗，以此實現「陽光下的司法」這一目標。它強調直接從人的內心和歷史傳統中生發「活的法律」而輕視所謂「法律的書寫」（書本上法律）。在這裏，人們很難培養起現代法治所要求的冷靜、謙抑和客觀公正的判斷力。同時，司法的廣場化因訴諸於人們直觀的情感而注重實體的正義，從而也就忽略

---

43 以上概念參見：舒國瀅，〈從司法的廣場化到司法的劇場化——一個符號學的視角〉載《政法論壇》，中國政法大學學報，1999 年，第 3 期，第 12–19 頁。

了程序的正當性與合法性。❹

　　司法的劇場化則是文明的法律制度下的產物。它的真正價值在於通過「距離的間隔」來以法律的態度和方式處理「法律的問題」。它一方面可以內化人們的理性精神、突顯程序與秩序觀念、促成法律活動的技術化與專門化，另一方面又可能使法律失去可觸及性和親近感。舒國瀅指出：

> 人們在建築空間的法律活動中旁聽（旁觀）法律，而不可能忘我地投
> 入法律表演的過程；法律活動是被文明偽飾過的活動，是完全異己的
> 活動，在這種活動中所有的參與者（包括法官本人）都不能再尋找到
> 往昔那種「節日」的感覺。❺

　　因為司法活動相當於劇場表演，因此法官和當事人都必須通過各種繁文縟節才能「合法地」進入法律空間。也因此，它是一種成本高昂的司法活動方式，而且有可能在「陰影」的遮蔽之下掩蓋可能的腐敗和渾濁。

　　因此，無論是司法的廣場化還是司法的劇場化，均存在一定弊端，又各有一些優勢。正如舒國瀅先生所言：

> 從更為宏大的背景來看，司法的廣場化和劇場化問題代表著自由／秩
> 序、民主／獨裁、實質正義／程序正義、大眾化／精英化、通俗化／
> 職業化、簡單化／複雜化、感性創造／理性選擇、多樣化／單一化等
> 等二元對立的語路和價值傾向。在這樣複雜的語境和語路中，談論司
> 法的廣場化或司法的劇場化哪一個更具有優位的正當性，實際上是沒
> 有任何意義的。❻

　　舒國瀅的意思似乎是，人們通常必須在司法的劇場化與司法的廣場化之間擇一而定，魚和熊掌不可得兼。

　　然而，當人們用心地觀察陪審團審判的時候，也許會驚奇地發現：這

---

❹　舒國瀅，前引文，第14–15頁。

❺　舒國瀅，前引文，第17頁。

❻　舒國瀅，前引文，第18頁。

一審判模式實際上綜合了司法的廣場化與劇場化特徵，從而也綜合了二者的優點（在很多人看來也綜合了二者的缺陷）。也就是說，陪審團審判本身是一種廣場化的司法形式，但是其效果卻是劇場化的司法效果。這種劇場化的司法效果來自於兩個方面：一是由於當時的歷史環境需要陪審團實現有選擇地伸張正義的目標，二是由於陪審團審判所決定的言詞辯論風格以及陪審團裁決的終局性所帶來的法庭審判的戲劇化效果。

(二)廣場化司法之劇場化效果

按照勞森的說法，陪審團的獨立性能夠保證其完成另外一種任務：有選擇地執行作為象徵的刑事法律。勞森指出，象徵和儀式是行使權威的重要組成部分，也是都鐸王朝和斯圖亞特王朝維持秩序的重要成分；在一個武力鎮壓既不存在也不可能揮舞的社會，國家必須依賴意識形態的工具。❹勞森之所以認為刑罰的執行具有象徵性和選擇性，是因為刑事審判實際上具有一種劇場化的意義。這很可能與英國實行判例法有關，或者至少與關於犯罪與刑罰主要還是體現著比較原始的習慣法有關。正如梅特蘭所指出的那樣：「只要法律是不成文的，它就必定被戲劇化和表演。正義必須呈現出生動形象的外表，否則人們就看不見它。」❹

同樣地，在刑事審判中，權威也是以象徵和儀式的形式呈現的。巡迴法院法官入席的每一步驟都具有戲劇化的品質，從法官抵達郡的邊界，到他們進入法院的行列，以及最後主持審判的法官宣布判處死刑的時刻。但是巡迴法院既是一個特殊的社會廣場，同時也是一個血腥的劇場。最關鍵的儀式，是絞刑架上的儀式。國家權力之下的公開處決，以最傳神的方式傳遞了威嚇與服從的信息。這一信息在大量關注的公眾面前一年要重複若干次，不僅是在倫敦，而是在全國各地。觀眾們反覆地觀看千篇一律的情節劇：被告人走向絞刑架，布道，臨死前充滿悔恨的演講，警告犯罪的後果，最後是執行。我們當然不能懷疑這些儀式給人們的深刻印象。1582 年

---

❹ P. G. Lawson, *supra* note 14, p. 141.

❹ 轉引自伯爾曼，《法律與革命》，賀衛方等譯，中國大百科全書出版社，北京，1993 年，第 1 版，第 69 頁。

的一個謀殺犯被定罪後執行絞刑，霍林希德在評論這一案件時說，他注意
到被告人明顯已經悔改，並且其充滿愛心的演講也打動了在場群眾的心。
那些制定法律並領導法律執行的人應當已經預料到這種效果，但是它對於
秩序的維持卻很關鍵。就像福柯所說的那樣：

> 在處決犯人時，有時甚至完全戲劇性地重現犯罪——使用同樣的器具
> 和動作——這樣，司法正義便可以在公眾面前重現犯罪，揭示其真相，
> 使這種罪行與犯人同歸於盡。❹

　　因此，法律的執行——包括死刑裁判的執行——必須通過廣場化的形
式達致劇場化的效果。同時，由於死刑罪名名目繁多，過分渲染的劇場化
情景如果過於普遍，則很可能削弱其緊張、刺激之感覺，從而削減其懲罰
與規訓之效果。因為，當刑罰得到執行時，「劊子手不僅在執法，而且也在
施展武力。他是某種暴力的使用者，為了戰勝犯罪而對犯罪的暴力使用暴
力。」❺ 然而，暴力的過度張揚，亦極有可能型塑人們暴力化之傾向；因此，
它的使用就必須限定在一定的範圍之內。不可避免地，法律的執行也就具
有了選擇性：整個的起訴和審判在事實上都是關於如何進行選擇的程序。
如果考慮到死刑立法的範圍，幾乎沒有人會認為法律得到了執行。這樣的
方法只可能起負作用。科克曾經評論道：經常的和固定的懲罰並不會阻礙
犯罪，因為定期的懲罰使人們對它如此熟悉以致根本就不害怕了；他甚至
指出，過多的執行絞刑甚至會引起人們對罪犯的同情。❺ 所以，最終只有
特定的個體被選擇來面對嚴厲的法律，而另外一些被告人因其品格或行為
的性質而加強了寬大處理的信息——他們是懲罰儀式的最合適觀眾。他們
當然不應當包括一旦處決就有可能削弱懲罰的合法性的人。所以培根建議
法官根據個人、地點、時間和場合或者其他情況調整他的判刑。❺

❹　米歇爾·福柯，《規訓與懲罰》，劉北成、楊遠嬰譯，生活·讀書·新知三聯書
　　店，北京，1999 年 5 月，第 1 版，第 49 頁。

❺　米歇爾·福柯，前引著，第 56 頁。

❺　P. G. Lawson, *supra* note 14, p. 149.

正像寬大處理的邏輯造就了一般意義上的刑事司法執行制度一樣，它也造就了陪審團的行為。他們也參與了選擇的程序，通過他們的裁決，他們建議有些被告人應當予以釋放，有些被告人則予以懲罰。在做選擇的時候，他們毫無疑問從證據開始。但是對證據的考慮在某種程度上已經被選擇這一需要所遮蓋。正是因為選擇程序使陪審團讓法律無效的標誌變得明顯——經過更改的告發書，偏袒的裁決，以及與事實相反的裁決，所有這些都表明陪審員採用了一個特殊的技巧來完成他們的任務。證據可以被採納也可以被忽略以便達成此項目標。在一般的層面上，其結果就是選擇適當的候選人去進行絞刑架下的儀式。但是在更根本的層面上，陪審團的決定造就了選擇的標準。資料顯示，在 1573–1624 年間的赫特福德郡，41.3% 的被告人被無罪釋放，48.3% 的被告人被定罪，10.4% 的被告人獲得偏袒判決。❸

所以，儘管陪審團違反了字面上的法律，他們卻沒有違反法律的精神。早期現代刑事司法的基礎是寬大懲罰，而其邏輯則是要求法律只能被有選擇地適用而不是絕對地執行。正是由於這一要求造就了陪審員的考慮，正是由於這一要求保證陪審員對更多的男人而不是女人、對更多舊式的而不是新式的犯罪行為、對更嚴重的而不是比較不嚴重的犯罪——定罪。同樣的要求導致陪審團對那些被控高等級的犯罪採取了更為寬容的標準，並且對那種成本較高的犯罪也採取了寬容的標準。與其說他們容忍了法律，還不如說他們在很大程度上體現了對早期現代法律制度的服從與參與。在某種程度上，這種服從是由法官予以保障的，尤其是他的客觀的引導和控制的權力。但是這並非最重要的因素，因為陪審員享有很大程度的獨立性。更重要的事實是陪審員自己是有財產的，他們在占統治地位的財富與權力結構中占據著重要的地位。尤其是，16–17 世紀經濟和文化上的兩極模式保證了他們與大土地所有者而不是無地的或者幾乎無地的——提供了大量被告人的——人——組成了自然的社會聯合。

---

❷ P. G. Lawson, *supra* note 14, p. 149.

❸ P. G. Lawson, *supra* note 14, p. 150.

正是在這個基礎上，勞森指出：歷史學家們過分強調了法官和陪審團對立的證據；雖然這些證據的確存在，但是這些證據是否反映了法官與陪審團之間的關係卻是不清楚的；實際上，陪審團與法官更是一種合作的關係；他們共處於刑事審判的劇場中，而不是法官和陪審團衝突的劇場中；正是刑事審判這一劇場的邏輯決定了法官和陪審團的行為。❺

㈢同位模式之法官結構與爭鬥風格之法庭審判

陪審團審判除了以司法的廣場化形式達到其劇場化效果之外，還以其同位模式的法官結構加強了法庭辯論的口頭化和戲劇化效果。

法庭辯論的口頭化是指所有法庭審判的一切程序皆以口頭而不是書面的方式進行，所有的證據都必須以證人親自出庭作證的方式呈現，否則將不被接受；換句話說，整個審判的進行實行直接、言詞原則。

中世紀英國法庭審判實行直接言辭原則，這已得到史家之公認。托馬斯·史密斯於 1565 年發表的著作就曾經強調，當時英格蘭訴訟程序的口頭性質。並指出，儘管書面的證據可以採用，但是它對於法庭審判（定罪）來說是不夠的；沒有口頭的作證，陪審團會將被告人無罪開釋，哪怕違法者已經向治安法官作了招供。而當治安法官出席法庭支持其記錄之真實性並就供述中的某些細節作出核實的時候，定罪才是可能的。書面的記錄對於起訴行為而言僅僅是一個輔助性的工具。

郎本亦指出：儘管英國於 16 世紀制定了「馬麗安授權法」，授權治安法官在審判前對被告人進行訊問並製作筆錄，但其目標則在於：第一，激勵治安法官從案件一被提起的時候就開始偵查，而那時候犯罪環境還比較新鮮；第二，使治安法官確保法庭審理時證人能到庭作證；第三，使法官自我教育以便在某些案件需要他在法庭上作出陳述時，它能夠擔當起使該陳述與起訴書一致的任務；第四，在一些難度較高的案件中，它對於主持審判的巡迴法官起到一個案件摘要的作用。❺

因此，儘管在「馬麗安授權法」頒布之前的 15 世紀，對被告人和證人

---

❺ P. G. Lawson, *supra* note 14, p. 147.

❺ Langbein, *supra* note 8, p. 24.

進行審前的訊問已經成為當時刑事訴訟程序一個固定的組成部分。但是詢問筆錄的功能則是為了給治安法官解決比較輕微的案件提供一個摘要；在後來，則是為了給治安法官在公開的法庭上為重罪案件作證提供一個備忘錄。與大陸的糾問式訴訟不一樣的是，它不是為了給陪審團審判提供一個作出裁決的基礎。所以，即使有「馬麗安授權法」規定的審前程序，即使在這個程序中治安法官要作出記錄，也並不影響審判程序中實行的言詞辯論原則。換句話說，「馬麗安授權法」並沒有使英國的陪審團審判程序書面化。恰恰相反，正如利威所宣稱的那樣，在整個中世紀，「（大陪審團）起訴書是整個程序中唯一的一份書面文件，訴訟的其他部分則都以口頭的方式進行。」❺

所以，在陪審團審判制度下，英國的訴訟程序有時候會顯得非常熱鬧。整個審判就是在控訴方和被告方之間進行爭辯，看起來就好像他們在陪審團面前進行一場比賽一樣。只要被告人擁有智慧和舌頭，他就可以像檢察官那樣發表自己的意見，為自己進行辯護，就某些問題進行爭辯，將檢察官的論點一個一個地予以否定；他也可以要求控訴方提供證據，並對它加以批駁；他也可以要求與國家的證人進行當面對質，或者要求查看證人書寫的證言。如果被告人沒有傳喚證人，或者傳喚的證人僅僅是證明其品行良好，則檢察官在庭審結束時可以就此作出總結並發表評論。然後，被告人進行辯護。在 13–17 世紀，被告人一般都是沒有辯護人的，因此他只能自行辯護。他可以傳喚自己的證人。如果他傳喚證人，王室檢察官可以就此進行答辯。如果總檢察官親自出庭進行指控，則他有權就被告人是否傳喚過證人這一事實對陪審團發表評論。

因此，英國陪審團審判實行直接言詞原則，任何證人證言都必須在公開的法庭上經受檢驗，審前的詢問記錄不能作為定案的根據。這一規則與陪審團審判制度有著內在的聯繫。由於陪審團可能會不相信治安法官所作的任何記錄，特別是當被告人對這樣的記錄提出異議的時候（而他們也的確經常這樣做），陪審員更有可能對這樣的證據產生懷疑。在這種情況下，

❺ Leonard W. Levy, *The Palladium of Justice*, *supra* note 2, p. 38.

陪審員必然會要求書面材料的製作者提供證人證明該材料的真實性，從而必然使書面材料的製作者傳喚證人出庭進行口頭陳述。如果他拒絕這樣做，倒霉的絕對只能是提供該書面材料的人。因為陪審團擁有評價證據和作出最終裁決的權力，而且其對被告人的無罪裁決一旦作出，任何人也不得質疑該裁決，被告人可以大搖大擺地走出法院，獲得自由。所以，無論如何，除非瀆職，否則控訴方一定會千方百計地傳喚證人出庭，而不是簡單地在法庭上宣讀證言了事。在法庭上宣讀證言的確會使一切程序都變得簡單而又方便，但是在陪審團審判制度下，這種簡化卻無法接受。

　　陪審團審判不會導致審判程序的書面化還有一個原因，就是陪審員基本上都是文盲。儘管有學者經過考證認為，在 1748–1800 年間，就任陪審員者當中有 98% 的人以簽名而不是按手印的方式證明其履行職責，但是該文獻同樣指出陪審員文化水平的提高應當是一個逐步的過程，而且很可能在 18 世紀有突飛猛進的變化，這必然意味著在此以前的陪審員大部分應當都是沒有文化之人。❺❼同時，該文獻所引用之當時人們對陪審團的批評，也反映出當時陪審員更有可能不具備文化水平。❺❽據此，我們可以合理地推斷出，至少在 17 世紀以前，組成陪審團的成員很可能大部分都是文盲。文盲是不能閱讀的，這一點對於書面的證言可以說是致命的打擊。由於大部分陪審員無法閱讀，檢察官宣讀證言了事的做法必然不能成功。因為，被告人可以從多方面質疑該書面證言的證據效力。第一，他可以指責檢察官只宣讀對被告人不利的證言（檢察官的確經常這樣做）；第二，他可以指責檢察官歪曲證言（雖然比較罕見，但從理論上看也不是不可能）；第三，

---

❺❼　以上討論請參見：P. J. R. King, *"Illiterate Plebeians, Easily Misled": Jury Composition, Experience, and Behavior in Essex, 1735–1815*, in J. S. Cockburn and Thomas A. Green, *supra* note 12, pp. 254–303.

❺❽　例如，有的批評者指責「受過教育的有錢人總是想方設法逃避擔任陪審員之義務，結果是陪審團幾乎總是由無知之文盲組成」；還有的批評說陪審團的組成就是「十二個文盲並且其中最偉大者同時也是最無知者」。這些批評詳見：P. J. R. King, supra note 57, p. 257.

他可以指出證人證言中互相矛盾之處。上述情況無論發生哪一種，檢察官要獲得陪審團的信任，其唯一的補救措施就是傳喚證人出庭作證，除非上述情況被不幸言中。

因此，只要存在著書面證言必須予以檢驗的要求，就存在著證人必須出庭作證的需要。這種需要在任何模式的訴訟中實際上都是存在的，但是，陪審團審判制度內在地決定著這種需要得到滿足。因為陪審團是一個中立的裁決機構，它不負責發現事實真相，在這個審判法庭，當事人自己決定自己的命運。

另外，陪審團審判的戲劇化效果還有一個原因，那就是，在陪審團審判制度下，法庭成為激烈交鋒的戰場，全部訴訟活動都在法庭審判階段達到高潮。這是因為，陪審團審判制度使法庭審判程序成為整個訴訟程序中焦點中的焦點。在陪審團審判制度下，反對雙重歸罪的原則保證著陪審團裁決的終局性。在此情況下，陪審團的裁決就是最終的裁決，對這個裁決不允許有救濟的途徑。因此，雙方當事人的證據，都必須在陪審團這個審判法庭上出示。如果證據不能在這裏出示，它實際上被視為不存在。當事人將來不會再有機會展示其掌握的證據。所以，從這個角度而言，陪審團審判制度天然地存在著對證據的需求，當事人天然地願意將證據展示在陪審團審判法庭。同時，激烈的辯論以及為了獲得勝訴而發展出的辯論技巧，也使得法庭審判充滿著不可預測的因素，從而加強了法庭審判的戲劇化效果。

六、彈劾式訴訟與糾問式訴訟

所有這一切造就了中世紀英國刑事訴訟與歐洲大陸刑事訴訟程序之間的區別。從 1215 年以後一直到 1800 年前後將近 600 年的時間裏，歐洲大陸實行糾問式的刑事訴訟，而英國陪審團則在很大程度上保留了歐洲古代彈劾式訴訟的特徵。

總的看來，第一，歐洲大陸的刑事訴訟是由國家官員啟動的訴訟程序，私人的彈劾對於訴訟的啟動可有可無；但在英國，私人的告發一直都是推

動刑事訴訟進行的必要條件。即使後來由大陪審團起訴書進行的刑事訴訟，一般也都以私人的告發為基礎。並且，大陪審團起訴並沒有使起訴和審判合而為一（儘管在將近一個世紀的時間裏二者實際上可能是一回事），所以，大陪審團起訴並不違反彈劾式訴訟「不告不理」、「無原告即無法官」的原則。

第二，在歐洲大陸，被告人不能選擇法官，而在英國，被告人可以通過申請陪審員迴避的手段，自己挑選自己案件的法官。這一制度也與古老的彈劾式訴訟中當事人有權選擇法官的觀念十分吻合。換句話說，在歐洲大陸，法官的權威主要地來自於國家的權威，而這種權威又主要是以國家暴力為後盾的；而在英國，法官（陪審員）的權威主要地來自於當事人的選擇，這種權威更多地來自於陪審員自身的名望或其綜合素質，其裁判的性質主要地是體現著由陪審員所代表的社會對被告人的評價，因而國家暴力總是以十分抽象的方式而存在，或者，基本上不存在。

第三，歐洲大陸的糾問式訴訟離不開拷問，而英國陪審團面前從來沒有過這種野蠻的制度。儘管在被告人答辯期間，如果被告人拒絕答辯或者不願意接受陪審團審判，則法官可以命令對被告人實施懲罰以便其接受陪審團審判，但是這種懲罰的目的並非為了獲得被告人的認罪或招供，而是為了使陪審團審判能夠得以繼續。因此，儘管二者在形式上頗為相似，在功能上卻迥異其趣。

第四，歐洲大陸的刑事訴訟主要實行書面審理，而英國的陪審團審判一直奉行直接、言詞原則。雖然英國的治安法官也對被告人進行審前訊問並且也對訊問作出筆錄，但是製作筆錄的目的主要並不是為了製作卷宗，其性質與其說是證據，不如說是筆記，其功能與其說是證明案件事實，不如說是提醒治安法官在指控時如何作證，並保證相應的證人出庭作證。事實上，恰如史蒂芬所言，整個英國的刑事訴訟中，唯一的一份書面文件，就是大陪審團告發書。像歐洲大陸那樣以卷宗為基礎的審判，在英國是不存在的。

第五，歐洲大陸被告人幾乎沒有權利為自己辯護，其為自己利益而鬥

爭的地位被法官對他的關心所取代。法官的職責是查明真相，其中當然包括被告人可能無辜的情形。在此情形下，被告人的角色被法官所吸收，其主要價值則在於為法庭提供證據。而在英國，被告人一直有權為自己進行辯護。有關刑事案件審判的諸多歷史記錄表明，被告人有權、而且必須就指控事實作出答辯。被告人還有權反駁控訴方的證人證言，也可以自己傳喚證人。在法庭審理結束時，被告人還可以進行總結陳詞。這一切均表明，被告人是一個獨立自主的主體，其價值絕不僅僅在於為法庭審判提供證據，而在於構成法庭審判中獨立的一方。沒有被告人的辯護，整個審判將無從進行：如果被告人不作自我辯護，意味著他作有罪答辯，給他定罪就行了；如果被告人不答辯，則拷打以讓他進行答辯。總之，被告人的辯護是陪審團審判程序中一個必不可少的組成部分。

第六，歐洲大陸的糾問式訴訟浸透著祕密的性質，而英國的陪審團審判總是公開的審判。在糾問式訴訟中，程序的啟動可能來源於祕密的告發，由此啟動的偵查程序自始至終都由國家官員祕密地進行，審判也是祕密地進行，只有最後的判決向公眾公開。在陪審團審判程序中，起訴是大陪審團以告發書的形式公開進行的，審判和判決的宣告也一律公開進行。祕密的程序在陪審團審判程序找不到用武之地。

第七，在歐洲大陸，由於法官既負責偵查又負責審判，實際上控訴與審判已經合二為一，因此法官的中立性蕩然無存。在英國，法官雖然也是王室官員，甚至可以說是國王的附庸，但在刑事審判中，法官只負責主持審判，並不主動糾問犯罪。儘管有時候法官也表現得比較積極，但是作為事實裁判者的陪審團從來沒有喪失其中立地位。

第八，歐洲大陸的糾問式訴訟實行有罪推定，英國的陪審團審判實行無罪推定。在有罪推定制度下，被告人承擔證明自己無罪的責任；在無罪推定的制度下，控訴方承擔在陪審團面前證明被告人有罪的責任。

第九，歐洲大陸不實行反對雙重歸罪原則，陪審團審判實行反對雙重歸罪原則。陪審團的裁決是終局裁決，其對事實的判斷不容質疑。即使在歷史上曾經存在過糾汙陪審團，其存在也僅限於民事訴訟，在刑事訴訟中

從來沒有過糾汙陪審團。並且，即使是在民事訴訟中，其存在的歷史也十分短暫，而在其短暫的歷史中，使用的頻率也非常之低，並且，尤為重要的是，在這十分罕見的糾汙陪審團的審判中，其推翻原陪審團的裁決要求比原陪審團兩倍數目的陪審員。

就這樣，英國的刑事訴訟規則保留了很多古老的觀念，使新的陪審團審判制度保持了彈劾式訴訟的基本特徵。

以上區別亦使我們看到，中世紀英國的陪審團審判在兩方面發揮著對訴訟模式的影響：第一是意識形態方面，第二是審判風格方面。在第一方面，陪審團審判並不僅僅是放任自由主義意識形態的體現者，而且也是這一意識形態的保衛者。在第二方面，陪審團制度內在地決定了審判風格的辯論式特徵和劇場化效果。

理性地說，作為一種政治制度，陪審團的確體現著民主。但是，陪審團並不保障民主。陪審團是人民當家作主的一種形式，但是陪審團自身無法保證自己不被廢除，更無法保證自己得到確立。陪審團審判制度的確立在一定程度上乃是歷史的偶然。

但是，陪審團審判保障自由的功能卻是制度的必然。在陪審團審判制度之下，不可能發展出以壓迫為特徵的糾問式訴訟程序，不可能成為專制帝王御用的工具。

第三編 陪審團審判之移植與傳播

第五章　陪審團在歐洲大陸之移植

序　論

　　在非英美法系國家，陪審團審判制度給人最深刻的印象是，它對於保障自由、體現民主等價值發揮著舉足輕重的作用，埃斯曼 (A. Esmein) 曾經盛讚其獨立於任何權威，托克維爾稱其為人民主權的基本形式。也許正是因為它在旁觀者的眼裏既具有崇高的一面，又具有神祕甚至神聖的一面，所以在 18 世紀初到 19 世紀末，在歐洲大陸曾經興起一波又一波引入陪審團審判制度的運動。這一運動在法律移植的歷史上曾經牽引過無數學人的神經，也引起過無數激烈的爭論。探究其過程，分析其成敗，無論對於法律移植這一主題，還是對於透徹理解陪審團審判這一制度而言，都具有明顯且卓著之價值。本章即在於對陪審團審判制度在歐洲大陸之移植作一盡可能詳盡的介紹，對它在歐洲大陸的實踐狀況與實踐效果進行實證的研究，並對它在歐洲大陸最終的衰退進行分析與解說，從而試圖對陪審團審判制度的價值與功能進行深入的探討，並對這一制度移植的教訓進行深刻的檢討。

　　因文獻所限，本文的探討雖然力圖囊括全部大陸法系國家，但實際上只能涉及其中的一部分。本章第一部分介紹陪審團在法國之引進與變革，第二部分介紹陪審團在歐洲大陸其他國家之移植過程，第三、四部分分別敘述法國陪審團之實踐狀況與實踐效果，第五部分對陪審團在大陸法系國家之衰退以及衰退之原因進行介紹和分析。在分析陪審團審判制度衰退之原因時，將主要以法國陪審團為對象，偶爾兼及其他國家。筆者深知：此種經驗性分析自然不可能提供一種放諸四海而皆準之理論，但鑑於陪審團審判制度在法國之移植所具有的典型性以及它在所有陪審團的移植當中所

具有的領袖群倫之意義，本章得出的結論自然也應當具有理論和實踐之價值。

一、陪審團在法國之引進與變革

㈠ 1791 年「刑事訴訟法」：陪審團之引進

　　從 18 世紀中期開始，在至少 50 年的時間裏，法國人將其目光投向英格蘭。在那裏，每一個被告人均由與其地位相等的普通公民審判。在很多法國人看來，英國是他們學習的榜樣；為了完整地學習這一榜樣，法國的制度中許多即使是天才般的設置也必須讓路。早在 1789 年，當時的一位權威人物伯格塞就倡議說：「很明顯地，在這個地方，除了根據英格蘭和自由的美國所採用的控訴和懲罰犯罪行為之法理學所建立起來的制度以外，我們沒有討論任何別的議題。這一制度，以前曾經在我們自己的國度使用，它實際上是實踐中唯一人道的制度；除非我們毫不遲延地、同時在某些細節方面略作調整地採用這一制度，否則我們不能做得比這更好。」❶

　　對陪審團及其相應訴訟程序的熱情來源於對現存的邪惡制度的不滿。該制度由 1670 年王室訓令所確立，它是完全的糾問式的訴訟程序。這一程序在大革命時代被普遍認為是殘忍的、祕密的和血腥的，從而也是與啟蒙思想背道而馳的。這樣，當第三等級在勾畫他們的改革計劃時，很自然地包括了改革刑事訴訟程序的內容。這些計畫既包括刑罰理性化的內容，也包括人身保護令制度，以及陪審團制度。

　　1791 年召開的國民大會在很大程度上滿足了第三等級的願望。他們在 1791 年 9 月分別通過了新的刑法典和刑事訴訟法典。新刑法典在犯罪行為的定義和懲罰方面完全是一場徹底的革命。巫術和褻瀆等與啟蒙精神不符的罪名，以及傳統的鞭笞和放逐等刑罰，通通被一併取消。所有的犯罪行為被以嚴格的、窮盡的方式分類，這就意味著法無明文規定不為罪的原則與罪刑法定原則的確立以及類推制度的廢除。所有的犯罪都被分為侵犯公

---

❶ A. Esmein, *A History of Continental Criminal Procedure: With Special Reference to France*, translated by John Simpson, The Lawbook Exchange, Ltd., 2000, p. 408.

共利益的犯罪和侵犯個人權利的犯罪，後者又被分為侵犯人身的犯罪和侵犯財產的犯罪。法典對於每一犯罪都規定了絕對確定的刑期，這樣就完全廢除了 1670 年王室訓令所賦予的法官享有的廣泛的自由裁量權。

　　新的刑事訴訟法典引進了大陪審團偵查制度。在大陪審團方面，法國的制度與英國的制度只有人數上的區別。法國的大陪審團由 8 人組成，英國的大陪審團則由 16–23 人組成。

　　但是，在所有的改革中，最引人注目的成就則是在重罪案件中引進了小陪審團審判的制度。該制度適用於重罪法院，法庭由 3 名法官（其中一人為庭長）和 12 名陪審員組成。雖然羅伯斯庇爾等「民主派」極力反對，❷法律還是規定了擔任陪審員的財產資格限制。當事人有權提出無因迴避申請，該項權利可以行使 20 次。在該項權利窮盡以後，當事人還可以提出有因迴避申請，並且不受次數的限制。在英國，審理結束時法官要對陪審團作出指示；在法國，這一制度得到繼承，法官不僅要指示陪審團，並且要將所有的爭議問題以書面形式向陪審團提出，這些問題就是：犯罪行為是否已經得到證明？如果是，被告人是否有罪？如果被告人有罪，則被告人的行為是否出於故意？❸陪審團只需就這些問題回答「是」或者「不是」。另外，在英國，陪審團裁決必須一致同意，在法國，這一原則沒有得到堅持——但是 3 名或 3 名以上的陪審員永遠有否決定罪動議的權力。換句話說，定罪只需要 10：2 的投票結果。

　　對陪審團的裁決不得上訴。但是，如果法庭一致認為陪審團的裁決是錯誤的，那麼，可以在原來 12 名陪審員的基礎上增加 3 名陪審員，以便得到一個 5：4 的投票結果。❹

---

❷　羅伯斯庇爾曾經專門就陪審法庭的組織原則發表演說，主張陪審團組成的平民化，反對在挑選陪審員時附加財產資格的限制。詳見氏著，《革命的法制和審判》，趙涵輿譯，商務印書館，北京，1997 年，第 33–50 頁。

❸　William Savitt, *Villainous Verdicts? Rethinking the Nineteenth-Century French Jury*, 96 Colum. L. Rev. 1025.

❹　關於這些變化的詳細討論，參見：A. Esmein, *supra* note 1, pp. 413–419.

在法國完全引進英國的刑事審判制度並不是一件容易的事。眾所周知，法國和英國的刑事訴訟程序是如此地不同，引進一個制度必然犧牲另一個制度。改革者並非沒有意識到改革的困難。當時就有一位顯赫人物指出：「你們這個委員會從一開始就感覺到這一新的制度（即陪審團制度）與我們的法令和現行的偵查制度沒有絲毫的吻合。看起來，如果我們要形成一種完全的並且和諧的制度的話，我們就必須將一切都推倒了重來。」❺但是，現實的困難並沒有阻止改革者的步伐。在 1791 年 9 月 16 日的法案中，移植英國法律的計劃得到完美的勾畫。在這個法案中，大陪審團起訴和小陪審團審判的制度，第一次在歐洲大陸成為法律。雖然在個別細節上作了一些幾乎是微不足道的調整，在整體上，法國的雙重陪審團制度❻幾乎就是英國陪審團制度的翻版。

就這樣，法國人憑著一種革命的熱情，完整地移植了英國包括審判陪審團在內的雙重陪審團制度。

㈡ 1808 年「刑事訴訟法」：陪審團之改革

在該制度實施 17 年之後，也就是 1808 年，當拿破崙主持制定刑事訴訟法典的時候，遭到了猛烈的抨擊。這時候，根據埃斯曼的說法，法國民眾對政治自由已經感到厭倦，同時，在人們看來，陪審團也顯得野蠻而危險。

> 他們無法理解為什麼容易消失的口頭證據必須優於永久的書面記錄，無知必須優於學識，優柔寡斷必須優於豐富的經驗，也優於對義務的專業情感。❼

當時的法國第一總理說：

---

❺　A. Esmein, *supra* note 1, p. 409.

❻　所謂「雙重陪審團制度」就是同時設立大陪審團（即起訴陪審團）和小陪審團（即審判陪審團）的制度。

❼　A. Esmein, *supra* note 1, p. 465.

在一個既沒有階級差別，又沒有封建采邑，也沒有等級特權的國度，陪審團制度能否帶來真正的效益；這一制度是否能夠自動地完全地適應我們民族的特性；它是否能夠把寬大與放縱的情感和怯懦與輕忽的行為適當地結合起來……；（這一切）也許都是需要檢驗的。❽

當時的大法官也附和首相的意見。但是，他沒有膽量建議取消陪審團。他說：

無論我們的經歷有多麼悲慘，陪審團程序的支持者們仍然從來沒有考慮過，這一制度不可能適應法國的氣候；他們堅信，無論人們說什麼，它都是與法國人的天資和他們的國民性相吻合的；如果說現在這一制度遇到了障礙的話，那也主要是由於大革命所導致的無數分歧的意見，而這些分歧正在消失，因為，隨著時間的流逝，它的這一過程以及它取得的成功都不會被進一步的障礙所阻卻——除了一些細小的障礙以外，而這些細小的障礙又是不難克服的。（所以）立即行動起來！不要拒絕更多的試驗，並讓第三次試驗來決定究竟是保留它還是廢除它。❾

在各方都堅持己見的情況下，關於「刑事訴訟法」修改的議案從 1804 年一直拖到 1808 年，拖延的原因主要就是對於廢除還是保留陪審團的制度相執不下，以致 M. Regnaud de Saint-Jean 甚至建議這兩種觀點的人乾脆通過決鬥來決一勝負。❿

很難說爭論的雙方最後是誰獲得了勝利，因為，1808 年的法國刑事訴訟法典最後只規定了小陪審團，而廢除了大陪審團。改革的結果就是，1670 年王室訓令所規定的祕密偵查程序得到重建，負責偵查的是職業的治安法官，其程序以書面而不是口頭的方式進行。審判陪審團則得到保留，而且其程序仍然是口頭的、言詞的；被告人也有權獲得律師辯護。但是，新聞

❽　A. Esmein, *supra* note 1, p. 466.

❾　A. Esmein, *supra* note 1, p. 467.

❿　A. Esmein, *supra* note 1, p. 483.

和政治案件則不再由陪審團審判，同時，政府還保留著在緊急情況下延緩使用陪審團審判的權力。此外，對擔任陪審員的資格還附加了財產和教育條件的限制。更為重要的是，在每個司法區，陪審團名單的產生由政府來指派。不僅如此，國王陛下還保留有對值得稱道之陪審員頒發榮譽勳章的權力。❶

同時，陪審團在法庭中的責任也發生了改變。改革前的陪審團通常會被問及三個問題，第三個問題就是被告人的主觀狀態是故意還是非故意；改革後的陪審團取消了最後這一問題，從而在審理結束時，法官只需向陪審團提兩個問題：犯罪是否發生？犯罪行為是否被告人所為？

值得注意的是，法庭的組成也發生了變化：原來的 3 名法官現在改成了 5 名；對一切事項的表決，也只需要絕對多數通過即可：如果陪審團對定罪與不定罪的投票結果為 7：5，則 5 名法官再參加投票；如果 5 名法官中有 4 名認為被告人應當釋放，則表決的結果為有利被告人的結果，其理論基礎則是大多數人沒有被控訴方的證據說服。❷

二、陪審團在大陸法系其他國家之移植

歐洲大陸由於受法國大革命的影響，也曾經熱情飽滿地移植了英國的陪審團審判制度。繼法國之後，德意志帝國於 1877 年通過了「司法組織法」和「刑事訴訟法」，其中「司法組織法」規定的季度法院和法國的季度法庭(assize courts) 幾乎是一模一樣的，不過，主持庭審的法官是 2 名，而陪審員仍然是 12 名。❸

奧地利在 1800 年以後先後頒布過多次刑事訴訟法典。1803 年的法典是程序法與實體法合一的，它實際上是糾問式訴訟程序的複製和發展。1850年的法典則照搬了法國的法典，引進了口頭辯論原則、公開審判原則、彈

---

❶ William Savitt, *supra* note 3, p. 1032.

❷ William Savitt, *supra* note 3, p. 1033; A. Esmein, *supra* note 1, pp. 513–514. 這一規則在此後還有多次反覆，具體參見：A. Esmein, *supra* note 1, pp. 532–533.

❸ A. Esmein, *supra* note 1, p. 581.

効原則，以及陪審團審判制度。但是，1853 年通過，並一直實施到 1874 年的法典，又拋棄了陪審團審判制度，以及與之相應的公開審判和道德證據制度（即通過良心和理性對證據進行自由判斷的制度）。陪審團在實施不到 5 年的時間即被廢止。此後的 20 年間，奧地利的刑事訴訟程序重新回到了糾問式訴訟模式。但在 1860 年代，自由主義運動以及憲法改革運動強烈要求改革刑事訴訟程序中的缺陷。作為這一運動的結果，1873 年通過並於 1874 年生效的法典重申了口頭辯論原則、審判公開原則，並在嚴重犯罪、政治犯罪以及新聞出版方面的案件中設置了陪審團審判的制度。❹

匈牙利的「刑事訴訟法」在 1896 年以前一直處於分散的狀態。1896 年 12 月 22 日制定的刑事訴訟法典則統一了這一領域的不同法律，並且在新聞出版案件和所有嚴重犯罪案件中都設置了陪審團審判制度。❺

比利時在 1795–1814 年間屬於法國，因此，它也於 1808 年頒布了犯罪與刑罰法典，該法典確立了陪審團審判制度和公開審判原則。但是，它在 1814 年以後則成為尼德蘭的一部分。從而，1808 年的法典被修改，陪審團被廢除，公開審判原則也遭到拋棄。1830 年以後，比利時成為一個自治的王國，因而又回到了法國模式，重新恢復了陪審團審判制度。❻

西班牙的情況比較複雜。這個國家分別於 1812、1837 和 1869 年在自由主義憲法中確立了不同形式的陪審團審判制度；1872 年，西班牙刑事訴訟法典也規定了陪審團審判制度。❼但是，1875 年，西班牙陪審團遭到廢棄，這個國家又回到了糾問式的訴訟模式；1882 年的立法以口頭辯論原則取代了書面化的訴訟程序；1888 年，被廢棄的陪審團審判制度得到重建。❽

意大利第一部刑事訴訟法典頒布於 1865 年，與之同時頒布的還有「司

---

❹　A. Esmein, *supra* note 1, pp. 581–582.

❺　A. Esmein, *supra* note 1, p. 582.

❻　A. Esmein, *supra* note 1, p. 583.

❼　Stephen C. Thaman, *Europe's New Jury Systems: The Cases of Spain and Russia*, 62–SPG Law & Contemp. Probs., p. 237 (1999).

❽　A. Esmein, *supra* note 1, p. 584.

法組織法」及其實施規則。1888 年頒布的「司法組織法」規定的法院組織與法國 1808 年法典規定的法院組織十分相似。其巡迴法庭 (assize courts) 與法國的巡迴法庭在設置和功能方面也是一模一樣。**⑲**

　　當然，並非所有的歐洲國家都仿效法國引進陪審團審判制度。波斯尼亞和黑塞哥維納採用了法國 1891 年的法典，從而實行陪審團審判制度，但是克羅地亞——斯洛文尼亞雖然也採用了奧地利 1873 年的法典，但是沒有引進陪審團制度。另外，摩納哥 1873 年通過的法典在各個方面都模仿了法國 1808 年的法典，但是卻排除了陪審團制度。**⑳**

　　在瑞典 (Sweden)，農村地區的案件由 1 名法官和 7–9 名外行法官進行審判。選拔這些外行法官由地方政府授權的委員會進行，因而陪審員幾乎總是政治上的積極分子；職業法官相當於陪審團團長，並且其投票具有優於其他人的分量，除非有 7 名以上的陪審員不同意他的意見，否則即按他的觀點決定案件的處理。**㉑**在丹麥和挪威，陪審團審判制度都得到引進但是作用有限。在那些傾向於對陪審團裁決表示不滿意的國家，認為 1 名職業法官和 2–3 名外行法官會獲得成功的想法卻比較普遍。

　　作為大陸法系一個很有代表性的國家——沙皇俄國，也在沙皇亞歷山大二世統治時期於 1864 年頒布「司法改革法」引進了陪審團審判制度，並於 1866 年第一次實行陪審團審判。**㉒**雖然沙皇統治仍然屬於專制統治，但是，至少從表面上看，包括引進陪審團在內的司法改革是富有成效的，訴訟程序和證據規則都帶有自由主義色彩，辯護律師也能提供強有力的辯護，

---

⑲　A. Esmein, *supra* note 1, p. 585.

⑳　A. Esmein, *supra* note 1, pp. 584–585. 關於大陸法系其他國家引進陪審團的經歷，有興趣的讀者還可以參見：A. Esmein, *supra* note 1, p. 408 infra; 以及 William Savitt, *supra* note 3, p. 1019 infra.

㉑　W. R. Cornish, *The Jury*, Allen Lane the Penguin Press, p. 270.

㉒　James W. Diehm, *The Introduction of Jury Trials and Adversarial Elements into the Former Soviet Union and Other Inquisitorial Countries*, 11 J. Transnat'l L. & Pol'y, p. 21 (2001). See also, Stephen C. Thaman, *The Resurrection of Trial by Jury in Russia*, 31 Stan. J. Int'l L., p. 61 (1995).

陪審團也被允許作出道德上的裁決，即，陪審團取消法律的裁決；❷在實踐上，也的確有證據表明陪審團曾經作出違背沙皇意志的裁決。❷

三、法國陪審團之實踐狀況

無論我們現在如何評價法國陪審團的引進，它在 1791 年至 1808 年間以及此後的實踐狀況，顯然是不能令當時的法國人滿意的。甚至，它可能使當時的法國人非常失望。可以看到，批評的言詞非常激烈。這些批評從陪審團審判制度確立之日就已經開始了：「每一個具有正常理智和經驗的人都在反對陪審團。新的試驗將會是什麼？沒有任何東西會比無用的和危險的試驗給權威帶來更多的不敬。」「人們幾乎普遍地呼喝反對陪審團制度，而大多數法庭在這方面也與公眾意見保持一致。」「陪審團制度的缺陷已經被廣泛地感覺到並且得到普遍的承認。處理刑事案件最好的程序形式應當是賦予常設的法庭。」❷至於批評的內容，則不外乎：「陪審團制度不適合法國；新的試驗將是危險的。」「經驗已經證明，陪審團程序為犯罪分子提供了太多有利的機會。」「起初看上去如此美好和誘人的制度在實踐中除了最壞的結果一無所獲。」❷

1808 年改革後的陪審團並沒有避免陪審團制度的這些缺陷，對陪審團的批評則變本加厲。在 19 世紀前半期，眾多的法官都批評陪審團軟弱無能、放任自流、過於寬大，從而將「實現正義的法庭」變成了「施捨憐憫的法庭」，而這樣的批評在當時幾乎遍布全國。❷

---

❷　「陪審團取消法律」(Jury Nullification) 的制度是指陪審團有權對其不贊成的法律在具體案件中不予適用的權利。例如，當被告人的某一行為已經被充分的證據證明為違法行為時，如果陪審團認為這樣的行為不具有他們所認為的道德違法性，即可將被告人無罪釋放。關於這一主題的詳細討論，可參見：Clay S. Conrad, *Jury Nillification: The Evolution of A Doctrine*, Carolina Academic Press, Durham, North Carolina, 1998.

❷　James W. Diehm, *supra* note 22, p. 22.

❷　A. Esmein, *supra* note 1, pp. 467–468.

❷　A. Esmein, *supra* note 1, p. 468.

　　從實踐上看，法國陪審團的確表現出了對被告人的寬大。資料顯示，從 1826 年起，重罪法院審理的案件，陪審團將被告人無罪釋放的比例高達 40%，對於暴力犯罪案件，這一比例高達 50%。❷❽在 1826 年以前，這一比例可能更高。對如此之高的無罪釋放比率的不滿終於使國民會議決心對陪審團制度進行再度改革。當時，對高比例的無罪釋放現象最普遍的解釋是，陪審團認為被告人將會遭到過於嚴厲的刑罰。這樣，1825 年 6 月 25 日通過的法律允許陪審團對特定案件，尤其是無罪釋放比例很高的案件的被告人作出有罪但是具有減輕處罰情節的裁決。這實際上是賦予陪審團一定的量刑權。1832 年，這種裁決延伸到所有由陪審團審判的案件。這樣的裁決要求法院必須降低一格對被告人處刑，並且賦予法官降低兩格處刑的權力。從而，被起訴重罪的被告人很可能只遭受輕罪的刑罰。❷❾改革的目的是降低過高的無罪釋放比例，但是改革的措施並沒有達到改革目的。1840 年以後，68% 的定罪案件同時被要求降格處刑，然而定罪率本身卻並未得到顯著提高。❸❶因此，在很多人看來，改革不僅沒有使情況好轉，反而使情況惡化了。從當時的統計資料來看，陪審團審判的確導致了很高的無罪釋放率，這一比率一直保持在 40% 以上；同時，從統計資料看，陪審團似乎顯得對財產犯罪比較痛恨，而對暴力犯罪則比較寬容，因為，在財產犯罪案件中，陪審團宣布無罪釋放的比例僅為 30% 左右，而在暴力犯罪案件中，陪審團宣布無罪的案件占到 50% 以上。這一現象導致陪審團裁決被指責為違反普通正義原則，因為，在針對個人人身權利的犯罪案件中，陪審團過於經常地將被告人無罪釋放；而在財產案件中，則陪審團又表現出相對的嚴厲。可以說自始至終，法國陪審團就被冠以「階級陪審團」的名稱，而所謂階級陪審團就是資產階級陪審團，這個陪審團視財產重於生命。❸❶

---

❷❼　William Savitt, *supra* note 3, p. 1035.

❷❽　William Savitt, *supra* note 3, p. 1035.

❷❾　William Savitt, *supra* note 3, p. 1026.

❸❶　William Savitt, *supra* note 3, p. 1036.

❸❶　William Savitt, *supra* note 3, p. 1037.

　　這一觀念得到很多歷史學家的肯定，並且有些歷史學家的考證提供的數據還加強了這一觀念。其中對 19 世紀法國陪審團最完全的分析要數多諾萬的著作《正義的截流：陪審團與犯罪階級──1825–1914》。該著作的首要發現就是在刑事案件中，裁決結果主要是由階級偏見決定的。其依據則是，1825–1854 年間，對財產犯罪無罪釋放的比率為 28.9%，而對暴力犯罪案件無罪釋放的比率則為 40.5%。其結論則是，資產階級陪審團的裁決模式顯示了陪審團審判實際上是一種階級正義。❸❷

　　不過，儘管多諾萬提供的資料是真實的，其得出的結論卻是錯誤的。另一位研究者沙威特對法國第戎地區在 1810–1865 年間重罪案件審判情況的研究顯示，儘管從數據上看，陪審團裁決的確顯示出更多的財產犯罪被告人被定罪，而更多的暴力犯罪被告人被無罪釋放，但是，這並不是由於陪審團有偏見的緣故，而是由於在大多數財產案件中，被告人都作有罪答辯，而在暴力犯罪案件中，只有極少數被告人作有罪答辯的緣故。❸❸

　　在法國，無論被告人答辯有罪還是答辯無罪，都必須進行審判。而實際上，在被告人答辯有罪的場合，被告人是否有罪其實是不用陪審團來判斷的。所以，真正被陪審團定罪的比率，必須在減掉被告人答辯有罪的案件數的基礎上來計算。在進入審判的案件中，有 443 個案件被告人作有罪答辯。在這 443 個案件中，354 個被告人被指控盜竊；同時只有 22 人被指控暴力犯罪。換句話說，在指控盜竊的案件中，39.2% 的被告人作有罪答辯；而在指控暴力犯罪的案件中，只有 4.9% 的被告人作有罪答辯。如果減掉被告人作有罪答辯的案件，真正由陪審團來決定被告人是否有罪的案件中，被指控盜竊罪的被告人被釋放的占 31.4%；被指控暴力犯罪被釋放的占 38.4%。這樣一來，二者的比例實際上相差無幾。另外，上述暴力犯罪僅僅包括毆打型犯罪，在其他形式的暴力犯罪中，被陪審團釋放的比例分別是：殺人 36.6%；強姦 33.7%；政治暴動 34.3%。這樣，整個暴力犯罪被告人被無罪釋放的平均比例應當是 33% 到 38% 之間。同樣，財產犯罪除了

---

❸❷　William Savitt, *supra* note 3, p. 1038.

❸❸　以下分析及結論參見：William Savitt, *supra* note 3, pp. 1040–1056.

盜竊罪外還有別的犯罪，加上這些數據，則財產犯罪被告人被陪審團釋放的比率也有 34.8%，僅僅比暴力犯罪中被陪審團無罪釋放的比率低 3.6 個百分點。這樣，傳統上關於陪審團對財產犯罪十分嚴厲而對暴力犯罪十分寬容的說法，就必須予以拋棄。

四、法國陪審團之實踐效果

達馬斯卡在其著作中將司法官僚結構分為等級模式與同位模式兩種類型。在等級模式 (hierarchical officialdom) 的司法官僚結構之下，法官往往由等級分明的職業法官組成，上下級之間的關係強調不平等的特徵，其訴訟程序具有合作的風格；與等級模式相對應，同位模式 (coordinate officialdom) 的司法官僚結構由未受過法律訓練的外行人組成法官，其訴訟程序具有爭鬥的風格。❸❹

達馬斯卡還認為，國家意識形態對於一國的訴訟模式具有直接決定作用。國家意識形態也分放任自由主義與積極行動主義兩種類型。在一個放任自由主義意識形態占統治地位的國家，國家的職責僅僅在於為社會的交往提供一個框架；社會不受有著自己意識的政府的控制，政府不能為它的人民規定什麼是值得嚮往的生活方式，也不能強迫人們為這樣的生活方式而努力；政府通常被稱為最小主義的政府，其職責僅僅在於保護社會秩序和解決不能由當事人自己解決的糾紛；而公民對於消極的國家的聯繫也僅僅在於，這個國家為他提供了一種解決糾紛的中立的論壇；所以，其訴訟程序就主要體現著糾紛解決的風格，稱為「糾紛解決模式的訴訟程序」(conflict-solving type of proceeding)。意識形態的第二種模式是積極行動主義 (Active Ideology)。在一個積極行動主義意識形態占主導地位的國家，無論國家還是政府都被視為有自我意識的主體，這個主體有權為社會設定目標，有權定義什麼是好的生活，並且有權在全國範圍內執行它的意識形態；相應地，一個理想的積極行動主義國家的法律程序就被設計為由官吏的偵查

---

❸❹　Mirjan Damaska, *Faces of Justice and State Authority*, Yale University, New Haven and London, 1986, pp. 16–69.

和執行國家政策組成的程序，稱為「政策執行模式的訴訟程序」(policy-im-plementing type of proceeding)。❸

　　基於對達馬斯卡訴訟模式理論的認同，本書將英國陪審團審判的實踐在訴訟上的效果或功能歸納為兩個方面，一是意識形態方面，二是審判風格方面。筆者認為，從 13 世紀早期開始，歐洲大陸的刑事訴訟逐漸走向糾問式訴訟的泥坑，而英國的刑事訴訟卻一直保持著古老的彈劾式訴訟的特徵，在很大程度上是由於實行陪審團審判這種制度。一方面，這種制度雖然是王權擴張的產物，但同時卻也是放任自由主義意識形態的體現，同時還起到了保障放任自由主義意識形態在訴訟中貫徹實施的功能。另一方面，陪審團審判制度作為一種典型的同位模式的司法官僚結構，對於訴訟的風格的形成，例如法庭審判實行直接言辭原則、充滿辯論甚至戰鬥氣息等，也發揮著舉足輕重的作用。陪審團審判制度在這兩方面的功能，可以稱為陪審團的兩隻手：一隻手在維護放任自由主義意識形態，一隻手在營造具有戰鬥氣息的法庭審判。

　　那麼，陪審團審判制度在法國，以及在其他大陸法系國家，是否也在這兩方面發揮著重要的作用？換句話說，陪審團審判制度在英國對於訴訟模式及訴訟風格的形成與影響是如此深遠，它在大陸法系是否也能起到相應的作用？

　　如前所述，在第一方面，陪審團審判體現了放任自由主義的意識形態，而放任自由主義的意識形態具體到刑事訴訟中又表現為諸多方面，其中包括法官獨立和中立的原則、無罪推定原則、不告不理原則等，這些原則的核心目標在於保護公民的自由。

　　在法國，陪審團審判制度的移植在一定程度上幫助法國實現了司法獨立和司法中立，也促使法國同時確立了無罪推定的原則，但是，從總體上看，應當說，陪審團審判制度在法國並沒有達到保障自由的效果。探究其

❸　Mirjan Damaska, *supra* note 35, pp. 71–168. 關於達馬斯卡訴訟模式理論的詳細介紹，詳見拙作，〈外國的箭與中國的靶：達馬斯卡訴訟模式理論評析〉，載《環球法律評論》，2004 年，第 3 期；亦可參見本書〈緒論〉部分。

原因，我認為，陪審團審判並非無條件地就是自由的保護神。它本身並非自由的產物，而是專制的產物。但是在它產生以後，在一定的條件下，它可以保障自由。這個條件就是，在涉及到公民自由的案件中，必須實行陪審團審判。如果在涉及到公民自由的案件中不實行陪審團審判，這樣的陪審團審判制度必然在保障自由的功能方面帶有先天的缺陷。而法國陪審團正好具有這種缺陷。在很長一段時期內，法國陪審團審判都不能審判涉及政治和出版方面的案件，這些案件由有軍人參與的特別法庭審理。從這個角度而言，儘管陪審團審判在法國得到確立，它對於意識形態所能發揮影響、作出貢獻的那一方面，卻受到了前所未有的限制。如果將陪審團審判的功能比喻成兩隻手的話，法國陪審團從創立之初就失去了其中的一隻手。

幸運的是，法國陪審團的另一隻手幾乎是完整的。那就是陪審團在審判風格方面所具有的決定作用。根據達馬斯卡的訴訟模式理論，不同的司法官僚結構決定不同的程序風格：等級模式的司法官僚結構決定的訴訟程序風格是書面化的審理、嚴格的上訴審查、合作模式的法庭辯論等等；同位模式的審判風格則體現為直接、言詞原則、上訴審查的缺席或者幾乎缺席、爭鬥模式的法庭辯論等等。英國的訴訟模式是典型的同位模式司法官僚體制下的訴訟模式，這是由於陪審團這種極端典型的司法官僚制度所決定的。那麼，在法國，是否由於實行陪審團審判而同樣導致了法庭審判的直接、言辭原則和法庭辯論的爭鬥風格呢？應當說，這一效果是非常明顯的。在陪審團剛剛引進的時候，人們就已經意識到，要同時引進陪審團審判制度並保留 1670 年王室訓令所規定的書面化審理程序是不可能的。**㊱** 有的學者明確主張「對證人的詢問必須一直採取口頭的方式，而不能將其固定為書面的材料，陪審員收到的官方的文件應當只包括書面的告發書。」**㊲** 還有人對主張書面程序和口頭程序結合起來的觀點進行了反駁：

> 有人認為將書面證明和口頭證明結合起來會是一種很有利的方式，因

㊱ A. Esmein, *supra* note 1, p. 424.

㊲ A. Esmein, *supra* note 1, p. 415.

為這將綜合兩種制度所具有的優越性；但這是不可能的……（如果還保留書面證明的方式）陪審團在退回評議室後將閱讀固定化的書面材料，對它們進行比較和衡量，就像圖耐爾法庭的法官所作的那樣。我敢說，這樣做的結果必然是，他們將不再是優秀的陪審員，而成為更惡劣的法官。 ❸❽

　　同時，不僅直接言詞原則得到了堅持，而且審判公開原則也獲得肯定。不僅如此，律師辯護的原則也隨著陪審團的引進而得到確立。甚至在偵查階段，由於大陪審團的引進，其訴訟程序也由祕密偵查轉為公開程序。而一旦大陪審團廢除，其訴訟程序又由公開轉向了祕密。但是只要審判陪審團存在，審判程序就一直處於公開狀態。陪審團審判的公開原則和口頭原則甚至也影響了特別法庭的審判程序，在特別法庭審判程序中，其訴訟程序也是公開的和口頭的。 ❸❾

　　即使是陪審團的第一隻手，實際上也沒有完全失去。因為，雖然從1808年以後，有些案件劃歸特別法庭審判，但是，絕大部分普通刑事案件還是由陪審團來審判。在這些普通刑事案件中，我們看到，陪審團的裁決受到了來自各方面的批評。批評的主要原因，就是它對於被告人（其中至少有一部分是犯罪分子）過於寬大，以至於經常「不適當地」將「明顯有罪」的被告人釋放了。在豐富的實證研究提供的數據面前，我們必須承認，法國陪審團裁決的確顯示了很高的無罪釋放比例。在如此高的無罪釋放比例中，必然會有事實上確實有罪的被告人逃脫懲罰。但是，從刑事訴訟的價值選擇來看，這實際上是正常情況。因為，任何一種刑事訴訟程序都不可能做到十全十美，它實施的效果必然是使一部分犯罪分子逃脫懲罰，同時使一部分無辜者受到冤屈。但是，放任自由主義的訴訟程序主張寧可錯放一百，也不冤枉一人。從這個角度看，法國陪審團正好體現了並且實現了放任自由主義在這方面的功能。因為，雖然有一部分有罪的被告人逃脫了

---

❸❽　A. Esmein, *supra* note 1, p. 424.

❸❾　A. Esmein, *supra* note 1, p. 517.

懲罰，但同時，無辜者被冤枉的可能性也大大減少了。對這一事實，1808 年
修改《刑事訴訟法》的時候就有評論者指出：「一個不爭的事實就是：（在
實行陪審團審判的過去的十幾年裏），沒有一例被告人被非正義地定罪的案
件。」❹ 在該制度實施一百年後，法國最卓越的法學家埃斯曼對法國陪審團
評價說：

> 「在特殊的有利環境中，有一些制度是歷史的產物，它們是響應當時
> 文明化了的人類需要而產生的，其誕生是令人愉快的，陪審團即屬於
> 這些制度之一。它誕生於英國，在法國大革命中得到引進，並隨著現
> 代文明的發展而得到宣傳，就如同立憲政府和市民國家（所享受的待
> 遇）一樣。一個偉大的文明的國家不可能在拋棄它（陪審團）之後而
> 仍然能夠保持其尊銜。也許我們可以說，陪審團是那種一旦成功即保
> 存永遠的征服者；無論人們對於普遍的壓迫制度和陪審團制度持何種
> 觀點，在任何地方，陪審團都不可能比普遍的壓迫更容易被廢除。我
> 們已經看到，陪審團在存在了 20 年之後，是如何成功地抵制了拿破崙
> 可怕的意志的反對（此處是指 1805 年拿破崙在主持《刑事訴訟法》的
> 修改時曾經想廢除陪審團——引者注）；它現在已經為我們存在了 120
> 年；它是不可戰勝的。刑事事務中的陪審團實際上滿足了兩個方面的
> 深刻需要並作為孟德斯鳩所說的『懲罰並威嚇』的矯正機制而存正。
> 它向被告人保證，在他是否有罪這個問題上，法官是絕對獨立於政治
> 權力的。這 12 個公民，在從國家的榮譽中邁出步伐的那一刻，在履行
> 其至高無上的職責的那一刻，也許是無知的、未受訓練的、充滿偏見
> 的；但是他們不依附於任何權威，並且，除非人們真正擁有獨立的法
> 官，否則，當他的自由和生命處於被衡量的狀態中時，他將不可能真
> 正感覺到他的生命和自由能有保障。」❹

---

❹ A. Esmein, *supra* note 1, p. 496.

❹ A. Esmein, *supra* note 1, pp. 563–564.

五、陪審團在歐洲大陸衰退之反思

㈠陪審團衰退之簡況

　　無論是法國還是大陸法系其他國家，在第一次世界大戰和第二次世界大戰期間都因為種種原因而廢除或改造了他們的陪審團審判制度。首先遭殃的是沙皇俄國的陪審團審判制度。在布爾什維克掌握政權後，亞歷山大二世所有的司法改革成果均被否定，並且一切舊的國家機器均被打破；1864年引進的陪審團審判制度，也於 1917 年被廢除。❷德國和丹麥分別於 1924年和 1936 年廢除了陪審團審判，並代之以專業法官和外行法官共同組成的混合庭；葡萄牙、意大利、西班牙亦分別於 1927 年、1931 年、1936 年廢除陪審團，法國於 1941 年亦廢除陪審團審判，並在 1943 年設立了由 9 名外行法官和 3 名專業法官共同組成的混合庭。❸在德國，一般的犯罪由 1名專業法官和 2 名外行法官組成的混合庭進行審判，比較嚴重的犯罪則由3 名專業法官和 2 名外行法官組成的混合庭進行審判。在意大利，1988 年通過的刑事訴訟法典設置的混合法庭則是由 2 名專業法官和 6 名外行法官組成。❹

㈡陪審團衰退之原因

　　大陸法系國家從法國開始，轟轟烈烈地引進了英國的陪審團審判制度。其中，法國在大革命初期還引進了大陪審團起訴的制度。然而，在進入 20世紀以後，這些國家要麼廢除了陪審團審判制度，要麼代之以專業法官和外行法官共同組成混合庭的制度。在眾多的歷史學家和法學家看來，這場

---

❷　James W. Diehm, *supra* note 22, p. 22. See also, Steven R. Plotkin, *The Jury Trial in Russia*, 2 TLNJICL, p. 1 (1994).

❸　W. R. Cornish, *The Jury*, Allen Lane the Penguin Press, 1968, p. 18. See also, Douglas G. Smith, *Structural and Functional Aspects of the Jury: Comparative Analysis and Proposals for Reform*, 48 Ala. L. Rev., p. 461 footnote companied.

❹　Stephen P. Freccero, *An Introduction to the New Italian Criminal Procedure*, 21 Am. J. Crim. L., p. 351.

法律移植的活動顯然是失敗的。本文無意就陪審團移植的成敗作任何評論，因為無論是「成功」還是「失敗」，都有著太多的、過於模糊的涵義。因此，本文將在前文對陪審團在法國之實踐效果進行分析的基礎上，對它被廢除的原因作一探討。由於資料的缺乏以及方法本身的缺陷，這些分析和探索毫無疑問是不全面的，而且任何論斷都有可能是武斷的，因而也將是十分危險的。但是，既然任何嚴肅的科學研究都是一種冒險，本書也就不揣冒昧，就陪審團在大陸法系衰退的原因提出自己的解釋。

眾多的學者認為，陪審團制度在法國的衰退是由於法國人的民族性格與英國人的民族性格不同所致。早在 1791 年陪審團剛剛確立的時候，反對引進陪審團的觀點就反覆地叫囂，陪審團不適合法國人的民族特性。在陪審團實行幾年以後，法國議會重新考慮是否保留陪審團的時候，很多反對實行陪審團制度的人物就總是有意無意地將陪審團制度與英國的民族性聯繫起來，並以此主張法國的國民性與英國的不一樣，從而應當廢除陪審團。他們聲稱:「我們不嫉妒英國人的口味和他們的習慣以及他們對自己法律的熱愛。」「由陪審員作出判決的制度已經從英格蘭移植到了法蘭西，但是很明顯，法國人的性格並不適合這一制度，而且我們的方式也與這一制度不相吻合……，我們應當讓英國人以他們自己的方式生活，也讓我們以我們自己的方式生活。」❹⑤「總而言之，我們的陪審團制度儘管經歷了各種各樣的修改，它還是給我們帶來了悲慘的遭遇，這一事實證明它與我們的民族習慣和特性是水火不相容的，也與法蘭西人心中固有的對於苦難的容忍和自然憐憫的感情是水火不相容的。」❹⑥

以上所說的「民族性格」或「民族特性」，實際上也就是眾多法學家所熱衷於探討的「民族精神」。應當承認，通過民族性或民族精神來解釋不同法系法律制度之間的區別，這在歐洲大陸的很多法學家乃至哲學家那裏還是很有市場的。孟德斯鳩曾經主張:「在不違反政體的原則的限度內，遵從民族的精神是立法者的職責。因為當我們能夠自由地順從天然秉性之所好

---

❹⑤ A. Esmein, *supra* note 1, p. 469.

❹⑥ A. Esmein, *supra* note 1, p. 473.

處理事務的時候，就是我們把事務處理得最好的時候。」❹儘管孟德斯鳩認
為民族精神是影響立法的重要因素之一，但他也僅僅強調民族精神是影響
法律的因素之一而已；而到了歷史法學派的領袖人物薩維尼那裏，民族精
神就成了所有法律的唯一淵源。❹與薩維尼一脈相承的古姆布里奇甚至指
出，所有的法律都必須被理解為民族精神的現實表現；如果一個民族的法
律制度所顯示的原則與這個民族的精神對於一個研究者而言截然不同，那
麼這個研究者一定是在什麼地方迷失了自己的道路。❹

　　問題在於，民族性也好、民族精神也好，都是既不能證實又不能證偽
但是誰都可以拿來使用的武器。梅特蘭曾經指出：「民族精神 (National
Character) 乃是一個民族的天賦，它是一種能夠創造奇蹟的精神，卻又為每
一位歷史學家隨心所欲地使用著。」❺即便是慣於使用民族精神理論解釋法
律的學者也不得不承認：「這種精神，這種一個民族的基本性格將永遠是一
個祕密，一個根本不可能用理性考慮予以攻擊的祕密。」❺甚至，它只能使
法律的性質神祕化。正如有的學者所指出的那樣，歷史法學派借用民族精
神這一概念的目的就在於使法律的性質神祕化，也使得立法中對法律的發
掘變得歷史化起來：「既然法律體現的是神祕的民族精神，法律是對民族精
神確證的一部分，那麼，如果民族還存在的話，這種法律就不能被改變，
必須要當下尋找遠古的法律傳統，使法律中的民族精神能夠生生不息，弦
歌不輟。」❺可見，民族性或民族精神乃是一個虛無縹緲的東西，每個人都

---

❹　孟德斯鳩著，《論法的精神》，張雁深譯，商務印書館，北京，1997 年，第 305
　　頁。

❹　薩維尼著，《論立法與法學的當代使命》，許章潤譯，中國法制出版社，2001 年，
　　第 1 版。

❹　E. H. Gombrich, *In Search of Cultural History*, The P. M. Deneke Lecture, 1967
　　(Oxford, 1969), pp. 9–10. 轉引自 R. C. 范‧卡內岡著，《英國普通法的誕生》，李
　　紅海譯，中國政法大學出版社，北京，2003 年，第 1 版，第 111 頁。

❺　F. W. Maitland, *English Law and the Renaisance*, The Rede Lecture for 1901, p.
　　23.

❺　轉引自前引❺，卡內岡著，《英國普通法的誕生》，第 122 頁。

有每個人的感受。這種東西用來作茶餘飯後的話題和顯示博學的資料是可以的，但是用來說明一種制度的變遷則顯得有氣無力。

退一萬步說，即使民族精神用於解釋法律的特性具有一定的功能，那麼，在陪審團審判制度這個問題上，它究竟體現的是哪個民族的精神呢？是諾曼人的精神還是英格蘭人的精神？卡內岡曾經指出，已經成為英國生活真正標誌的普通法起初根本不是英國的，它是一種由具有大陸血統的國王和法官發展成為英國制度的大陸封建法；幾代人之後，這一外來的革新才披上了一層徹底本土的保護色。❺❸同樣地，英國的陪審團審判制度實際上也是起源於古老的法蘭克王國，只是隨著 1066 年諾曼人對英格蘭的征服才被引入到英國。❺❹既然陪審團制度本身就是從古老的歐洲大陸國家移植到英國的制度，怎麼能以所謂民族精神的不同來解釋它在不同國家所遭遇的不同命運呢？

其實，對於以民族精神否定陪審團審判制度在法國的引進和實施的觀點，當時就有人站起來表示反對：「據說，我們還不如我們的先輩；還說，我們也不如英格蘭人；但是，我對此一無所知……這一問題並不重要。……說法國人不配享用陪審團制度，就是說他們沒有審查（證據的）能力，或者說他們不具有一定的理解力和（人格）完整性。」❺❺

---

❺❷ 謝鴻飛，〈薩維尼的歷史主義與反歷史主義〉，載《清華法學》，第 3 輯，清華大學出版社，2003 年 11 月，第 1 版，第 83 頁。

❺❸ 前引❺⓪，R. C. 范‧卡內岡著，《英國普通法的誕生》，第 141 頁。

❺❹ 關於陪審團審判制度起源於法蘭克的權威說法，可見於以下權威著作：F. Pollock and F. W. Maitland, *The History of English Law*, Vol. 1, Cambrige Press, 1895, pp. 121–124; Sir William Holdsworth, *A History of English Law*, Vol. 1, Methuen & Co. Ltd. and Sweet & Maxwell Ltd., 1956, p. 313; Leonard W. Levy, *The Palladium of Justice: Origins of Trial by Jury*, Ivan R. Dee, Chicago, 1999, p. 11; 哈羅德‧J‧伯爾曼著，《法律與革命》，賀衛方等譯，中國大百科全書出版社，1993 年版，第 541 頁；前引❺⓪，R. C. 范‧卡內岡著，《英國普通法的誕生》，第四章。

❺❺ A. Esmein, *supra* note 1, p. 475. 括號內文字為引者所補充。

因此，無論是贊成陪審團還是否定陪審團，均不能以民族性作為其立論之基礎。對於陪審團在法國由盛轉衰的歷程，也不能以民族性作為分析的起點。即使真有所謂民族性的話，它對於一種制度變遷所能發揮的影響也必十分有限。因此，解讀法國陪審團變遷的歷程，必須另闢蹊徑。我認為，法國陪審團制度在實施過程中受到眾多的詬病，乃至後來拋棄了英國傳統，實行法官與陪審團混合的方式，主要來自以下幾個方面的原因：

1.理想與現實差距所生之失望

我認為，法國人在引進陪審團制度的時候，並沒有完全瞭解陪審團的功能及其相應的保障機制。法國人引進陪審團是憑著一種革命的熱情，是因為人們相信它是自由的堡壘。羅伯斯庇爾在與反對引進陪審團的觀點展開論戰時曾指出：「這種制度對維護自由的必要性是如此明顯，連那些最激烈反對它的人也同意在刑事方面採用它！」「歷史和理智都告訴我們，各民族都只有一個成為自由民族的短暫時機，我們的這個時機已經來臨了。為了人民的復興和幸福來利用這個時機——這是天意給你們所作的安排！」❺❻當時另一位贊成陪審團的人士亦宣稱：「我們已經完全徹底地相信，陪審團是公民自由的保障。」❺❼但是，他們沒有意識到，陪審團對自由的保障功能是以陪審團是唯一的審判方式為前提的——至少，在涉及公民權利與自由的案件中，必須實行陪審團審判。沒有這個前提，陪審團保障自由的功能就不可能得到充分的顯現。在英國，從 1275 年開始，陪審團審判就是被告人可以獲得的唯一的審判方式。無論是在政治案件中還是在普通刑事案件中，只有陪審團有資格將被告人定罪，這是英國陪審團能夠保障自由的一個基本原因。但是，透過歷史，我們還可以發現，即使在英國，也有一段曾經十分黑暗的時期，被告人不經陪審團審判就被定罪，那就是斯圖亞特王朝時期以及瑪莉女王時期，星座法院 (Star Chamber) 可以直接判決被告人有罪。但是這段時期從整個英格蘭的法制歷史來看，由於其時間上的相

---

❺❻　羅伯斯庇爾，《革命的法制和審判》，趙涵輿譯，商務印書館，北京，1997 年，第 24、27 頁。

❺❼　A. Esmein, *supra* note 1, p. 475.

對短暫，從而顯得並不突出。所以，英格蘭的法制，一直給人以在總體上英國還是比較自由的社會這樣一種印象。但是在法國，僅僅在引進陪審團的最初幾年，陪審團對於所有案件均有管轄權，而自從拿破崙當政以後，則陪審團對於涉及政治和新聞出版的案件，就喪失了管轄權，其保障公民自由的功能，自然因此受到嚴格的限制。從美國陪審團發展的歷史我們也可以看到，在美國，正是在新聞出版的案件中，陪審團方才大顯神威，從而獲得了自由的保護神的美譽。在法國，這樣的案件不由陪審團審判，陪審團自然也就不可能獲得它在美國那樣崇高的聲望。當法國人對自由的期待在這方面落空的時候，很自然地也就對陪審團的評價打了折扣。理想和現實的差距一比較，失望的情緒油然而生，其實不足為奇。

2.對陪審團功能之誤解

陪審團是一種保障自由的機制，這一點法國人並未看錯。但同時，陪審團也的確是一種至少在一定程度上放縱犯罪的機制。自由是必須要付出代價的，放任自由主義也不是沒有成本的。前面已經說過，任何一種程序都不可能盡善盡美——既消滅了所有的犯罪分子，又保障了所有的無辜者不被定罪，這樣的程序永遠也不可能出現。比較現實的程序就是要在保障無辜者不受追究和打擊犯罪分子之間進行權衡。有的程序是天然地傾向於更多地打擊犯罪的，比如中世紀時期的糾問式訴訟；有的程序則是天然地傾向於保護無辜者不受追究的，比如現在正在探討的陪審團審判制度。這一制度在保護無辜者不受追究的同時，必然使更多的有罪者逃脫懲罰。一般而言，有罪者逃脫懲罰的比例是隨著無辜者被無罪釋放的比例的升高而升高的。陪審團審判程序就典型地體現了這一規律。顯然，法國人民在引進陪審團之前並沒有意識到陪審團審判的這一實踐效果。他們僅僅看到陪審團保護無辜者不被追究的這一面，並未看到，或者沒有完全意識到，陪審團同時也保護了有罪的被告人這一面。這樣，雖然從實踐效果上看，的確,陪審團審判使無辜者獲得了比 1670 年王室訓令所規定的訴訟程序中多得多的保護，但同時也將更多有罪的被告人無罪釋放了。法國人民對這一實踐效果沒有充分的思想準備，尤其是當更多的無秩序現象出現時，他們

轉而放棄了對自由的追求，並熱情洋溢地歡迎了給他們帶來秩序和安寧的拿破崙。同時，他們也開始對陪審團的功能產生了懷疑，這種懷疑顯然是在剛剛引進陪審團時沒有意識到其缺陷所導致的後果。

這一結果同時也與法國人剛剛從糾問式訴訟的泥坑中掙脫出來有很大的關係。在糾問式訴訟中，由於訴訟程序就是為發現犯罪、打擊犯罪而設置的，所以其定罪率必然地高。雖然目前還沒有中世紀大陸法系在定罪率方面的統計資料，但是可以想像，在實施刑訊逼供制度的訴訟程序之下，其定罪率高將是一個必然的現象。法國人已經習慣了定罪率高的現象，突然一下子定罪率降到 70%，有某些案件中下降到 50%，他們心理上顯然沒有這個承受能力。這是由於多年糾問式訴訟實施的結果所致。但是在英國，由於沒有經受糾問式訴訟的洗禮，陪審團審判直接承襲的就是古老的彈劾式訴訟，在古代的彈劾式訴訟中由於實行神示證據制度，定罪的概率幾乎也是 50%，所以當陪審團顯示出很高的無罪釋放率的時候，英國人並不慌張。實際上，詳實的歷史資料顯示，中世紀英國陪審團審判的定罪率是很低的，有時候也僅僅接近 50%。❺❽ 但是，由於前面所述的原因，英國人並沒有因此而驚惶失措，在他們看來定罪率低是很正常的現象。可是在法國，由於中世紀一直到啟蒙時代以後，在長達 600 年的時間裏，一直實行的就是糾問式訴訟，定罪率一直很高，所以，在實行陪審團審判以後定罪率直線下降的情況下，人們很自然地生出陪審團將有罪被告人予以放縱的擔心。這種擔心在很大程度上是現實的，因為定罪率低了必然會有更多的有罪被告人被放縱；但是同時，由於傳統方面的原因，這種擔心也被無限制地誇

---

❺❽　資料顯示，在 1328 年的陪審團審判中，被陪審團釋放的被告人占出席審判的被告人總數的 28.4%；在 1573–1624 年間，男性被告人被釋放的比例高達 38%，女性被告人被無罪釋放的比例竟高達 59%。由於不清楚男性和女性被告人的具體數字，因此也無法知悉在這期間被告人被無罪釋放的比例（當然應該在 38% 和 59% 之間，但不是這兩個數字的平均值，而是應當低於這個平均值，因為男性被告人比女性被告人多得多）。資料來源：J. S. Cockburn and Thomas Green, *Twelve Good Men and True*, pp. 55, 151.

大了。所以，一旦陪審團制度存廢的問題被提起的時候，批評者就不失時機地指出這一問題。冷靜地分析起來，問題是存在的，但是遠遠沒有法國人想像的那麼嚴重。

我在這裏指出陪審團審判程序並非發現真實的程序，它也不是一種完美的程序，很可能放縱有罪的被告人也許是其最致命的缺陷，但這樣說並非是否定陪審團審判制度的價值。正如卡爾·科恩曾經指出的那樣：「對民主及民主進程的充分理解才會奠立持久不變的效忠和理直氣壯的尊重。」❺⁹同樣，只有對陪審團以及陪審團審判程序的充分理解才可能奠立對該制度持久不變的效忠和理直氣壯的尊重。

3.對陪審團實踐效果之誤讀

如本章第三部分所述，法國陪審團將眾多的被告人無罪釋放，其中，從純粹的數字上看，陪審團對財產犯罪的定罪率遠遠高於對暴力犯罪的定罪率。這一數學上的簡單現象使人們認為陪審團是一個有偏見的團體，它代表著資產階級的利益。維護的是資產階級的統治，壓迫的是無產階級的反抗。姑且不論對這些數字的分析結果，這樣的理論本身就是很有問題的。因為，如果說陪審團將更多的財產犯罪被告人定罪就是對無產階級的鎮壓的話，那它為什麼又對同樣是無產階級實施的暴力犯罪網開一面呢？犯罪學研究成果表明，實際上，無論哪個時代，絕大多數的犯罪分子都是處於社會的底層，他們是被社會遺忘的角落，是被上層人士不齒的群體，是沒有財產、未受教育、舉止粗魯、行為乖逆的部落，甚至，就是「刁民」。無論是財產犯罪還是暴力犯罪，其行為的實施者絕大多數都屬於這一群體。比較而言，在資產階級處於上升階段的時候，財產犯罪分子受過的教育可能還多於暴力犯罪的犯罪分子。至少，有一些財產犯罪是沒有受過教育的普通百姓無法實施的。所以，從這個角度來看的話，即使陪審團真的將更多的財產犯罪被告人定罪，也不能得出陪審團有階級偏見的結論。恰恰相反，如果陪審團將更多的暴力犯罪被告人定罪，還有可能——僅僅是有可

---

❺⁹ 【美】科恩，《論民主》，聶崇信、朱秀賢譯，商務印書館，北京，2004 年，第 1 版，第 2 頁。

能——得出這樣的結論。

但是實際上，不僅這一結論建立在一個錯誤的推理上，而且也是建立在對數據的錯誤理解方面。前面已經論述，儘管從單純的數字上看，陪審團的確將更多的財產犯罪被告人定罪，而實際上，這一數字顯示的僅僅是更多的財產犯罪被告人被定罪而已，它本身並不說明為什麼更多的財產犯罪被告人被定罪。具體到定罪的原因，則主要是由於在這類犯罪中，控訴方往往掌握著比較充分的證據，而被告人在這種情況下更多地作有罪答辯，以獲得更為寬大的懲罰。事實上，在 1832 年陪審團獲得作出降格懲罰裁決的權力後，定罪率並沒有上升，而降格處罰的裁決率卻顯著上升，這一事實本身就有力地說明了財產犯罪案件中被告人作有罪答辯的原因。在暴力犯罪中，情況則截然相反，絕大多數的被告人都作無罪答辯，而其答辯的內容並非否定事實的存在，而是對事實的違法性提出質疑。所以，儘管證明事實的證據可能是一樣的，但是由於財產犯罪在道德上不存在任何的不確定性，因為，沒有人會辯解說他偷了別人的財產，但是具有合法的理由；但是，具體到暴力犯罪案件，則被告人均可以提出各種各樣的答辯，比如，行為是基於挑釁，或者是基於義憤，或者是出於自衛，或者是意外事件等等。無論如何，在盜竊案件中不可能出現盜竊行為是基於義憤（中國古代的農民起義通常主張劫富濟貧，但在法國這種思想似乎一直不占主導地位）或意外事件這樣的答辯，而在暴力犯罪案件中，卻經常出現類似的答辯。所以，在這類案件中，控訴方舉證的難度相應增加，而行為合法性的道德不確定性又增加了控訴方說服陪審團的難度，這兩方面的因素結合起來，最後導致了陪審團對財產犯罪更多的定罪率。如果從這些因素來考慮，對於法國歷史上所謂「階級陪審團」的指責，也就不攻自破了。正是出於這個原因，威廉・沙威特鄭重地告誡我們，對於歷史上這些數據，一定要加以「理解」，而不僅僅是簡單地「閱讀」。❻

4.專制主義之因素

以上是從法國民眾對陪審團的印象解讀陪審團在法國遭受眾多詬病的

---

❻　William Savitt, *supra* note 3, p. 1019.

原因。對陪審團的惡劣印象導致法國人民在陪審團遭到廢除時也不願意為這一制度而抵抗。同時，民眾的呼聲在後來也構成法國當局不願意恢復陪審團的一個主要原因。對法國人民而言，陪審團是可有可無的，既然如此，當當局者要廢除它的時候，也就不需要費多大的力氣。1941年，法國陪審團廢除的時候幾乎沒有引起任何的騷動。1958年，當共和體制重新確立時，也沒有多少人呼籲重建英國式的陪審團制度。這一切都與法國民眾對陪審團的失望、誤解有很大關係。但是，專制主義的因素也起著很重要的作用。如果沒有法西斯德國的占領，很難說法國陪審團必然會廢除。

5.職業法官之習慣

從法官的角度而言，他們已經習慣了掌握比較大的權力的審判方式。陪審團制度是一種分權與制衡的制度，它將很大一部分權力從法官手中攫取了過來，其中最重要的就是認定事實的權力。這一權力在英國剛剛確立的時候還不被法官所看重，但是等到他們明白過來的時候陪審團行使這一權力已經有幾百年了。但是他們不甘心這一權力的喪失，所以千方百計要控制陪審團。證據規則就是企圖控制陪審團的產物，這一點將另行撰文討論。法國的法官很大一部分從一開始就不喜歡陪審團。對於法官而言，陪審團是一個障礙，是法官行使權力的障礙。沒有這個障礙，他們行使權力將更加得心應手，因為他們已經習慣了沒有陪審團的方式。正是由於這個原因，至少部分是由於這個原因，當拿破崙掌權後重新討論《刑事訴訟法》的修改問題的時候，只有大約三分之一的法院贊成保留陪審團。❻而當1805年拿破崙三次問到陪審團的實施情況的時候，當時的首席大法官也僅僅是模糊地回答說：「一般而言，陪審員履行職責的情況並不理想，並且他們的裁決由於過分寬大而導致鼓勵了犯罪。」由於這一觀點立即遭到駁斥，因為實際上在陪審團審判的時期，犯罪率並沒有上升，實際上是下降了，所以，首席大法官的這一判斷並無事實依據。作為一名首席大法官，他應

---

❻　有23個法院既沒有明確表示贊成保留陪審團，也沒有明確表示要廢除陪審團，它們只是對陪審團的個別細節問題發表意見；26個法院明確反對實行陪審團制度；另外26個法院主張保留陪審團制度。A. Esmein, *supra* note 1, p. 472.

當是知道自己在說什麼的，也應當知道陪審團的實踐情況的。但是他也顯然必須代表法官的利益，而法官從其職業角度來說，天然地是反對陪審團的。

這一點在達馬斯卡的著作中已經得到充分的闡述。達氏認為，從法官的官僚結構分析，可以將其分為等級模式的司法官僚體制和同位模式的司法官僚體制。等級模式的司法官僚體制通常實行法官的專業化，而專業化導致的後果之一就是排斥「局外人」的參與。所以，雖然從國家政策的角度而言，法國當時需要確立一種公民參與司法的體制，但是從法官體制的角度而言，由於等級制的司法官僚體制偏愛專業化的法官制度，同時專業化的法官制度又導致法官從整體上反對非專業人士對訴訟程序的介入，因此，專業法官對陪審團的排斥是十分自然的，也是必然的。即使不能排斥，他們也必想方設法對陪審團加以控制。法國陪審團後來成為專業法官與外行法官混合的制度，就是由於在這個混合庭中，陪審員更容易受法官左右，從而也就使它更容易為法官所控制。

六、結　語

以上分析都是建立在法國經驗的基礎上作的分析。毫無疑問，歐洲大陸那麼多國家移植陪審團後又呈現衰退趨勢，其原因不能一概而論。以上所論述的有些原因，不可能千篇一律地適用於歐洲大陸所有的國家。比如專制主義的因素，在德國 1924 年的時候專制主義還沒有達到十分猖獗的程度。但是，其中大部分的分析對於歐洲大陸的許多國家都是適用的。仍然以專制主義這一意識形態為例，從歷史上看，比利時、西班牙和奧地利的經驗❷恰恰說明，當一個國度處於專制統治時期的時候，陪審團就要嘛被廢除，要麼被限制；當這個國度由專制走向民主的時候，陪審團才又獲得旺盛的生命力。陪審團在俄羅斯的經歷，也表明了專制制度對陪審團的天然仇恨。另外，糾問式訴訟的傳統在所有歐洲大陸國家都是存在的，所以它給這些國家的訴訟程序以及這些國家的人民對訴訟程序的看法所造成的

---

❷　參看本章第二部分之論述。

影響，也是一個必須予以考慮的因素。還有，所有這些國家都是實行法官專業化和法官等級化的，這使法官對陪審團的看法與法國法官對陪審團的看法也應當是一樣的。這一點不僅體現在歐洲大陸，在英美法系同樣存在著法官指責陪審團、甚至經常由於陪審團的存在而感到不方便的現象。最後，無論是法國還是歐洲大陸其他國家，都比較追求安定和有秩序的生活，他們對訴訟程序保障發現真實的功能比較重視，而陪審團本身並不是一個發現真實的程序。如果說正當程序和實體真實是一組矛盾的價值的話，陪審團無疑更多地體現了正當程序的觀念，而較少體現了實體真實的觀念。它在英國實施的機制也是保護個人權利的因素多於注重社會安寧的因素。從這方面看，任何一個想要或正在準備移植陪審團的國家，對此都不能不給予高度的重視。

第六章 陪審團在英美及日本的 傳播

一、陪審團在美國的繼承

(一)早期殖民地陪審團概況

1789 年，美國聯邦憲法第 3 條第 2 款規定：「對所有犯罪，除彈劾案件以外，均由陪審團審判。」刑事案件中被告人由陪審團審判的權利是 1789 年憲法所保障的有限的幾項權利之一；同時它也是美國憲法修正案的原始正本以及修正案同時規定的唯一的一項權利。❶1791 年，美國聯邦憲法修正案第 6 條規定：

> 在所有的刑事起訴中，被告人均享有由犯罪發生地的州或者地區——
> 這樣的地區已經由法律預先確定——組成的公正無私的陪審團迅速、
> 公開地審判的權利；享有被告知指控的性質和原因的權利；享有與反
> 對他的證人對質的權利；享有通過強制程序獲得支持他的證人作證的
> 權利；享有在辯護方面獲得幫助的權利。

但是，美國陪審團最早可以追溯到 1606 年。也就是說，在英格蘭殖民者抵達美洲這片當時還是一片洪荒蠻貊的土地的最早的幾年裏，他們就採用了陪審團審判的制度。1606 年王室對維吉尼亞的統治訓令中就規定，犯罪人必須由統治者和議會主持的陪審團來審判。❷不僅如此，1606 年的《維吉尼亞憲章》還保證殖民地的英格蘭人享有與在其母國居住同樣的權利。

❶ Albert W. Alschuler, Andrew G. Deiss, *A Brief History of Criminal Jury in the United States*, 61 U. Chi. L. Rev. 870.

❷ Leonard W. Levy, *The Palladium of Justice: Origins of Trial by Jury*, Ivan R. Dee, Chicago, 1999, p. 69.

這一憲章後來得到不斷的加強，並且其規定的內容也為美洲其他所有殖民地所吸收。維吉尼亞的陪審團從一開始的時候就既有權決定法律問題，也有權決定事實問題。托馬斯‧傑弗遜在他《維吉尼亞筆記》中曾經觀察到，法官對陪審團的指示包括法律問題的指示，但是，由於法律與事實是如此緊密地聯繫在一起，所以最佳的政策就是讓陪審團既決定事實問題，也決定法律問題。❸

在普利毛斯，殖民者保障被告人受陪審團審判的權利；在麻薩諸塞，法院建立後沒有多久，就採用了陪審團審判制度，但是在輕微案件中，治安法官可以在沒有陪審團的情況下直接處理案件。1643 年，地方立法機構宣布，只有他們和陪審團有權裁決流放被告人並授權對這樣的裁決予以執行。曾經在麻薩諸塞生活過一段時間的托馬斯‧勒克福德在觀察了 1638 年的審判後記錄說，當時的陪審團審判了包括非法侵入、異端和債務等眾多的案件，同時，陪審團在審判時不僅決定事實問題，而且也決定法律問題。1641 年，陪審團審判的權利在麻薩諸塞獲得正式承認。這一年，麻薩諸塞的「人身自由法」規定，民事訴訟當事人以及刑事案件被告人均有權選擇法官審判，也有權選擇陪審團審判，同時賦予當事人對陪審員提出有因迴避的權利。❹ 在康涅狄格、羅德島以及紐約，其實踐狀況與麻薩諸塞十分相似，一旦英格蘭人控制了這些地區，所有的案件就均由陪審團審判，儘管由六名或七名陪審員組成的陪審團在輕罪案件中也十分普遍，但最常見的陪審團還是由 12 名陪審員組成。❺

到 1642 年，在麻薩諸塞，只有被陪審團裁決有罪的被告人才可以被判處死刑。這一情況同樣適用於羅德島。但是，在開始的時候，婦女、黑人和奴隸都沒有資格擔任陪審員。1647 年的制定法授予治安法官決斷輕罪案件的權力，但是如果被告人不服，則可以上訴到更高級別的法院由陪審團來審判。當時的陪審團審判還是不常見的，因為當事人必須支付陪審員的

---

❸　轉引自 Leonard W. Levy, *supra* note 2, p. 69.

❹　Leonard W. Levy, *supra* note 2, p. 70.

❺　Leonard W. Levy, *supra* note 2, pp. 70, 73.

費用和成本。陪審員每天大約收取 3 先令。

　　大約在 18 世紀初的時候，陪審團就可以作出特別裁決，即就特定的問題作出的裁決，而不是就當事人總體上是否勝訴的問題作出裁決。法官可以要求陪審團作出這樣的裁決。但是，陪審團如果懂得法律，則他們也會拒絕法官要求作出特別裁決的指示。在 1714 年的一個案件中，法官指示陪審團就特定問題給出特別裁決，但是陪審團評議後就整個案件給出了一般性裁決。儘管敗訴的當事人強烈反對，法官還是按照陪審團的裁決作出了判決。而在另一個案件中，在雙方當事人均同意特別裁決的情況下，陪審團也作出了一般性裁決。❻

　　幾乎所有的殖民地都規定了陪審團審判的權利，而且其表述也大致相同，即：「任何人，未經與其地位相當的 12 名鄰居組成的陪審團裁決，均不得在刑事或民事訴訟中被剝奪生命、自由或財產。」在康涅狄格、新罕布什爾、羅德島以及弗蒙特，殖民地法官都只行使著有限的權力。他們主持審判，保證審判有序、公正地進行，而陪審團則裁決所有有關法律和事實的問題。殖民地法官通常是外行人，並非受過法律訓練的律師。所以，他們掌握的法律知識並不比陪審員多。利威指出：「法官並不比陪審員更有資格（就法律問題發表意見）。」❼

　　1669 年，由約翰‧洛克起草的「卡羅林那基本憲法」規定了擔任陪審員的財產資格條件，並允許陪審團以多數形式作出裁決。在南卡羅林那，陪審員以極具特色的方式挑選出來：所有有資格擔任陪審員的人員名字均放置在一個盒子裏，然後由一個小孩從這個盒子裏挑出 12 名陪審員組成特定案件的陪審團。❽

　　在紐約，英國人於 1665 年取代荷蘭人的統治後，立即就建立了陪審團審判制度。在所有除了可能判處死刑的犯罪案件中，陪審團都可以由 6–7 名陪審員組成；但在可能判處死刑的案件中，法律要求陪審員的人數必須

---

❻ Leonard W. Levy, *supra* note 2, p. 71.

❼ Leonard W. Levy, *supra* note 2, p. 73.

❽ Leonard W. Levy, *supra* note 2, p. 74.

是 12 名。❾

(二)陪審團的革命功能

1723 年，詹姆斯·富蘭克林——本傑明·富蘭克林的兄長，因無視「在獲得本省秘書長允許之前永遠不要再次印刷任何東西」這一禁令而被捕。但是，大陪審團拒絕對他提出起訴。❿1724 年，約翰切克利出版了一本反映麻薩諸塞政府情況的書，該書被指控為使用煽動性言詞，切克利得到陪審團審判，陪審團拒絕將他定罪，因而僅僅給出了一個特別裁決，該裁決認定切克利出版了這本書。對於是否構成煽動性誹謗的問題，陪審團留給了法庭。⓫

在這方面，最引人注目的案件則是發生於 1735 年的約翰曾傑一案。這一案件起源於紐約的王室統治者和威廉姆·考斯比與立法集團之間的權力之爭。考斯比和立法集團試圖削弱王室統治者的權力，因而創辦了一家報紙，以與另一家支持王室的報紙競爭。該報紙由曾傑出版。王室的統治者三次試圖讓大陪審團簽發對曾傑的起訴書，三個獨立的大陪審團三次予以拒絕。⓬這逼得王室只得以檢察官告發書的形式起訴曾傑。對曾傑的指控是煽動性誹謗。在審判中，曾傑被關押了 9 個月。安德魯·漢密爾頓，曾傑的辯護律師，為曾傑辯解說，雖然曾傑的確出版了煽動性文章，但是，這些文章的內容都是真實的。檢察官正確地指出，根據法律的規定，陪審團應當作出有利於王室的裁決，因為曾傑的確出版了帶有煽動性質的文章；而如果這些文章反映的事實是真實的，那麼更應該加重對曾傑的處罰。但是，漢密爾頓爭辯說：如果陪審員相信誹謗的言辭中所指的事實為真實，則他們應當釋放曾傑，因為法律只禁止虛假的批評（即建立在虛假事實之

---

❾ Leonard W. Levy, *supra* note 2, p. 74.

❿ Leonard W. Levy, *supra* note 2, p. 78.

⓫ Leonard W. Levy, *supra* note 2, p. 79.

⓬ Albert W. Alschuler and Andrew G. Deiss, *supra* note 1, p. 872. 在利威的敘述中，大陪審團拒絕起訴曾傑的次數是兩次而不是三次，參見：Leonard W. Levy, *supra* note 2, pp. 65, 79.

上的批評）。由於對法律的解釋存在爭議，漢密爾頓指出陪審團既有權決定事實，也有權決定法律。他向陪審團呼籲說：「那麼，紳士們，現在該由你們來決定傳喚瞭解事實真相的證人了。」**⑬**

但是，首席大法官詹姆斯‧德蘭西裁定，陪審團唯一的任務就是決定曾傑是否出版了這些文章；至於這些文章是否構成誹謗這一法律問題，則由法庭來決定。漢密爾頓立即回應說這樣的裁決將使陪審團成為無用的設置。他引用了布歇爾案件，在該案中，陪審團沒有理睬法官宣示的法律。漢密爾頓實際上認為，陪審團是一種表達公共意志的法庭，因為在曾傑一案中，法律實際上是對被告人不利的，所以，必須由公眾來判斷這一法律是否應當予以適用。在漢密爾頓的努力下，陪審團最終作出了被告人無罪的裁決。

對曾傑案件審判的記錄充斥著當時殖民地的報紙；對該案的報導還由紐約週刊出版社出版了一個小冊子，在曾傑一案的審理到第六修正案通過的半個世紀之間，這本小冊子重印了 14 次。它比任何正式的法律出版物還要普及，並成為美國陪審員角色與義務的初級讀本。**⑭**

曾傑的案件並不是陪審團作出的一個例外裁決。在革命前的一段時期，審判陪審團和大陪審團幾乎廢除了殖民地關於誹謗的法律。在這期間，只有不到半打的被告人被以誹謗的罪名起訴，其中只有兩名被告人被陪審團定罪。**⑮**對於這樣的案件，大陪審團既不願意起訴，小陪審團也不願意定罪。在其他的案件中，陪審團不聽從法官指示的現象也屢見不鮮。

1761 年，在麻薩諸塞，一個陪審團成功地抵制了法官的指示，但是法庭承認，即使陪審團違反了法庭關於如何適用法律的決定，它也沒有權力將陪審團的裁決置之不理。同時，高等法院在該案的上訴裁決中也指出，不能因為陪審團違反了法官關於如何適用法律的指示而重開審判。法官宣稱,「即使陪審團在適用法律或評價證據方面是錯誤的,其裁決也仍然有效,

---

⑬　Leonard W. Levy, *supra* note 2, p. 80.

⑭　Albert W. Alschuler and Andrew G. Deiss, *supra* note 1, p. 873.

⑮　Albert W. Alschuler and Andrew G. Deiss, *supra* note 1, p. 874.

因為從這個國家的實踐來看，他們是兩者（法律與事實）的法官。」⓯

面對這一情況，英國的統治者所採取的措施就是限制陪審團的適用，擴大軍事法院的管轄權。在 1767 年以前，軍事法院的管轄權僅限於海運案件。1767 年通過的唐沈德法案為執行英國的稅收政策而規定不由陪審團審判的案件範圍。在亨利八世時期，議會還宣布，被指控叛逆罪的殖民者必須送到英國審判。⓱

英國議會的倒行逆施激起了殖民地人民的強烈反感。1776 年，「獨立宣言」所列舉的喬治三世所犯下的罪行之一，就是在很多案件中剝奪了殖民地人民受陪審團審判的權利。而在兩年前，第一次大陸會議通過的「權利宣言」就宣布了殖民地人民受陪審團審判的權利。在制憲會議之前，有 12 個州制定了成文憲法，其中，「維吉尼亞宣言」規定：

> 在所有嚴屬的指控或刑事指控中，每個人都有權獲知他被指控的原因和性質，有權與指控他的人和證人進行對質，有權傳喚有利於他的證人，有權獲得迅速的、由他的 12 名無偏私的鄰居組成的陪審團進行的審判，在沒有他們一致同意的情況下，他不能被判決有罪……。⓲

在其他州的成文憲法中，各憲法規定的公民基本權利均不一致；但 12 個州不約而同地規定的唯一一項權利，就是受陪審團審判的權利。⓳

在制憲會議上，無論是聯邦黨人還是反聯邦黨人，雙方取得高度一致同意的問題，就是保護人們受陪審團審判的權利。亞歷山大漢密爾頓在《聯邦黨人文集》第 83 篇中寫道：

> 對於大會之計劃的朋友和敵人而言，如果說他們在任何其他方面都不能取得一致的話，他們至少同意設立陪審團審判制度的價值；或者說

⓯　Leonard W. Levy, *supra* note 2, p. 83.

⓱　Albert W. Alschuler and Andrew G. Deiss, *supra* note 1, p. 875.

⓲　R. H. Helmholz et al., *The Privilege Against Self-Incrimination: Its Origins and Development*, The University of Chicago Press, Chicago and London, 1997, p. 134.

⓳　Albert W. Alschuler and Andrew G. Deiss, *supra* note 1, p. 870.

如果他們對此還有任何分歧的話，那就是：前者認為它是自由的有力保障，而後者則認為它是自由政府的保護神。❷⓿

最初起草的憲法並沒有關於陪審團審判的內容，反聯邦黨人因此拒絕贊同該憲法。他們對支持陪審團的理由提出了三點意見：第一，陪審團是能夠找到的反對反應遲鈍的議會通過的法律所最佳途徑；第二，陪審團為債務人免受商業規則中的頑固教條的損害提供了保障；第三，陪審團是控制腐敗和過於活躍之法官的有力武器。❷❶

在這樣的基礎上，1787 年制憲會議通過的第一項權利就是受陪審團審判的權利。這項權利成為憲法第 3 條第 2 款的內容。在第一屆美國國會開會期間，詹姆斯麥迪遜建議對憲法進行修訂，他的建議導致了「權利法案」的產生。在該法案的第 6 條和第 7 條，分別規定了刑事案件陪審團和民事案件陪審團審判的制度。❷❷

(三)美國陪審團的發展

在開始的時候，美國陪審團和英國陪審團的具體審判制度沒有太大的區別。但是，隨著時間的推移，美國陪審團審判制度在許多細節方面發生了變化。這些變化主要體現在以下方面：

第一，起初，美國的法官和英國法官一樣，就證據問題和適用法律問題對陪審團作出指示。這是法官控制陪審團的一個基本手段。同時，法官還擁有給陪審團指定評議時間、就陪審團裁決詢問陪審員、決定重開審判

---

❷⓿　Federalist 83 (Hamilton), in Clinton Rossiter ed., *The Federalist Papers*, 491, 499 (Penguin, 1961).

❷❶　Stephen Landsman, The History and Objectives of the Civil Jury System, in Verdict: Assessing the Civil Jury System 22 (Robert E. Litan ed., 1993); see from, Tracy Gilstrap Weiss, *The Great Democratizing Principle: The Effect on South Africa of Planning a Democracy without a Jury System*, 11 Temp. Int'l & Comp. L. J., p. 107 (1997).

❷❷　Leonard W. Levy, *Origins of the Bill of Rights*, Yale University Press, New Haven and London, 1999, p. 230.

等權力。但是後來，這些權力逐漸淡化。到今天，美國法官已經不再擁有就證據問題對陪審團作出指示的權力；第二，在開始的時候，陪審團可以連續審理多起案件，但到後來，一個陪審團只能審理一個案件；第三，陪審員本來是可以詢問證人的，但是這一實踐也逐漸消失；第四，法官對陪審團的指示本來是比較隨意的、非正式的、內容廣泛的，但後來發展成為正式的、標準化的、技術性的指示，並且經常包括不容易理解的法律；第五，對潛在陪審員進行詢問的程序本來並不複雜，但是現在已經大大地複雜化、緊張化了；第六，藍帶陪審團曾經實行了一段時間，但是後來又被廢除；第七，本來的陪審團都是由 12 名陪審員組成的，但 1972 年美國聯邦最高法院的判例確立了 6 名陪審員組成的陪審團也不違憲的原則；第八，刑事案件中的非一致性裁決也在 1972 年的一個判例中得到認可。

二、陪審團在其他國家（地區）的繼承

㈠蘇格蘭（歐洲）

1603 年，蘇格蘭國王詹姆斯六世成為英格蘭國王，英格蘭王室與蘇格蘭王室合併；1707 年，兩國的議會合併。❷從此以後，蘇格蘭才正式成為英國的一部分。在這之前，蘇格蘭一直都是一個獨立的王國。並且由於歷史的原因，蘇格蘭曾與歐洲大陸的法國結盟——1292 年，英格蘭戰勝蘇格蘭並取得對蘇格蘭的控制權；數年後，蘇格蘭又獲得獨立，為保衛國家獨立而與法國結盟；由於當時歐洲大陸復興羅馬法的運動方興未艾，蘇格蘭也加入了當時的吸收羅馬法的運動。

但是，陪審團在亨利二世時期建立以後在 1 個世紀之內迅速傳播到蘇格蘭。蘇格蘭的陪審團與英格蘭的陪審團有兩點重大區別：第一，它由 15 名陪審員組成；第二，陪審團裁決實行簡單多數原則。

㈡澳大利亞（澳洲）

1787 年，英國人在澳大利亞新南威爾士建立了第一個殖民地，並建立

---

❷ Hector L. MacQueen, *Mixed Jurisdictions and Convergence: Scotland*, 29 Int'l J. Legal Info (2001), p. 309.

了刑事法院，該法院被授權實施英國的法律；1823 年，該地建立了第一個民事法院，適用英國法律；1828 年，英國通過法律規定，英國所有的法律和制定法在英國的殖民地新南威爾士均一體適用；❷1855 年，新南威爾士和維多利亞通過了憲法，並獲得英國議會確認；1901 年，澳大利亞成立聯邦，英國法律得到成功的接受。❷

幾乎是在澳大利亞第一個殖民地新南威爾士建立的同時，就引進了陪審團審判。1788 年，新南威爾士的第一個陪審團由 6 名陪審員組成，陪審員從軍事官員中挑選，主持挑選陪審員的則是當時殖民地的統治者——第一艦隊指揮官阿瑟·菲力蒲；主持審判的則是軍事司法官。❷

新南威爾士的早期定居者都是在英國本土被陪審團定罪的那些人，這些人通常是由於盜竊（數額非常小，通常在 2 英鎊左右）而被定罪的。這些人刑滿釋放後（通常被稱為「刑滿釋放人員——Emancipists」）都願意留在澳大利亞，他們在當地獲得廣闊的土地，這些土地使他們有充分的資格擔任陪審員。當時也有一些自由定居者，雖然他們在數量上遠遠不如刑滿釋放人員，但是他們堅決反對刑滿釋放人員擔任陪審員，理由則是他們總是傾向於將被告人無罪釋放。❷1824–1828 年間，新南威爾士的季度法庭 (Quarter Sessions) 實行 12 名陪審員組成的陪審團審判，這些陪審團排除那些刑滿釋放人員擔任陪審員。但在當時的最高法院，不實行陪審團審判。從 1828 年開始，最高法院的法官根據當時通過的制定法，在當事人雙方申請陪審團審判的民事案件中，有權決定適用陪審團審判。1829 年，法律規定刑滿釋放人員可以充任陪審員。1833 年，最高法院才在刑事案件中實行

---

❷　T. B. Smith, *Reception of the Common Law in the Commonwealth: Scope and Extent in the Older Commonwealth*, in *Proceedings and Papers of the Sixth Commonwealth Law Conference*, Lagos, Nigeria, 1980, p. 117.

❷　Id., p. 118.

❷　Michael Chesterman, *Criminal Trial Juries in Australia: From Penal Colonies to a Federal Democracy*, 62–SPG Law & Contemp., Probs. p. 70 (1999).

❷　Id. p. 70

陪審團審判，但是，被告人可以選擇由 7 名軍人組成的陪審團來審判；這一設置在 1839 年的時候被廢棄。**㉘**

在澳大利亞的其他英國殖民地，陪審團的確立卻沒有這麼複雜。在維多利亞，殖民者在 1836 年建立了定居點，1839 年就出現了第一例由陪審團審判的案件，1847 年建立了固定的陪審團審判制度；在其他四個殖民地——昆士蘭、塔斯馬尼亞、南澳大利亞、西澳大利亞——也都在 19 世紀末期建立了陪審團審判制度。**㉙**

1901 年，澳大利亞的六個英國殖民地成立澳大利亞聯邦。聯邦憲法規定：任何違反聯邦法律的並以起訴書告發的可訴罪，都必須實行陪審團審判。**㉚** 在討論憲法草案的過程中，陪審團被認為是「各州臣民個人自由的必要保障」。**㉛** 但是在各州，則情況比較複雜。在新南威爾士、南澳大利亞、西澳大利亞以及奧蘭地亞首都，被以可訴罪起訴的被告人可以選擇陪審團審判；但在新南威爾士和西澳大利亞，被告人選擇陪審團還必須得到檢察官的批准才能適用陪審團審判，不過，在實踐中，檢察官很少否決被告人的選擇。**㉜**

目前，澳大利亞陪審團通常由 12 名陪審員組成。新南威爾士、昆士蘭和澳大利亞首都都要求陪審團裁決為一致裁決；在澳大利亞的另外五個司法管轄區，多數裁決已為制定法所確認。但是，多數裁決規則在聯邦的案件中並不適用。**㉝** 在審理中，法官負責實施法律，陪審團只負責事實的認定；另外，陪審團也沒有量刑的權力。對於事實的認定，陪審團有最終發言權。對於無罪釋放的裁決，被告人受「反對雙重歸罪」原則的保護。但

㉘ Id., p. 71.

㉙ Id., p. 71.

㉚ Const. §80 (Austl.).

㉛ Michael Chesterman, *Criminal Trial Juries in Australia: From Penal Colonies to a Federal Democracy*, 62–SPG Law & Contemp. Probs., p. 72 (1999).

㉜ Michael Chesterman, *supra* note 34, p. 74.

㉝ Michael Chesterman, *supra* note 34, p. 92.

對於定罪裁決，被告人可以上訴。

㈢紐西蘭（南太平洋北澳大利亞）

1840 年，威廉・霍伯遜上校抵達紐西蘭，在那裏，他迫使毛利的 500 名酋長簽訂了一個表面文章式的條約——「懷唐伊條約」(Treaty of Waitangi)，並根據該條約主張英國對紐西蘭北部群島的主權；然後，他又以所謂「發現」理論為根據，主張對紐西蘭南部群島的主權。❸在與新南威爾士合併了很短一段時間之後，紐西蘭於 1840 年 11 月成為英國的一個獨立的殖民地。1856 年，英國在紐西蘭建立了責任政府；1858 年，紐西蘭議會通過法律，宣布：1840 年 1 月 14 日以後在英國有效的法律，只要能在殖民地適用，便可適用於紐西蘭；1907 年，紐西蘭成為英國的自治領。❸

在紐西蘭成為英國殖民地後不久，殖民者就在紐西蘭建立了陪審團審判制度。1841 年最高法院訓令 (Supreme Court Ordinance 1841) 就規定，所有以告發書起訴的犯罪，均由 12 名陪審員組成的陪審團進行審判；同時，該訓令還規定，在情況需要時，法官可以決定由法官單獨審判。❸當時，治民統治者沒有引進大陪審團起訴制度。另外，從 1846 年開始，對於簡易案件，法官在當地的治安法院獨任審判。1858 年，殖民者又建立了地區法院，由陪審團審理可訴罪案件，最高法院則審理最嚴重的案件。1868 年，殖民者通過了「陪審團法案」，引進了大陪審團，作為向最高法院起訴的機構；但在地區法院，仍然實行檢察官起訴的制度。❸1909 年，地區法院被撤銷，最高法院仍然實行陪審團審判的制度。

從一開始，有資格擔任陪審員的都是有財產的男人。婦女在 1942 年以

---

❸　T. B. Smith, *Reception of the Common Law in the Commonwealth: Scope and Extent in the Older Commonwealth*, in *Proceedings and Papers of the Sixth Commonwealth Law Conference*, Lagos, Nigeria, 1980, p. 120.

❸　Id., p. 121.

❸　Neil Cameron, Susan Potter and Warren Young, *The New Zealand Jury*, 62–SPG Law & Contemp. Probs., p. 104 (1999).

❸　Id., p. 104.

後才獲得擔任陪審員的資格，但是她們若想擔任陪審員，必須向鎮官明確表示擔任陪審員的意願。毛利人則一直到 1962 年的時候才獲得擔任陪審員的資格。在最高法院，大陪審團起訴的制度也於 1961 年被廢除。而實際上在 1961 年以前，很多案件都略過了大陪審團聽證的程序。 ❸

㈣加拿大（北美洲）

1969 年，加拿大首席大法官在漢姆林講座中開篇就提到：「自從英國法律與英國的制度在當時還沒有誕生的加拿大生根以來，已經過去了 200 多年。最初，通過威斯敏斯特對殖民地的遙控，和通過對當地殖民者進行國內控制的手段，英國傳統拯救了加拿大的立法和司法獨立，並給加拿大法律保持了生機盎然並且無處不在的活力。」 ❸

但在加拿大，英國並不是第一個統治者。在英國殖民者到達之前，加拿大曾經長期處於法國的控制之下。法國人於 1608 年在加拿大建立定居點，1663 年，加拿大更成為法國的一個行省。1763 年，英國通過七年的戰爭從法國手中取得對加拿大的控制權，但這時，法國的法律在加拿大已經實施了 150 餘年。在此情況下，英國並沒有立即以自己的法律完全取代法國的法律，而是首先推行其刑法，而保留了法國的民事法律。同時，法國通過與英國簽訂「巴黎條約」，從而在加拿大的魁北克地區保留了民法法系的傳統。1791 年，英國將加拿大分為上下兩個部分，即上加拿大和下加拿大。前者為英語區，實行英國普通法；後者為法語區，通行法國法。1867 年，英國通過立法變加拿大為自治領，將原來的兩部分合併為聯邦，從此以後，英國議會通過立法和建立司法機構，將英國的法律在除魁北克以外的加拿大推行。

㈤印度（亞洲）

1600 年，英國在印度設立東印度公司。1720 年，英國在馬德拉斯、加爾各答和孟買三個殖民地設立英國式法院。1858 年，英國政府直接對印度實施統治。為了加強對印度的統治，英國向印度大力推行普通法。1833 年

---

❸ Id., p. 106.

❸ Hon. Bora Laskin, *The British Tradition in Canadian Law*, p. 1 (1969).

至 1867 年間，英國先後成立了 4 個印度法律委員會，負責將英國普通法編纂成法典在印度實施。這些委員會先後頒布了多部法典，即 1959 年的《民事訴訟法典》、1860 年的「印度刑法典」、1861 年的「刑事訴訟法典」和 1865 年的「印度繼承法」，後來又於 1872 年頒布了「證據法」和「契約法」，1882 年頒布了「信託法」和「財產轉讓法」。1947 年，印度獲得獨立。但此時，印度整個法律制度的基本內容都是以英國法為基礎的。1950 年，印度頒布憲法，並規定保留獨立前的法律制度，這樣，英國法得到延續。

㈥南非（非洲）

1828 年，當非洲的好望角引進英國的訴訟程序時，同時就引進了英國的陪審團審判制度。❹1854 年，構成今天南非版圖的所有地方都已經實行了陪審團審判。此後一直到 1954 年的時候，南非的陪審團都是由 9 名歐洲人組成，他們當中只要 7 名陪審員一致同意就可以作出裁決。在極少數被告人是婦女或未成年人的案件中，可以要求由婦女組成陪審團進行審判。但是，只有最高法院的一般分院（最高法院由一般分院和上訴分院組成）實行陪審團審判。

到 1917 年的時候，被告人就有權選擇不受陪審團審判。由於種族方面的原因，1935 年的法案授權司法部長在可能由於種族偏見或種族仇恨而導致不公正的審判的案件中下令不實行陪審團審判。（該法案規定：在非歐洲人針對歐洲人實施的犯罪或者歐洲人針對非歐洲人實施的犯罪案件中，司法部長有權決定實行由法官和參審員組成混合庭的方式審判。）在這以前，立法就分別於 1935 年、1948 年作出過類似的規定，加上 1954 年的立法，司法部長可以決定不實行陪審團審判的案件已經有一長串。從 1954 年以後，所有的案件，除非被告人特別聲明選擇陪審團審判，否則一律不實行陪審團審判；而在被告人選擇陪審團審判的案件中，也仍然受原來立法規定不實行陪審團審判的案件的約束。因此，從 1935 年以後，實行陪審團審判三案件就急劇下降。到 1954 年，高等法院只有 5.6% 的刑事案件由陪審

---

❹　Marshall S. Huebner, *Who Decides? Restructuring Criminal Justice for a Democratic South Africa*, 102 Yale L. J., p. 971 (1993).

團審判。1966、1967、1968 年由陪審團審判的案件更驟減到 0.47%、0.57% 和 0.48%。❹最後，陪審團審判制度終於被 1969 年的「廢除陪審團法案」所拋棄。1977 年，「刑事訴訟法」規定，最高法院審理刑事案件，主審法官可以自由決定讓 1–2 名陪審員參與陪審；陪審員只就事實問題發表意見，不就法律問題發表意見；在下級法院，則治安法官要求陪審員參加陪審必須得到司法部長的批准。❷ 1996 年，當南非著手建立一個民主的政府並制定憲法保障公民的民主與自由時，無論是法學界還是政治界，幾乎沒有人主張重新引進陪審團審判制度。❸

㈦日本（亞洲）

日本既不屬於大陸法系國家，也不屬於英美法系國家。但是，在 20 世紀以前，日本主要是移植大陸法系的法律，並取得良好的效果；在 20 世紀以後，日本受英美法系影響比較多，陪審團的引進也是受該影響的結果。

日本陪審團於 1923 年 4 月 18 日通過「陪審團法」得到引進，但是該法生效則是在 1928 年。在引進陪審團之前，日本對法國、德國、英國、美國的陪審制度均進行了考察，並在此基礎上設計出自己的陪審團審判制度。

日本陪審團雖然深受英美法系之影響，但是卻很有自己的特色。❹首先，並不是所有的被告人均有權獲得陪審團審判，只有最高刑期為終身監禁或者死刑的案件，以及最高刑高於 3 年以上有期徒刑並且最低刑不低於 1 年有期徒刑的案件，才實行陪審團審判。在死刑案件中，只有當被告人放棄陪審團審判的權利時，才不實行陪審團審判；而在其他可以實行陪審團審判的案件中，則只有在被告人明確要求時，才實行陪審團審判。同時，

---

❹ Marshall S. Huebner, *supra* note, p. 972 (1993).

❷ Marshall S. Huebner, *supra* note, p. 977 (1993).

❸ Tracy Gilstrap Weiss, *The Great Democratizing Principle: The Effect on South Africa of Planning a Democracy without a Jury System*, 11 Temp. Int'l & Comp. L. J., p. 107 (1997).

❹ 以下介紹參見：Lester W. Kiss, *Reviving the Criminal Jury in Japan*, 62–SPG Law & Contemp. Probs., pp. 266–267 (1999).

該法還規定有些特定的案件不實行陪審團審判，比如，針對王室成員實施的犯罪等。其次，日本陪審團並不作出一般性的「有罪」或「無罪」的裁決。相反，陪審團只回答法官就事實提出的特定問題。陪審團的裁決僅限於事實問題，且其裁決以多數票同意為原則，不實行一致同意規則。再次，陪審團的裁決並不具有當然的約束力，法官可以對陪審團的裁決置之不理，並重新組成陪審團審判。

從實踐效果看，陪審團在日本的實施並不理想。1929 年是實行陪審團審判最多的一年，這一年陪審團審判的案件達到 143 件；這一數字在 1930年減少為 66，並且此後逐年遞減，到 1942 年的時候，全年只有 2 個案件是由陪審團審判的。最終，日本陪審團於 1943 年被廢除。在 1928 年到 1943年這短短的 15 年間，一共有 611 名被告人選擇了陪審團審判，其中 94 名被告人被陪審團審判宣告無罪，**⑤**占全部陪審團審判案件的 15.4%。

三、失敗的教訓與成功的經驗

㈠移植後的陪審團的實施情況

從以上介紹的情況來看，陪審團在英國殖民地的移植可以分為三種類型。

第一種類型是，在英國的殖民地缺乏已經建立起來的司法制度的情況下，它就將陪審團審判制度引入當地，作為普通法訴訟程序的重要組成部分。加拿大、紐西蘭、澳大利亞的許多地區都屬於這一類型。

第二種類型是，在英國的有些殖民地，以前曾經被別的殖民者占領並建立了相應的法律制度。在這樣的地區，英國的制度是在原來制度的基礎上增加上去的。例如，在南非和錫蘭（即今之斯里蘭卡），英國殖民者到來之前，就曾經為荷蘭人所占領，荷蘭人在這裏建立了羅馬——荷蘭法律制度。在這兩個國家，英國殖民者到來之後都很快就引進了陪審團審判制度。

第三種類型是，在另一些國家，本國的制度已經得到很好的建立並且長期得到執行，比如印度和肯亞這樣的國家，則本國的制度為當地人所保

---

⑤　Id., p. 267.

留，而統治者則適用普通法的制度。在這種地方，陪審團的功能僅僅限於普通法得到適用的場合。不過，在印度，普通法逐漸延伸到適用於所有非歐洲血統的人群。所以，陪審團審判的適用也得到相應的擴張。印度獨立後，陪審團審判雖然並未在全國範圍內確立，但是仍然適用於很多州。❹

對於陪審團的實施情況，則可以分為兩種類型。

第一種類型是，在美國、加拿大、澳大利亞、紐西蘭等國家，由於不列顛居住者的比例優勢，陪審團的實行是令人滿意的。在這些國家的有些地區還有一些有趣的經驗，比如引進了多數裁決機制，或在民事案件中使用規模小得多的陪審團：在新南威爾士，從 1844 年起，民事案件的陪審團就是由 4 人組成。就像在英格蘭一樣，它在民事案件中的使用和在輕微刑事案件中的使用正在衰退，不過這種衰退在其他國家的程度並不一樣。

第二種類型是，在非洲各國，陪審團的移植可以說並不成功。在第一個西非殖民地，陪審團審判制度得到引進，但是，由於未能戰勝反非洲的偏見，以及廣泛的賄賂，使得它在 19 世紀末期在民事訴訟中完全拋棄了這一制度；同時，在刑事案件中，則要麼削減適用陪審團審判的案件數量，要麼代之以參審的制度。❹ 這一令人警醒的經驗使得英國在隨後建立的非洲殖民地中不再引入陪審團制度。在南非，種族偏見十分普遍，所以政府有權在某些刑事案件中實行由一名法官和兩名受過法律訓練的陪審員（通常是大律師）組織審判。這樣的案例出現於 1914 年，後來又延伸到政治案件，以及被害人和被告人屬於不同種族所有案件中。❹

㈡陪審團失敗的原因

1.南 非

很多理論家認為，陪審團審判制度在南非沒有獲得支持的原因主要在於它在非洲的失敗。❹ 在對非洲國家作了一項窮盡性質的研究後，傑雷發

---

❹ W. R. Cornish, *The Jury*, Allen Lane the Penguin Press, London, 1968, p. 16.

❹ W. R. Cornish, *The Jury*, Allen Lane the Penguin Press, London, 1968, p. 15.

❹ W. R. Cornish, *The Jury*, Allen Lane the Penguin Press, London, 1968, p. 17.

❹ Marshall S. Huebner, *supra* note 43, p. 973 (1993). 該文作者即持這種觀點。

現，所有英國在非洲的殖民地都沒有擴大陪審團審判的範圍，原來沒有建立陪審團審判制度的地方，獨立後也沒有引進陪審團審判，儘管所有這些國家都把民主作為自己追求的目標。傑雷認為，陪審團審判制度要發揮正常的功能，必須具備如下條件：第一，陪審團審判實施的社區必須具有社會同質性，即該社區必須沒有大的種族、宗教、文化和語言差異；第二，社區的居民必須受過足夠先進的教育，以便能夠理解其責任，並戰勝可能的個人偏見從而完成其職責；第三，社區的人民對於要求他們實施的法律達成基本的同意。❺⓿

按照這一標準，非洲沒有任何地方符合這三個條件。因為，非洲是一個人種、種族、宗教、語言全面多元的社會，在歷史上，種族衝突、部落衝突和集團衝突此起彼伏，令人眼花撩亂，人們自然地擔心，陪審團可能無法承擔起伸張正義的重任；同時，由於語言的差異，同一個陪審團可能需要同時配備 3 名、4 名、5 名甚至 7 名翻譯，這將使整個司法制度不堪重負。❺❶

傑雷的分析不能說完全沒有道理。但是，這並不是非洲陪審團審判失敗的原因。我認為，非洲陪審團失敗的原因並不在於陪審團審判制度本身，也不在於所謂的社會同質性。如果說社會同質性是實行陪審團審判的首要條件的話，美國在殖民地時期顯然不具備這一條件。但是陪審團在美國卻取得了巨大的成功。關於陪審團成功的第二個條件，則也沒有說服力，因為，在英國剛剛實行陪審團的時候，當時的人們也很少受過教育；在澳大利亞引進陪審團審判的時候，當時居住在澳大利亞的主要是沒有受過教育、在英國因為盜竊 2 英鎊而被定罪的人（參看前面的介紹）。但是，陪審團在澳大利亞的實施也比較成功。至於第三個條件，則顯然是對陪審團審判制度的誤解。陪審團審判制度的主要功能恰恰並不在於實施國家制定的法律，而在於體現社區的意志，或公共意志。如果陪審團不同意國家法，它能起到促進國家法改革的功能。所以，社區人民對國家法的同意不僅不是陪審

---

❺⓿　Marshall S. Huebner, *supra* note 43, p. 974 (1993).

❺❶　Marshall S. Huebner, *supra* note 43, p. 974 (1993).

團審判獲得成功的必要條件，恰恰相反，社區人民對國家法必要的保留，才是陪審團審判制度、尤其是陪審團可以取消法律這一制度的價值所在。如果大家對國家法律一致同意，陪審團就無須享有否決法律的權力。所以，傑雷的分析最多只能得出這樣的結論：在符合這些條件的地方，陪審團審判可能更容易獲得成功；但是，這些條件並非陪審團審判成功的必要條件。

那麼，陪審團在非洲的失敗究竟是因為什麼呢？我認為，陪審團在非洲的失敗只有一個原因，那就是，殖民者並不想真心實意地在非洲實行陪審團審判；相反，他們實行的是極端的種族主義政策。在陪審團引進之後，所有的非歐洲人均被剝奪擔任陪審員的資格，只有歐洲的男人才可以擔任陪審員；這樣，陪審團就成了執行種族主義政策的工具。❷陪審團的民主功能，是通過讓與被告人身分平等之人 (The peers) 審判被告人這一機制來實現的。陪審團體現社區意志或公共意志的功能，也是通過這一機制來實現的。因為，只有當陪審員來自被告人居住和生活的社區，與被告人有著大致相同的地位和生活背景的時候，才可以說陪審員代表了該社區的意志和公眾的良心。從陪審團產生的歷史來看，它就是依靠這一機制來發揮作用的。來自英國的歐洲人不是不瞭解陪審團的這一歷史背景。所以，他們應當知道，完全由歐洲的白種男人組成的陪審團，在非洲是不可能發揮陪審團在英國的功能的。為了讓陪審團實現這樣的功能，唯一的解決辦法就是讓占非洲絕大多數人口的本地黑人擔任陪審員，但是，這樣的舉措在非洲從未出現過。當議會先入為主地觀察如果讓黑人組成陪審員結果會如何的時候，其得出的結論也是，「他們的先進程度不足以勝任陪審員的重任。」所以，整個陪審團審判制度就不可避免地淪為種族歧視和種族分離政策的工具。正如邱伯 (J. A. Chubb) 在一篇文章中所指出的那樣：「（整個）南非政府的設計思路就是壓迫多數和維護少數人統治。」❸

---

❷　Tracy Gilstrap Weiss, *The Great Democratizing Principle: The Effect on South Africa of Planning a Democracy without a Jury System*, 11 Temp. Int'l & Comp. L. J., p. 111 (1997).

❸　J. A. Chubb, *Some Notes on the Commonwealth and Empire Law Conference,*

在這種情況下，無論陪審團實施的效果如何，占非洲人口大多數的黑人決不會對陪審團有好感。這樣，在南非廢除種族隔離政策之後並推行民主的時候，他們沒有想到實行陪審團審判制度也是十分自然的。❺

2.日　本

在日本，陪審團的引進是由於民主的風氣；陪審團的廢除則純粹是納粹主義的結果。1923 年，日本通過「陪審團法」的時候正處於「大正民主時期」；主要是由於當時全國範圍的民主運動，才使得當時的首相原敬 (Premier Takashi Hara) 能夠保障日本的普通公民通過擔任陪審員的形式直接參與司法活動。但是，到 1928 年日本首次實行陪審團審判的時候，政治風潮已經轉向了法西斯主義。這一年，大批的日本共產黨員遭到逮捕；1935 年，日本的另一民間組織遭到徹底的鎮壓。來斯特·凱斯在其文章中指出：

> 軍國主義和法西斯主義的政治和文化環境與陪審團制度的上升是逆流而動的，因為，這一環境鼓勵了資產階級放棄陪審團審判，同時又阻礙了那些信仰為共產主義和社會主義意識形態的被告人實現陪審團審判的權利，而恰恰是這些人最需要陪審團審判。從而，主要的社會階級都不關心陪審團的命運，因為，他們要麼不在乎陪審團審判，要麼不被允許獲得陪審團審判。從而，陪審團制度的各種可能的優勢在法西斯主義的風暴中終於散失殆盡。❺

㈢陪審團成功的經驗

如果說陪審團的成功必定有一些內在的因素在起作用的話，那就是，陪審團的配套制度必須得到相應的引進。陪審團的功能是實現民主，保障自由，在審判中引進社區意志和公眾良心，其機制則包括：陪審團裁決為終局性裁決；陪審團的組成必須具有隨機性；陪審員的挑選必須具有隨機

1955, and an Address on the Jury System, 73 S. Afr. L. J. 197 (1956). See from, Tracy Gilstrap Weiss, *supra* note, p. 112.

❺ 在本書的最後一章，我們將會看到，這種情況正在悄悄地改變。

❺ Id., p. 268.

性；陪審團應當擁有否決現行法律的權力；被告人有權對陪審員提出迴避申請等等。可以看到，只要是陪審團的這些機制得到保留的地方，陪審團就獲得尊重，其實踐效果也就比較滿意；只要是這些機制沒有得到保留的地方，陪審團的效果就會打折扣。如果說陪審團在英國殖民地的引進有什麼值得學習的經驗的話，我相信這應當是最重要的經驗。

另外有些因素則不具有必然性，而僅僅有借鑑意義。比如，陪審團在美國的移植，其成功在很大程度上是因為它在歷史上享有的保障自由的崇高聲望。這一歷史僅僅是美國人尊重陪審團制度、熱愛陪審團制度的原因之一，美國陪審團之所以能夠享有這樣的聲望，最根本的原因還是由於美國殖民地期間的陪審團審判基本上保留了英國陪審團審判的風格，保留了陪審團發揮其功能所必須的機制。如果沒有這些機制，陪審團也很難在美國獲得成功。以上對南非和日本的陪審團制度失敗的分析，也可以從反面來證明這一點。

第四編　對抗制的發展與當代陪審團審判之運作

第七章　對抗制的現代化與證據法的誕生

一、律師的介入與對抗制的現代化

本書在第四章的論述中已經指出，中世紀之陪審團審判具有彈劾式訴訟的基本特徵，而彈劾式訴訟正是對抗式訴訟的前身。從歷史的角度而言，彈劾式訴訟是與糾問式訴訟相對應的，對抗式訴訟則是與非對抗式訴訟相對應的。前一組概念是用來形容中世紀英國和歐洲大陸實行之訴訟程序的區別，後一組概念則是用來形容近現代英美法系和大陸法系訴訟程序的區別。就中世紀而言，陪審團的存在決定了其訴訟模式只能是彈劾式，這一點在前面的章節中已經加以論述。但是，近現代英美法系對抗制的發展卻不是陪審團審判的結果。並且，實際上，中世紀英國的彈劾式訴訟也不是陪審團的創造，陪審團只是保留了古老的彈劾式訴訟的特徵而已。我們可以說，陪審團作為一種訴訟機制，它是一種保守的因素，而不是一個變革的因素。所以，陪審團審判對於近現代對抗制的形成，其功勞僅僅在於它為對抗制提供了一個良好的彈劾式訴訟的基礎。

在 1220–1800 年之間，陪審團審判已經基本具備了現代對抗制的基本要素。但是，直到 1700 年的時候，英國的對抗式訴訟也並未發展成熟。本書在〈緒論〉中指出：對抗制是一個歷史的概念，一個發展的概念；當代英美法系對抗制的主要內容包括放任自由主義的意識形態、平等分權的法官體制、積極活躍的律師辯護以及複雜精緻的證據規則。在 1700 年以前，當代對抗制的後兩個組成部分——積極活躍的律師辯護以及複雜精緻的證據規則，都還沒有出現。而當這兩個因素出現以後，英美法系的陪審團審判與對抗式訴訟都發生了很大的改變。其中，辯護律師的介入對於近現代對抗式訴訟的形成發揮著關鍵的作用。

在 17 世紀晚期以前，刑事重罪案件（包括叛逆案件）中的被告人都不允許有律師辯護。這樣的制度在 17 世紀中期的時候就開始遭到批評。懷特洛克就曾經說道，我們的制度允許王室為一個 6 便士的案件提供律師代理，卻不允許被告人為自己的生命聘請律師代理辯護。❶因此他建議：「被告人應當有一個律師代替他進行法律答辯，但是法律卻沒有賦予他們這樣的權利，我認為，出於正義的考慮，應當對這樣的制度進行改革，應當賦予人們這樣的權利。」❷

懷特洛克的建議在當時顯然沒有得到應有的重視，因為重罪案件和叛逆案件被告人沒有律師辯護的實踐一直延續到 1696 年。正是從那個時候，人們才開始認識到，對叛逆罪的審判程序不允許被告人擁有律師辯護是不公正的；尤其是 1670–1688 年的這段時期，許多在政治上非常顯耀的人物，由於不具備對無根據的指控進行自我辯護的能力而被定罪並處以死刑。當時的人們普遍認為，在叛逆案件中，王座法院的法官經常帶有傾向性，他們總是向著國王，而在一般重罪案件中，法官則不會這樣。所以，1696 年的「叛逆法」在序言中規定了叛逆案件被告人有權獲得律師辯護。但是，律師的權利是有限的。一開始，律師只允許就法律問題發表意見，就事實問題則不能發表意見，這種狀況延續了至少一個世紀。❸

根據郎本的敘述，直到 1730 年的時候，英國的法官都是審判的主角，而律師則只是起到陪襯的作用。❹

即便如此，其他重罪案件中的被告人也還是不能獲得律師幫助。直到

---

❶ J. S. Cockburn, *A History of English Assizes: 1558–1714*, Cambrdge, 1972, p. 121.

❷ L. W. Levy, *Origins of the Fifth Amendment: The Right against Self-Incrimination*, Ivan R. Dee, 1999, p. 322.

❸ R. H. Helmhloz et al., *The Privilege against Self-Incrimination: Its Origins and Development*, The University of Chicago Press, Chicago & London, 1997, pp. 87–88.

❹ Gordon Van Kessel, *Adversary Excesses in the American Criminal Trial*, 67 Notre Dame L. Rev. 426.

1836 年，被告人可以獲得律師幫助的權利才延伸到所有案件。並且從 1837
年開始，重罪案件中的被告人可以獲得律師在各個方面的幫助。❺ 這就是
說，辯護律師既可以就法律問題進行辯護，也可以就事實問題進行辯護。
不過自 1696 年以後，律師刑辯業務就獲得了蓬勃的發展。在美國的有些郡，
被告人由律師辯護的實踐開始的時間更早，實踐範圍也更廣泛。從表 7-1
所列數據來看，其被告人獲得律師幫助的比例還是非常高的。

表 7-1　弗里德里克郡被告人律師代理的比例 ❻

年代	重罪	輕罪	總計
1767–1771	27.5% (14)	15.1% (26)	17.9% (40)
1818–1825	92.1% (222)	36.6% (123)	59.7% (345/578)

　　律師介入的第一個效果當然是使被告人獲得更加周到的保護。這一點
同樣可以從對被告人定罪率的下降這一事實得到顯示。根據賴斯的統計，
在辯護律師介入之刑事案件比例逐漸增加的同時，對被告人定罪的比例也
在逐漸下降。在同一個郡，從 1749–1779 年，陪審團審判的被告人被定罪
的比例為 62%，這一比例在接下來的二十年中得到維持。但是在 1800–1819
年，這一比例下降為 45%，在 1820–1837 年間則保持在 48%。❼
　　導致這一結果的原因，則是由於律師的介入改變了法庭審判的結構。
在沒有律師的審判中，能夠影響案件結果的只有法官、當事人、證人和檢
察官，在這個結構中，被告人處於非常不利的地位：一方面他必須為自己
辯護；另一方面，他說的話又常常不能獲得信任。而辯護律師的出現則使
檢察官和法官為被告人提供幫助的角色進行了轉換。在這以前，檢察官也

---

❺　Stephen A. Landsman, *A Brief Survey of the Development of the Adversary System*, 44 OHSLJ, p. 732.

❻　資料來源：James D. Rice, *The Criminal Trial before and after the Lawyers: Authority, Law, and Culture in Maryland Jury Trials, 1681–1837*, in 40 Am. J. Legal Hist., p. 457.

❼　James D. Rice, *supra* note 6, p. 458.

被要求必須注意保護被告人的利益，法官也被要求在必要時為被告人提供諮詢。但實際上，這種一身多任的角色被實踐證明是行不通的。所以，律師的介入使檢察官和法官擺脫了這種多重身分的束縛，並為被告人安排了一個專門保護其利益的主體。實踐證明，這個新主體對其委託人利益的照顧遠勝於法官和檢察官對被告人利益的照顧。所以，律師辯護起到了使法庭權力朝被告人方向平衡的作用。

不僅如此，律師的介入最終還促進了對抗式訴訟的形成。辯護律師使得法庭辯論成為一種高度技巧性和專業化的作業，從而使整個法庭審判變得日益複雜起來。法庭辯論不再是中世紀的自然辯論，而是加入了許多規則性限制。這些限制剛開始可能是針對律師的，但是律師們也樂於接受這些規則，因為這些規則有利於形成辯護行業的壟斷。日趨複雜的訴訟規則為律師提供了更多的工作。其中的證據規則就是最具有代表性的成就。在下一節，我們將討論證據規則的產生。不過在結束本節之前，我還要指出，律師的介入使被告人獲得了比以前更加周到的保護，這種保護是通過陪審團審判這個前提得到實現的。如果沒有陪審團審判，律師的作用可能受到更多的限制，當然也不可能引起定罪率的明顯下降。

另外，對抗制的形成也與當時的經濟發展狀況有關係。在 18–19 世紀，經濟的發展導致了人們越來越多地依賴於法律程序解決爭端，而解決爭端必須有一個透明的可以看得見的中立的機構。如果這一機制是中立的，它首先必須是與案件無利害關係的，對於事實的發現必須持消極的態度。蘭斯曼認為，陪審團正好滿足了這一要求。❽正是中立原則使法庭的爭議裁決機制變得可以信賴；另外，它也為新的社會集團在法庭上為自己的利益尋求辯護提供了一個公開的論壇。

二、證據規則的雛形及其發展

(一)證據規則的雛形

從西元 700–1200 年之間，無論是歐洲大陸國家還是英格蘭，都不具備

❽ Stephen A. Landsman, *supra* note 5, p. 738.

產生證據規則的條件，因為這時候實際上並沒有嚴格意義上的審判，一個人被指控犯罪以後只能通過水火考驗、共誓滌罪、決鬥的方式來證明自己的清白。因此，訴訟本身不需要現代意義上的證人，也不存在現代意義上的「說服」。法庭的功能僅僅是證實它曾經觀察過上述這些活動以適當的方式進行，而並不認為它擁有直接作出它自己的推理的權力。但是，誠如威格默所言，一些標誌性事件的產生，的確具有證據規則之雛形的意味，這些事件包括傳喚證人以證明某個文件、宣誓生效所必須具備的數量要件，以及印章在證明存在某一契約方面所具有的排他性證明力等等。❾

　　1215 年以後，歐洲大陸與隔海相望的英格蘭在訴訟程序方面走上了完全相反的道路。在歐洲大陸，非理性的審判方式逐漸被糾問式訴訟所取代，糾問式訴訟的目的在於獲得完全的證明，這種完全的證明嚴格並且明確地規定了證明的質量和數量方面的證據標準。這種證據制度被稱為法定證據制度。❿

　　在英國，非理性的審判方式為陪審團審判所取代。在這種審判方式實行之初的幾個世紀，對於定罪的原則性標準或者關於證據的規則幾乎都沒有什麼要求。實際上，從 1200–1500 年長達 300 年的時間裏，陪審團的司法功能在逐漸發展，其中最顯著的貢獻也許就是使得現代意義上的「說服」成為一種必要的設置。因為，大多數學者都認為，陪審團在 17 世紀以前都是憑藉自身的知識就案件作出裁判；最新的研究也表明，直到 15 世紀的時候，陪審團才不再是一個在信息方面自給自足的團體，而是成為一個聽取和評價證據的主體。⓫ 在這期間，英國法中沒有任何證據規則得到發展。⓬

❾　John Henry Wigmore, *Evidence*, Peter Tillers Rev., Little Brown and Company, 1983, p. 607. 以下在引用時簡寫為 Wigmore, *Evidence*.

❿　有關歐洲大陸法定證據制度的內容，詳見：A. Esmein, *A History of Continental Criminal Procedure*, The Lawbook Exchange, Ltd., 2000, p. 251 infra.

⓫　Barbara J. Shapiro, *Beyond Reasonable Doubt and Probable Cause: Historical Perspectives on the Anglo-American Law of Evidence*, University of California Press, London, 1991, p. 4.

⓬　Wigmore, *Evidence*, p. 607.

在陪審團轉變為一種在法庭上聽取證言的審判機制之後，證據規則也沒有馬上就產生。比較普遍的觀點認為，普通法上證據規則的形成是在 17 世紀，儘管有些規則的存在可能還要稍早於這個時代。在 1745 年英國的一個案件中，大法官哈德維科指出，當時唯一通行的證據規則是「最佳證據規則」。⑬ 在最早的證據法著作中，吉爾伯特集中論述的也是這一規則。儘管威格默聲稱 1790–1830 年間證據制度的豐滿時期已經到來，⑭ 但直到 1880 年代，當史蒂芬還在寫作他的 3 卷本《英國刑法史》的時候，他還在說：據我所知，與刑事訴訟有關的證據規則，僅僅只有 4 條。⑮ 這 4 條規則可以視作證據規則的雛形。

1.被告人和他的妻子無資格作證。這是傳統證據法中最重要的內容。根據這一規則，被告人的妻子或者丈夫都不得被迫在法庭上作證反對其配偶。這一規則最初是在民事訴訟中得到確立，後來才影響到刑事訴訟的。⑯

2.供述必須出於自願。這一規則是通過一系列的司法判例發展形成的。1783 年的一個案例最早宣布了這一規則。在吉爾伯特於 1801 年出版的《論證據》一書中，已經有關於這一規則的論述。曾經有一段時間，法官傾向於排除所有的供述證據，同時任何引誘被告人供述的行為都是被禁止的。被告人供述必須出於自願的原則與英國普通法上一直強調拷打為非法的規則密切相關。

3.除被害人關於其死亡原因的臨終遺言之外，傳聞證據一律加以排除。這一規則大致確立於 1780 年代，因為史蒂芬在其 1883 年出版的《英國刑法史》一書中就宣稱，這一規則已經實行至少 100 多年了。⑰

---

⑬ Omychund v. Barker, 1745, 1 Atk 21 49.

⑭ Wigmore, *Evidence*, p. 609.

⑮ Stephen, *A History of the Criminal Law of England*, Vol. 1, Macmillan and Co., 1883, p. 439.

⑯ 關於這一規則之詳細論述，可參見：R. H. Helmholz, Charles M. Gray, John H. Langbein, Eben Moglen, Henry E. Smith and Albert W. Alschuler, *The Privilege against Self-Incrimination: Its Origins and Development*, The University of Chicago Press, 1997.

4.品格證據通常都被認為與案件無關，但是實踐中放任其存在。從諾曼征服開始，被告人的品格即被用來作為決定是否允許其以共誓滌罪的方式洗刷自己的清白的標準。斯圖亞特王朝時期，凡是關於被告人曾經犯有重罪或輕罪的證據都可以隨意在法庭上出示。當然，關於被告人品行良好的證據也是具有可採性的。

㈡交叉詢問規則的產生

在陪審團由證人向裁判者身分轉化之後很長一段時間內，幾乎都沒有什麼關於詢問證人的規則；證人可以自由地陳述他知道的事實，而不是通過詢問的方式陳述事實。由控辯雙方通過詢問讓證人陳述事實的做法最遠可追溯到喬治三世的時候。**⓲** 但是，當事人可以由律師代理向證人進行交叉詢問的權利卻是在 1700 年代初期發展起來的。威格默賦予這一權利十分重要的意義，聲稱交叉詢問權獲得承認的一個顯著效果，就是通過法庭審判中對證人的多重詢問而發展出了證據規則，並使其中很多細節的方面自然地成為證據規則中的顯著部分。**⓳** 但是，儘管交叉詢問的權利已經發展起來，在開始的時候，對證人進行詢問的規則仍然十分稀少，其最基本的要求僅僅是必須平靜和公正。按照普通法的訴訟程序，在檢察官或私人起訴者作開庭陳述之後，就是對證人進行詢問。詢問首先由控訴方開始，其詢問被稱為主詢問 (chief-examination)，然後，如果被告方聘請了律師，則由其律師進行詢問，其詢問被稱為交叉詢問 (cross-examination)；若被告人沒有聘請律師，則由被告人自己進行交叉詢問。王室的檢察官在被告方交叉詢問之後還可以再詢問 (re-examination)。法官和陪審團在認為必要的時候也可以進行詢問。主詢問的目的是讓證人以連續而不間斷的方式陳述相關的事實，並保證其陳述不至於偏離審判的主題。交叉詢問的目的則在於：

⓱　Stephen, *A History of the Criminal Law of England*, *supra* note 15, p. 447.

⓲　Stephen, *A History of the Criminal Law of England*, *supra* note 15, p. 431. 喬治二世於 1760 年去世，喬治三世繼位。——Churchill, *A History of the English-Speaking Peoples*, Cassell & Co., 2000, p. 443.

⓳　Wigmore, *Evidence*, p. 608.

一方面,促使證人講述其在主詢問過程中沒有講述的對被告人有利的事實;另一方面,驗證證人在主詢問過程中敘述之事實的正確性。再詢問的目的在於澄清證人在交叉詢問過程中暴露出來的疑點或問題。

詢問過程中最主要的規則是,在主詢問過程中,不能對證人進行誘導性詢問。所謂誘導性詢問是指早已設定好答案的詢問。再詢問過程中也不能提出誘導性問題。但在交叉詢問過程中則允許進行誘導性詢問。但是,這一規則在證人看起來可能對傳喚他的一方不利的情況下可由法官酌情決定不予適用。一個比較普遍的例子是,如果證人在接受治安法官詢問時對某一事實有所陳述,而在法庭上卻對此事實猶猶豫豫、支支吾吾,則就可以對其提出誘導性問題。❷⓿

(三)排除合理懷疑標準的確立

17 世紀以前,由於缺乏明確的記錄,法官如何就證明程度問題指示陪審團現今不得而知。大約從 1678 年起,公眾開始關注證人的可信性和定罪的證明標準問題。許多戲劇性的審判,大部分是叛逆案件的審判,以小冊子的形式被印製和記錄下來。刑事訴訟中證明標準的表述,諸如「與良心保持一致」,「達到道德上的確定性」,以及「排除合理懷疑」等,都是在 17 世紀晚期和 18 世紀發展起來的,而這種發展又是以日常生活事務中已經發展出來的原則為基礎的。1683–1700 年間比較流行的表述是「與良心保持一致」;❷❶ 1700–1750 年間,最常用的表述則是「將你們的信仰建立在證據的基礎上」。❷❷ 到 1750 年以後,法官和律師們開始關心陪審員可能產生的合理的疑問,但是在大多數案件中,指示的公式仍然沒有改變。但是,在 1752 年的一個案例中,檢察官對證據發表的評論是:「(我們的證據)如此地強有力並如此地具有說服力……以致對它(被告人有罪這一事實)已經不容有一點懷疑。」❷❸ 這是歷史上第一次出現的,與現代「排除合理懷疑」

---

❷⓿　Stephen, *A History of the Criminal Law of England*, *supra* note 15, p. 430.

❷❶　Barbara J. Shapiro, *supra* note 11, p. 264 footnote.

❷❷　Barbara J. Shapiro, *supra* note 11, p. 20.

❷❸　Barbara J. Shapiro, *supra* note 11, p. 21.

的證明標準如此接近的表述。莫拉諾認為，「排除合理懷疑」的公式是由檢察官首先提出來用以取代「排除任何懷疑」這一公式的，其目的在於降低證明的標準，減少對被告人在證明方面的保護。對此，夏皮羅提出不同意見。她認為，「任何懷疑」這一術語並不意味著陪審團在案件存在著不合情理之懷疑的情況下必須將被告人無罪釋放；相反，「道德上的確信」就是表示「排除合理懷疑」，因為，如果一個人還有真正的懷疑，他就不可能達到道德上的確信。因此，「排除合理懷疑」這一術語並非用來取代「排除任何懷疑」這一標準，它實際上是用來澄清什麼是「道德上的確信」和「信仰上的滿足」。事實上，在很多案件中，在「排除合理懷疑」得到使用的場合，同時也都採用了這樣的表述：「如果你們相信（被告人有罪）」，「如果你們（對被告人有罪這一事實）在良心上感到滿足」，或者「如果你們對（被告人有罪的）證據感到滿意」。所以，排除合理懷疑僅僅是道德確定性的一種更為清晰的解釋。❷對懷疑的強調幾乎毫無疑問與日益增長的辯護律師有關係，它明顯地是出於維護被告人的利益而強調懷疑（而不是強調合理懷疑）。

在 1770 年的一個案件中，檢察官總結說：「（如果你們認為）證據沒有使你們確信到排除合理懷疑的程度」，那麼你們可以將被告人無罪釋放。但是，在這個案件中，法官對陪審團的指示仍然是：「如果從總體上看，你們對被告人的定罪存在任何懷疑，我們都必須按照法律規定，宣告被告人無罪。」❷這個案件從另一個側面加強了夏皮羅的上述觀點。也是從這個案件以後，排除合理懷疑的標準得到普遍採用，雖然其他的說法也仍然流行了一段時間。

在美國，排除合理懷疑的標準也於 18 世紀末葉得到採用。在 1789 年的一個案件中，法官對陪審團的指示就是：「對於被告人無辜的假定不可能（為真）（這一點），你們必須被說服到排除任何合理的實質性懷疑的程度。」❷但是，它的正式採用則是 1850 年以後的事情。這一年，在一個案

---

❷　Barbara J. Shapiro, *supra* note 11, p. 21.

❷　Barbara J. Shapiro, *supra* note 11, p. 22.

件的審判中，排除合理懷疑這一概念得到精確的定義，並且這一定義得到廣泛的採納：

> 它並不僅僅是指可能的懷疑；因為任何與人類事務有關的，需要依賴道德證據的事情，都存在著一些可能的或者想像的懷疑。它是這樣一種狀態，即，在完全地比較和考慮了所有的證據之後，留在陪審員大腦中的印象應當處於這樣的狀態，他們不能說他們覺得對於指控的事實有一種道德上確定的持久的信念……證據必須證明事實真相到排除合理懷疑的道德確信的程度；這一確信必須能說服並且指示（人類的）理解能力，並且能夠滿足理性和判斷的要求……這樣我們才認為達到了排除合理懷疑的證明。❷⑦

㈣當代英美證據規則的法典化

比起早期英美法系的證據規則，現代的證據規則要複雜得多。這些規則都是通過判例的形式逐漸確立的。但是引人注目的是，無論是英國還是美國，都先後走上了法典化的道路，而在法典化的道路上，英國和美國又漸有分道揚鑣之趨勢。

在英國，證據規則很早就走上了法典化的道路，其最早的證據法典可能要算是 1843 年適用於民事訴訟的「證據法」。❷⑧該法分別於 1845 年、1851 年、1877 年、1938 年和 1968 年、1972 年和 1995 年修訂。❷⑨在刑事方面，英國也分別於 1898 年頒布了「刑事證據法」，❸⓪並於 1965 年、1979 年、

---

❷⑥　Barbara J. Shapiro, *supra* note 11, p. 24.

❷⑦　Commonwealth v. Webster, 59 Mass. (5 Cush.), 320 (1850).

❷⑧　Evidence Act 1843. 這是 *Murphy on Evidence* 一書中列出的年代最為久遠的成文證據法典。參見：Peter Murphy, *Murphy on Evidence*, 7th Edition, Blackstone Press, Lodon, 2000, lviii. 以下在引用時簡寫為 Peter Murphy, *Murphy on Evidence*. 有些中文的證據法著作中提到的 1831 年《委託取證法》(Evidence on Commission Act)，很可能是有關證據方面的程序法。

❷⑨　Civil Evidence Act 1968; Civil Evidence Act 1972; Civil Evidence Act 1995.

❸⓪　Criminal Evidence Act 1898.

1984 年、1989 年和 1999 年進行了修訂；1984 年，英國又通過了「警察與刑事證據法」；1988 年又通過了「刑事司法法」。❸看上去，英國在刑事證據立法方面，似乎是要將證據制度與司法制度的內在目標有機地統一起來。

　　在美國，證據規則的立法在另一個方向上奮馬疾行。1961 年美國司法委員會批准建立一個證據規則諮詢委員會，首席大法官沃倫任命了一個特別委員會考慮一個統一的證據規則是否可行和適當。❷托馬斯·格林教授，這一特別委員會的報告人，準備了一份由該特別委員會批准的報告，聲稱這種統一的適用於聯邦法院的證據規則既是適當的也是可行的。愛德華·克利雷教授被提名為諮詢委員會的報告人。1969 年，「聯邦證據規則」的第一個預備草案發表。❸修改後的稿本於 1970 年經司法委員會同意後提交給最高法院。1971 年，最高法院將該草案發表以供公眾討論。收到評論並考慮這些評論後，司法委員會對草案進行了再次修訂並再次將其提交給最高法院。最高法院在審議並批准了其中一些小小的修訂後，於 1972 年 11 月 20 日批准了該法案並予以公布。由於不滿意該法案關於證人特權的規定，議會當即通過了一個法令推遲該證據規則的生效時間，直至其有議會批准為止。議會對證據規則舉行了聽證會，在修改了眾多方面後，於 1975 年 1 月 2 日頒布，證據規則於 1975 年 7 月 1 日生效。❹

　　儘管英國和美國的證據規則都已經法典化，但是法典並不是證據規則

---

❸　Police and Criminal Evidence Act 1984; Criminal Justice Act 1988.

❷　Committee on Rules of Practice and Procedure of the Judicial Conference of the United States, Preliminary Report on the Advisability and Feasibility of Developing Uniform Rules of Evidence for the United States District Courts, 30 F. R. D. 73, 75 (1962). 關於最高法院是否有權通過這樣的制定法的權力方面的討論，可參見：Ronan E. Degnan, *The Law of Federal Evidence Reform*, 76 Harv. L. Rev. 275, 1962, pp. 275–302.

❸　Committee on Rules of Practice and Procedure of the Judicial Conference of the United States, Preliminary Draft of Proposed Rules of Evidence for the United States District Courts and Magistrates, 46 F. R. D. 161 (1969).

❹　Act of Jan. 2, 1975, Pub. L. No. 93–595, 88 Stat. 1926 (1975).

的唯一淵源。相反，無論在英國還是美國，判例都是證據法最重要的淵源之一。另外，在英國，歐洲人權公約對國內證據規則也有很深遠的影響。在美國，國際人權公約以及其他國際法淵源對於證據法的發展與使用也正在產生廣泛的影響。

三、當代英美證據排除規則的主要內容

在英美法系，證據具有可採性的第一個條件是必須具有相關性。但是，法律對於相關性並沒有給出一個標準。「美國聯邦證據規則」倒是給證據的相關性下了一個定義：「相關證據指證據具有某種趨勢，使某一待確認之爭議事實的存在更有可能或更無可能。」❸這樣的定義實際上並不能說明什麼樣的事實具有相關性，什麼樣的事實不具有相關性，因為它並沒有為某一事實使另一事實的存在更有可能或更無可能提供檢驗的標準。事實上，這個標準是不可能存在的，因為相關性本身更多地是一個經驗性的判斷。英美法系的證據法專家通常都承認，相關性問題更多地屬於邏輯問題和經驗問題，只有可採性問題才是一個法律問題。❸

相關性並不是可採性的唯一要求。很多在邏輯上具有相關性的證據，在法律上仍然不具有可採性。這就是我們通常所謂的排除規則的作用。❸證據法的核心部分就是證據排除規則。英美傳統證據法理論認為，排除規則主要是出於兩方面的考慮：一是為提高事實認定之準確性而設立的排除規則，二是出於與認定事實的準確性無關的考慮而設立的排除規則。前者

---

❸ Federal. Rules of Evidence, rule 401.

❸ 不同的意見也是存在的，關於此問題的討論具體可參見：William Twining, *Rethinking Evidence: Exploratory Essays*, Northwestern University Press, 1994, p. 188 infra.

❸ 在美國，證據排除規則 (Exclusionary Rule) 專指非法證據排除規則。Letitia D. Utley, *The Exclusionary Rule, Twenty-Fourth Annual Review of Criminal Procedure: United States Supreme Court and Courts of Appeals 1993–1994 I. Investigation and Police Practices*, 83 Geo. L. J. 824, 1995, p. 824. 但在英國，證據排除規則則更多地指向包括非法證據排除規則在內的所有的證據排除規則。

包括品格證據的排除規則、傳聞證據的排除規則、過去不良記錄的排除規則、意見證據的排除規則以及相似事實的排除規則等；後者則主要是指特權規則以及有關非法獲得的證據的排除規則。其中與陪審團最密切相關的規則是第一類規則，因此，以下將對第一類規則進行較為詳盡之介紹。

㈠傳聞證據

「加利福尼亞證據法典」對傳聞證據的界定是：「傳聞就是企圖使事實的裁判者相信一個非在其面前作出的陳述。」❸例如，證人甲向法庭作證說乙曾經告訴他（甲）他（乙）看見被告人丙爬過一個商店的窗戶，如果該證言被用於證明乙的陳述中所包含之內容的真實性，那麼，甲的證據就是傳聞證據。

通常，傳聞證據是不具有可採性的，因為它往往導致兩方面的危險：第一，傳聞是對別人陳述的重複，這種重複內在地包含著出現錯誤和歪曲原先之陳述的危險；第二，由於提供傳聞的證人本身並未親身經歷案件或者說並不瞭解案件事實，因此對其無法進行有效的交叉詢問。但是，傳聞證據規則也會使一些有價值的證據被排除在法庭之外。考慮到這一點，傳聞規則又確立了許多例外。當美國人準備設計一個統一證據法時他們發現至少需要定義 31 種例外。❹

在普通法上，其他法院的判決也不能用於現在正在進行的審判的證據。舉例而言，一場車禍發生之後，被害人提起侵權的民事訴訟，在民事訴訟中，原告不能以刑事法院對被告的定罪為證據證明他確實應當承擔責任，他仍然必須以證人或其他證據的方式證明被告人疏忽。這個一般原則被確定為法律是由上訴法院在霍林頓訴修特本 (Hollington v. Hewtborn)❺一案中確立的。其理論基礎在於：原先的程序中法官的結論僅僅是原來的程序中法官對在法庭出示的證據的效果的一種看法，而這種看法可以看作是一種傳聞。這個規則是在陪審團審判在民事訴訟中仍占主導地位的時期發展

❸　California Evidence Code, section 1200.

❹　W. R. Cornish, *The Jury*, Allen Lane the Penguin Press, London, 1968, p. 85.

❺　(1943) K. B. 587. See also, W. R. Cornish, *The Jury*, p. 89.

起來的。其確立的原因在於陪審團可能會不知道應該給予這樣的證據多大的分量，他們可能會將其視為絕對的證明而不顧其他相反的並意味著前一判決可能錯誤的證據。如今陪審團在英國民事案件中已經幾乎銷聲匿跡了，所以現在的問題是法官能在多大程度上避免這樣的危險。法律改革委員會得出的結論是先前定罪的判決在接下來的訴訟中應當被許可為證據使用。這一建議已經在民事證據法案 ❹ 通過後生效。其效果在於將推翻先前定罪判決的舉證責任轉移到被告身上：他必須證明他為何必須不被定罪。在有些案件中，這樣的安排會使原告在談判中獲得更早的或者更有利的解決，而這有可能是這一法律改革最本質的效果。

㈡意見證據

根據「美國聯邦證據規則」，所謂意見證據是「以推論或結論的形式，而不是以推論或結論所賴以形成的關於事實之陳述的形式（呈現的）證據；或者以想像或信仰，而不是以個人的知識為基礎的證據。」 ❷

普通法上的一般規則是證人的意見、信仰和推斷不能作為證明爭議事實的證據採納。換句話說，證人不能就某件事情發表意見，而只能就其感知到的事實作出陳述。這主要是因為，這種證據侵犯了陪審團自己從事實中得出結論的權力。 ❸ 但是這一規則受到三種例外情況的束縛，這些例外情況分別是：第一，如果公眾關注的問題很難得到證明，那麼一般的名聲作為意見證據可以採納；第二，如果法庭在缺乏這種證據的幫助下將很難達成結論，則專家證人的意見可以採納；第三，非專家證人的意見可以在一個普通外行人能力和經驗的範圍內得到採納。 ❹

㈢品格證據

根據墨菲的論述，在證據法中，「品格」一詞至少有三種不同的涵義：

---

❹ Civil Evidence Bill, 1968.

❷ Federal Rules of Evidence, rule 701.

❸ Mark Reutlinger, *Evidence: Essential Terms and Concepts*, Aspen Law & Business, 1996, p. 181. 以下引用將簡寫為 Reutlinger, *Evidence*.

❹ Peter Murphy, *Murphy on Evidence*, p. 328.

第一，它意味著一個人在他所生活的、人們都認識他的社區中享有的名聲 (reputation)；第二，它意味著一個人以特定的方式行為的習性 (habit)；第三，它可以指稱一個人過去的歷史中發生的某種事件 (event)，比如被告人過去被定罪的記錄 (previous conviction record) 等。❹

品格證據通常要予以排除，其中第三種情況通常又被稱為「前科的排除規則」。但是如果被告人首先提出他品行良好，他就自己將品行問題轉變成一個爭點，此時控訴方就可以對證明被告人品行良好的證人進行交叉詢問，其目的當然是證明被告人的品行並不像他所希望法庭相信的那麼好。這被認為是品格證據排除規則的一個例外。

(四)相似事實

「相似事實」(Similar facts) 通常必須予以排除，❹但是也有很多例外，其中最典型的案例莫過於「浴缸中的新娘」案：史密斯被指控造成他第一個妻子的死亡，控訴方被允許證明他的兩個後繼妻子以相同的方式在同樣特殊的條件下死亡；這樣的證明是為了指出被告人第一任妻子的死亡高度地不可能事出偶然。❹

在英國，相似事實作為證據具有可採性必須滿足兩個條件：第一，該證據必須與犯罪行為本身相關，如果該證據僅僅與犯罪的情況相關，而不是與犯罪行為本身直接相關，那麼與犯罪有關的情況條件必須具有顯著的意義，必須直接指向犯罪的行為；第二，該證據必須與所指控的行為具有驚人的相似性，不能平平淡淡以致不具有證據上的重要性。❹

---

❹　Peter Murphy, *Murphy on Evidence*, p. 131.

❹　在英美法系的有些證據法學著作中，相似事實被放在「品格證據」一章中加以討論，例見：Reutlinger, *Evidence*, Chapter 3. 但在更多的著作中，相似事實又單獨成為論述的對象，例見：Peter Murphy, *Murphy on Evidence*, Chapter 6; Richard May, *Criminal Evidence*, Sweet & Maxwell, 1990; John Huxley Buzzard, Richard May and M. N. Howard, *Phipson on Evidence*, 13th Edition, Sweet & Maxwell, 1982, Chapter 12（以下引用時將簡寫為 Buzzard et al., *Phipson on Evidence*）.

❹　R. v Smith, (1915)11 Cr. App Rep 229.

在美國，相似事實被分成「性侵犯案件中的相似犯罪證據」、「猥褻兒童案件中的相似犯罪證據」以及「與性侵犯及猥褻兒童有關之民事案件中的相似事實證據」三大類分別以「美國聯邦證據規則」進行規定。❹

必須說明的是，在英國，法官對於證據的可採性擁有比較大的自由裁量權。如果法官認為允許一個證據進入審判程序的價值大於其可能在陪審員心中產生的不公正的偏見所帶來的弊端的話，在刑事案件中，他在一定的情況下可以決定該證據具有可採性。如果剛好相反，則某些本來可採的證據他也可以排除。

四、陪審團對證據規則之影響

眾多的學者認為，證據法的產生和陪審團有關。塞耶是這一觀點最有力的鼓吹者。他聲稱，「以排除規則為其主要內容的英格蘭證據法是陪審團最偉大也是最顯著的成就。」❺塞耶的理由主要在於，如果小陪審團還和它開始產生的時候那樣，不是在公開的法庭上，在法官的眼皮底下聽取證人證言，而是依賴自身的信息，或者私下裏去訪問證人，則可以說證據法永遠也不會產生；正是由於司法對當事人向陪審團舉證的監督和控制導致了證據制度的產生。塞耶說，「如果誰想要瞭解這一制度，就必須將它的這一來源牢記在心。」❺為了讓人們對此來源牢記在心，塞耶在其十二章的《論證據》一書中花了四章的篇幅來敘述陪審團的產生和成長過程。在當代，仍然有不少學者認為證據規則乃是為陪審團審判而設置，並以此來解釋其與大陸法系證據規則的差異。

不過，塞耶宣稱「證據法是陪審團的兒子」❺這一論斷本身也容易引

---

❹ See from, Peter Murphy, *Murphy on Evidence*, p. 180.

❹ 參見：Federal Rules of Evidence, rule 413, 414, 415.

❺ James Bradley Thayer, *A Preliminary Treatise on Evidence at the Common Law*, Augustus M. Kelley. Publishers, New York, 1969, p. 180. 以下引用將簡寫為 Thayer, *Evidence*.

❺ Thayer, *Evidence*, p. 181.

起誤解，使人誤以為沒有陪審團審判就沒有英美法系的證據規則。但事實上卻絕非如此，因為，一方面，在歐洲大陸，儘管沒有陪審團審判，但是他們在中世紀的時候就發展出很成熟的證據規則。這一事實說明，沒有陪審團審判，同樣可以產生證據規則，只不過不同的審判機制產生不同的證據規則。在法官審判的情況下，發展出了關於證據之證明力的精緻的規則，這些規則由法官來掌握；在陪審團審判的情況下，發展出了關於證據之可採性的精緻的規則，這些規則也由法官來掌握，並且成為法官控制陪審團的一種工具。另一方面，即使有了陪審團審判，也不必然導致證據法的產生。因為，陪審團審判制度本身是一個保守的因素，它自己不會積極地產生任何制度。如果證據法是陪審團的創造的話，那麼為什麼在陪審團審判產生的 12 世紀以及此後的將近 500 年時間中，證據法都沒有產生呢？根據英國最早的證據法著作，一直到 1726 年，英國的證據規則也主要僅涉及三個方面的內容：文書的證明 (the proof of writings)；利害關係人無資格作證 (the disqualification of witnesses for interest)；以及按照實體法標準是否存在充分的證據 (the sufficiency of evidence according to the criteria of substantive law)。❸ 正如郎本所指出的那樣，在 16-17 世紀，英國的證據法尚未存在；法官對陪審團的指示中並沒有關於現代證據法的內容，而律師依照現在的規則應當提出反對的現象也很少發生；直到 18-19 世紀，證據法才首先在刑事訴訟中產生，然後才延伸至民事訴訟領域。❹

因此，證據規則的產生與陪審團審判制度實際上並無必然的聯繫。但是這並不意味著證據規則與陪審團審判沒有任何聯繫。事實上，陪審團由證人身分向法官身分的轉變，為證據規則的產生提供了條件。在陪審團依

---

❺　Thayer, *Evidence*, p. 47.

❸　Anon. Geoffrey Gilbert, *The Law of Evidence*, Dublin, 1754. 該書出版於 1754 年，但是作者死於 1726 年，書中所述之證據規則自然應當是在他死前存在的證據規則。詳見：John H. Langbein, *Historical Foundations of the Law of Evidence: A View from the Ryder Sources*, in 85 Colum. L. Rev. 1193, p. 1172.

❹　John H. Langbein, *supra* note 53, pp. 1171-1202.

賴自身信息判決案件的情況下，證據規則是不大可能產生的。所以，從 1500 年以後，當陪審團基本上已經不再依賴自身信息作出判斷，而是在法庭上聽取證人證言和當事人舉出的其他證據，作為其裁決的基礎的時候，陪審團就不再壟斷對事實的認定，因為法官與陪審團一樣，也參與了對證據的聽取過程。參與這個過程為法官對事實的認定施加自己的影響提供了機會和藉口，因為從這時候起他開始有資格也有能力對證據進行評論，並就如何適用法律對陪審團作出指示。從證據規則產生的這一前提，我們也可以理解為什麼陪審團產生之初法官沒有將認定事實的權力留給自己。等到他們認識到這一權力之重要性的時候，陪審團行使這一權力的事實已經深入人心，想改也改不了了。但是，他們不會輕易放棄對這一權力的爭取，對陪審團的指示正是他們分享這一權力的現成的方式，而正是由於法官對陪審團的指示使證據法的產生成為可能。所以，威格默認為，指導性審判的黎明正是證據法的分水嶺。也正是在這個基礎上，威格默指出，儘管證據法的充分發展是 1790–1830 年之間的事情，其產生則應當是在 16–17 世紀之間，因為正是從那時開始法官對陪審團就證據問題作出指示。❺

在這個意義上，本文認為陪審團審判為證據規則的發展提供了條件和契機。在英美法系，邏輯上具有相關性的證據仍然由於證據法的規定而不具有法律上的可採性，這些規則的存在很大程度上是由於人們相信，採納這樣的證據可能會給事實裁判者造成超過它本身應當具有的證據力的評價。在所有關於陪審團容易被不適當的證據誤導的理論中，最典型的例子是傳聞證據規則。傳聞證據排除規則有很多合理的基礎，但其中最重要的一條就是，提供傳聞的人不能在法庭上接受交叉詢問以檢驗其證言的可靠性：交叉詢問由反對他的一方進行，法庭會觀察他的一般表現，以及他說話強調的重點，以及他聲調的高低等等；這一理論背後的東西則是：人們不相信陪審團能夠考慮到這種證據的缺陷。❺

---

❺ See John H. Langbein, *supra* note 53, p. 1171.

❺ 早在 1811 年，普通上訴法院首席大法官詹姆斯・曼斯菲爾德 (James Masfield) 就指出：「在蘇格蘭，以及大多數大陸國家，法官既決定爭議事實，又決定法

品格證據的排除規則也是由於陪審團審判的影響。無論在英國還是美國，均不許控訴方將被告人的不良品行以及以前的定罪記錄或者其他違法行為作為證據在法庭上出示。這一原則的主旨在於防止被告人被因為偏見而被定罪。其基礎顯然是擔心陪審團和其他事實法官對這樣的證據給予不應有的分量。換句話說，品格證據規則是為了防止陪審團對這些證據賦予過高的證明力而設置的規則。與大陸法系不一樣，關於以前的定罪這種證據不能在法庭上採納，英美的法學家提供的解釋完全不是因為不具有相關性，而是因為這樣的證據容易導致陪審團對被告人產生偏見。對此，美國1948 年的一個案件表述得十分明確：

> 州（政府）不得出示被告人先前被定罪的……這不是因為他的品格與案件無關，相反，而是因為它可能導致陪審團過分看重這樣的證據以致形成對被告人的偏見，從而拒絕給予其公正的針對特定指控進行辯護的機會。排除這一證據的至高無上的政策，就是基於這種實際的經驗：拒絕這樣的證據將會防止對爭議問題的混淆，防止產生不公正的驚訝以及不適當的偏見。因此，儘管它有一定的證明力，也必須予以排除。❺❼

在其他沒有受到英國普通法影響的國家，對證據的出示和對待通常都採取了更為寬鬆的態度。在大陸法系，並沒有基於事實裁判者可能會錯誤地評價這樣的證據從而影響事實認定的精確性而將其予以排除的規則。事實是，大陸法系受過訓練的法律家幾乎全體一致地認為，這樣的排除規則是不能接受的。❺❽比起英美法系的法律家，他們對外行法官在作出決定時

律；並且他們認為聽取傳聞證據沒有危險，因為他們相信自己在考慮其對案件的判斷時他們會不考慮這些證據，或者只給予其應有的極小的證明力。但在英格蘭，陪審團是事實的唯一法官，因而傳聞證據被恰當地排除，因為沒有人知道這些證據將會對陪審團產生什麼樣的效果。」 See *Berkeley Peerage Case* (1811), 4 Camp. 401. See from, W. R. Cornish, *The Jury*, p. 84.

❺❼ Michelson v. United States, 335 U.S. 469, 475–476 (1948).

❺❽ Damaska, *supra* note 3, p. 514.

不給予某些證據不適當的考慮的能力方面更有信心。但是，在通過立法預見將來方面，他們比英美法系的法律家又更加悲觀，因為他們不相信在預見到特定種類的證據對認定事實的影響的基礎上，可以成功地制定一套關於證據的法律規則。郎本曾經指出：在我們的審判法庭上，無論是民事訴訟還是刑事訴訟，你都可以聽到律師們不斷地打斷（對方律師對證人的詢問）並提出基於證據規則的反對；人們對這些咒語是如此熟悉，以致它們已經進入公共文化領域；閉上你的眼睛，你就可聽到佩雷·馬森或相似的電視中傳出嚴厲而擲地有聲的反對：「不具有實質性！」「傳聞！」「意見！」「誘導性問題！」而當我們切換頻道，來到法國或意大利或瑞典的法庭，你便再也聽不到這些聲音了。郎本還指出：「在過去的二十年間，我曾經經常參觀德國的民事和刑事訴訟程序。我聽到過很多傳聞證言，但是從未聽到過反對此類證言的聲音；我也聽到意見證據在法庭上如潮水一般洶湧而至，卻沒有遭受任何抵抗。」**⑤⑨**

所以，恰如塞耶等證據法學者所聲稱的那樣，正是排除那些可能導致陪審團作出錯誤判斷的需要，以及指示他們如何對待被容許的證據的願望，共同構成了今天英美法系發展出如此精緻和正式的證據法的首要原因。**⑥⓪**

五、證據規則與陪審團裁決之正當性

那麼，為什麼需要防止陪審團作出錯誤判斷？為什麼需要告訴陪審團對待證據的態度？筆者以為，證據規則的產生，實際上反映了陪審團審判中裁判之可接受性**⑥①**模式的轉變。在 13 世紀陪審團審判剛剛誕生之時，陪

---

⑤⑨ John H. Langbein, *supra* note 53, p. 1169.

⑥⓪ Thayer, *Evidence*, p. 47; G. D. Nokes, *The English Jury and the Law of Evidence* (1956), 31 Tulane L. R. 153.

⑥① 關於裁判事實可接受性之論述，可參見：Charles Nesson, *The Evidence or the Event? On Judicial Proof and the Acceptability of Verdicts*, 92 Harv. L. Rev. 1359. 尼桑認為，裁決的可接受性是法律能夠道德化和具有教育功能的關鍵；因此，審判儘管表面上看起來是一個發現真實的過程，而實際上則是一個劇場，是一場戲劇，公眾通過參與而從中吸收應當如何行為的信息；儘管促進裁判事

審團之裁決體現著上帝的聲音，裁判的可接受性主要來自非理性的力量；而在陪審團進入近現代以後，隨著啟蒙思想的發展與傳播，裁判的可接受性日益需要以理性的方式來加強。正是在這一環境下，才產生了龐雜而精緻的證據規則。仔細研究一下證據規則的內容，當不難得出以上結論。

　　從證據規則的內容來看，絕大多數基於認定事實的精確性而設置的證據排除規則，其根本目的都是為了獲得或者加強陪審團裁判認定之事實的可接受性亦即裁判事實的正當性、合法性 (Legitimacy)。❷ 歷來被視為為保障發現真實而設置的傳聞排除法則，就是一個典型的例證。傳統上一直認為，傳聞規則是為保障發現真實而設置的規則。但實際上，如果傳聞法則是為了保障真實的發現，那麼，這一規則排除的就應當是不可靠的證據，而將比較可靠的證據作為例外賦予其可採性。實際上並非如此，往往是那些較有可靠性的證據被排除，而作為例外被賦予可採性的證據則不一定可靠。❸ 但是，他們仍然在堅持這一規則，原因即在於，這一規則雖然在一定程度上阻礙了真實的發現，但是它有助於實現裁判事實的可接受性。對此，尼桑作了精闢的分析。尼桑認為，傳聞規則不能起到促使公眾立即接受裁決的作用，因為可接受性可能會使公眾要求法官考慮一切與案件有關的材料，而傳聞證據通常也被認為具有相關性。但是，傳聞證據規則可以使裁判認定的事實具有持續的可接受性。因為，未經交叉詢問的傳聞，可能會在裁判作出後受到改變，從而使裁判事實的可接受性打折扣。而經過交叉詢問的證言則可以降低證人改變證言的危險；而且，即使證人日後改

　　　實精確性的措施通常也會促進裁判事實的可接受性，但是事情卻並不總是這樣；不僅如此，有些證據原則只能這樣來理解：它們的目的不是為了獲得裁判事實的精確性，而是為了獲得裁判事實的可接受性。

❷　雖然我並不贊成將裁判事實的可接受性作為證據規則唯一的價值目標，但是它卻至少是其中最重要的目標。發現真實實際上是服務於這一目標的，因為任何訴訟最終都必須解決其裁判事實的可接受性問題，卻不一定要解決發現真實的問題，儘管真實的發現在多數場合可能會更有助於加強裁判事實的可接受性。

❸　Christopher B. Mueller, *Post-Modern Hearsay Reform: The Importance of Complexity*, 76 Minn. L. Rev. 367, 詳見第 370–376 頁。

變說法，由於交叉詢問，他先前在法庭上所作證言的可信性也會高於其改變後的證言。❻由此可見，以裁判事實的可接受性來解釋證據規則的理論更加具有可接受性。

那麼，為什麼在陪審團審判的早期沒有產生為獲得裁判事實之正當性而產生的證據規則，而直到 18 世紀末期才產生這樣的證據規則呢? 難道 12 世紀、13 世紀的裁判就不需要正當性嗎? 如果需要的話，此時的裁判正當性又來自何方? 為了說明這一點，有必要簡略回顧一下陪審團審判的歷史。在證據規則產生大約二百年以前,陪審團在一定程度上具有證人的特徵。❻這一點至少可以從兩個方面得到證明。首先，陪審團的成員必須是來自爭議發生地點的鄉人。福特斯鳩告訴我們，至少有 4 名成員必須是來自主張之事實發生地的百戶邑。❻從陪審團組成人員的地域限制我們可以看出，早期的陪審團成員至少有一部分是瞭解案件事實的人，或者是對於瞭解案件事實具有便利條件的人。其次，陪審團的裁決如果被推翻，則作出該裁決的陪審團成員要受到處罰。他們原來的裁決被認為是作偽證。這一點可以從當時大小陪審團的組成得到論證。剛開始的時候，大陪審團的成員也是小陪審團的成員。有時候，在大陪審團決定被告人是否有罪的時候，為了更具有代表性，更多的人被加進來; 有時候，只有部分大陪審團的成員參加決定嫌疑人是否有罪的程序。❻也就是說，在小陪審團決定案件時，至少其中的一部分成員並且是大部分曾經參加過大陪審團的調查和起訴工作。這樣，如果小陪審團的裁決與大陪審團認定的事實不一致，這樣的裁決就表示陪審員的裁決前後矛盾。同樣的陪審團在不同的場合作出不同裁

❻　Charles Nesson, *supra* note 62, p. 1374.

❻　對陪審團從證人向法官身分的轉換，可參見: John Marshall Mitnick, *From Neighbor-Witness to Judge of Proofs: The Transformation of the English Civil Juror*, 32 Am. J. Legal Hist., p. 201. 亦可參看本書第二章。

❻　W. S. Holdsworth, *A History of English Law*, Vol. 1, Methuen & Co. Ltd., Sweet and Maxwell Ltd., London, 1956, p. 313.

❻　W. S. Holdsworth, *supra* note 67, at 324.

決，這與證人在不同的場合作出不同的陳述沒有本質上的區別。所以，他們必須以僞證罪論處。

既然陪審團是以瞭解案件事實真相之證人身分對案件進行裁判，不需要證據規則是很自然的。同時，他們也無須為裁判理由提供正當性說明——試想一下，有哪個證人會為自己所瞭解的案件事實進行推理性論證呢？瞭解這一點，對於我們理解當今英美法系陪審團至今無須為其裁判提供理由具有至關重要的意義。毫無疑問：證人是無須為自己瞭解的案件事實提供理由的，只有當陪審團不再是證人，而是成為聽取證人證言、審查當事人出示的其他證據之事實裁判者的時候，陪審團才需要為其認定的裁判事實提供推理性論證。

即使在陪審團逐漸脫離了證人的特徵以後，也沒有人想到要求陪審團為自己認定的案件事實提供一個正當性說明。這樣的社會需要發展成為一種通過證據規則體現出來的制度也經歷了一個逐步發展的過程。這主要是因為：

第一，法官仍然掌握著控制陪審團的工具，那就是，直至 18 世紀晚期，英美法系的法庭審判仍然保持著一元化法庭的運轉模式，法官對事實認定過程的控制遠遠超過了我們現在所看到的程度。法官可以與陪審員進行非正式的交談，並且可以對陪審團進行詳盡的指示。最後，如果陪審團提供的裁決不能令他滿意，他可以行使自由裁量權指令重審，甚至一些有個性的法官還要求陪審團退出法庭重新評議。❻ 因此，通過證據規則控制陪審團的需要尚未產生。

第二，陪審團裁決從一開始就被視為是「上帝的裁決」，在陪審團審判實行的最初幾百年時間裏，陪審團的聲音一直被視為上帝的聲音。當人們的思想意識還沒有從蒙昧中完全解放出來的時候，要求法院為判決提供推理的想法也是不現實的。在這一方面，英美法系的發展一直落後於大陸法系；甚至可以說，二者的發展方向簡直是背道而馳的。在大陸法系，古羅

---

❻　John H. Langbein, *The Criminal Trial before the Lawyer*, 45 U. Chi. L. Rev., pp. 284–300.

馬法中就存在著「法律理由停止之處，法律本身也停止」**❻❾**的法諺。而直到今天，英美法系的法官在作出裁判時也不會就事實問題進行推理性論證。可以說，英美法系的訴訟制度從一開始就更加強調裁判結果的神聖性（無論實際上裁判結果是否具有這種性質）。對此也可以從證據規則本身的變化得出結論。在現代的證據規則產生以前，最主要的證據排除規則就是利害關係人不得作證的規則，這一規則是通過證人宣誓制度運轉的：凡是與案件結果有利害關係的人均不得提供宣誓證言。因此，這一制度實際上將證人證言的可靠性建立在對上帝的信任的基礎上。相反，當證據規則發展起來的時候，證人證言的可靠性是通過律師對證人的交叉詢問來保證的。**❼⓪**因此，我們有理由相信，啟蒙思想的逐步傳播使人們不再將陪審團裁判視為上帝的聲音。在陪審團審判剛剛確立的時候，這種審判方式僅僅是蒙昧的、具有迷信色彩的古老的彈劾式訴訟的替代物。從某種意義上說，陪審團審判之所以能夠取代古老的考驗的審判方式，是因為它在很多方面與這些審判方式一樣，均訴諸於非理性的價值。**❼❶**因此，人們將陪審團的裁決視為上帝的聲音是很自然的。這種做法一方面起到了替換古老的證明方式的作用，另一方面可以加強裁判的正當性及可接受性。然而，到了近現代社會以後，人們日益不能滿足於這種非理性權威的裁判，因此必須尋求新的加強裁判事實可接受性的手段。換句話說，在新的歷史條件下，要維持陪審團審判的正常運轉，就必須為這一制度尋求新的正當性根據。正是在這種情況下，證據規則應運而生。

從大陸法系證據規則的稀少也可以得知其法官為何會對事實的認定給出詳盡的理由。在大陸法系法院的判決中，法官不僅有義務明確法庭認定

---

❻❾ 卡爾・拉倫茨，《法學方法論》，北京，2003 年，第 1 版，第 226 頁。

❼⓪ 對此，可參見：John H. Langbein, *Historical Foundations of the Law of Evidence: A View from the Ryder Sources*, in 85 Colum. L. Rev. 1193, p. 1200.

❼❶ 類似看法可參見：William L. Dwyer, *In the Hands of the People: The Trial Jury's Origins, Triumphs, Troubles, and Future in American Democracy*, Thomas Dunne Books, St. Martin's Press, New York, 2002, p. 36.

的事實，而且有義務為每一個結論提供證據支持以及由證據導向事實認定的推理環節。❼❷ 大陸法系甚至認為，沒有解釋的判決是可怕的。❼❸ 我們只能認為，由於大陸法系不存在對證據資格進行預先審查的規則，所以只能以事後補救的方式，通過對判決進行充分的說理來獲得裁判事實的可接受性。然而心理學研究表明，「在證據與結論之間似乎存在著宛如跳躍一般的中斷。直覺的低語、衝動的意志乃至本能的情感，它們聯合起來作出一項判決。」❼❹ 因此，通過這種方式獲得裁判事實可接受性的做法實際上意味著一種冒險。曼斯菲爾德勳爵曾經給一個新任命的殖民地法官提出過一個膾炙人口的建議：「給出你的決定，因為它可能是正確的；但是不要給出你的理由，因為它們可能是錯誤的。」❼❺ 從這個角度來看，英美法系在這一問題上採取了比大陸法系更為明智的做法，因為人們對證據作出反應的因素實際上很難以命題的方式來表達。❼❻ 正是在這個意義上，英美法系的訴訟制度被設計為對證據資格進行嚴格的預先審查的制度，並且在陪審團作出裁決以前，很多司法轄區都允許法官就案件中的證據對陪審團作出指示。對此，達馬斯卡正確地指出：「英美（證據）法的生命力不僅源自防止出現實

---

❼❷　關於大陸法系判決書的風格，讀者可參照宋冰，《讀本：美國與德國的司法程序》，中國政法大學出版社，1998 年，第 1 版。

❼❸　Damaska, *Evidence Law Adrift*, p. 44.

❼❹　Damaska, *Evidence Law Adrift*, p. 42.

❼❺　James Gobert, *Justice, Democracy and the Jury*, Dartmouth Publishing Company Limited, 1997, p. 19.

❼❻　即使是在現代社會,陪審團審判的方式對於裁判的可接受性而言在很多情況下仍然具有法官審判所不可比擬的優越性。正如德懷爾所言：「儘管經過了很多世紀，我們已經積累了很多知識、智慧與先例，仍然有一些案件如此棘手，對我們的道德情感如此富於挑戰性，如此難以通過法律推理的方式獲得答案，以致我們仍然渴望神跡出現以指示我們應當如何行為。在那些案件中，陪審團無疑具有特別的優勢：它無須為其裁判提供解釋。」參見：William L. Dwyer, *In the Hands of the People: The Trial Jury's Origins, Triumphs, Troubles, and Future in American Democracy*, Thomas Dunne Books, St. Martin's Press, New York, 2002, p. 37.

體錯誤的願望，而且源自對不可預測之陪審團裁決的合法性的事先支持的願望。」❼

❼　Damaska, *Evidence Law adrift*, p. 45.

第八章 當代英美對抗制中之陪審團審判

　　雖然陪審團審判制度已經傳播到所有屬於英美法系的國家，由於篇幅的限制,本文不可能對每個國家的陪審團審判之實施情況進行詳細的介紹。因此，本章的重點將是介紹英國和美國的陪審團審判。並且，雖然80%以上的陪審團審判都發生在美國，但為方便起見，本文將仍然以英國陪審團審判制度的實施為主。美國的陪審團審判在很多方面與英國都不一樣，本文也會對這些不一致之處進行適當的比較。

一、擔任陪審員的資格及陪審義務的豁免

　　在英國，根據1974年《陪審團法》，所有年齡在18歲到65歲之間並且自13歲以來已經在英國居住5年以上的登記選民，都有資格擔任陪審員；陪審員名單從選民登記名單中隨機抽選。❶對於符合擔任陪審員條件的人，經徵召後如無正當理由拒不履行職責，則構成可判處最高罰金1000英鎊的罪行，該罪行可以簡易方式處理。❷但是對於符合特定條件的人，經申請可以免除擔任陪審員的義務，或者不能擔任陪審員。具體如下。

　1.年　齡

　　1825年規定的最高年齡限制是60歲；❸1974年《陪審團法》將這一年齡調高到65歲。1984年，這一年齡更調為70歲，但是對於65歲以上者，經申請可以豁免。❹

　　擔任陪審員的法定最低年齡在1968年是21歲。當時的財產資格條件

---

❶　Jury Act 1974, section 1.

❷　Jury Act 1974, section 20.

❸　Jury Act 1825.

❹　Juries (Disqualification) Act 1984.

還沒有廢除，有學者預計，如果財產資格的要求被廢除，那麼陪審員的平均年齡可能會低於 30 歲。❺現在，根據 1974 年《陪審團法》的規定，最低年齡已經降到 18 歲。

2.殘　疾

現行法律明確排除有生理缺陷或者在語言表達方面有障礙的人擔任陪審員。這通常在傳喚陪審員時作出決定，法官發現被傳喚的人是聾、啞人或不能讀懂英文之人，則予以排除。但是有時候這些缺陷等到被發現時再採取措施已經太晚了。在威爾士的一個被告人被判定犯有盜竊羊的案件中，有兩個陪審員被發現不會說英語。但刑事上訴法院拒絕推翻定罪。❻

3.曾被定罪

人們通常認為，一個有犯罪記錄的人很難做到忠實地、不帶利益偏見地履行陪審員的職責，所以有些犯罪者被排除在陪審團之外是正確的。1870 年的「陪審團法」規定那些有不名譽之犯罪記錄的人不得擔任陪審員，這些不名譽的罪行包括雞姦或同類的犯罪行為等。很難說議會希望將犯罪的種類作如此狹隘的限制，但是 1950 年的刑事上訴法院就是如此解釋的。❼ 1967 年「刑事司法法」規定，任何曾經被判處 3 個月或以上監禁的人在 10 年內不得擔任陪審員；如果被判處 5 年以上監禁，那他就永遠喪失擔任陪審員的資格。如果他擔任了陪審員，他將被處以 250 英鎊的罰金，但是陪審團作出的裁決並不因為他的參加而無效。但是，沒有資格擔任刑事案件的陪審員並不妨礙其在民事案件中擔任陪審員。這些規定在 1984 年「陪審團法」❽中得到重新肯定。

4.法律職業者和其他職業

律師、警察、議會成員、貴族、郡議員、醫生、救火隊員、牧師、和尚都被排除在外。但是會計師、建築師、商人、學校教師等不得以其職業

❺　W. R. Cornish, *The Jury*, Allen Lane the Penguin Press, 1968, p. 36.

❻　W. R. Cornish, *The Jury*, Allen Lane the Penguin Press, 1968, p. 37.

❼　R. v. Kelly (1950) 2 K. B. 164.

❽　Juries (Disqualification) Act 1984.

為由請求得到擔任陪審員的豁免；所以法律也不像有些人所宣稱的那樣，將所有最適合擔任陪審員的人都予以排除。

5.其他排除理由

根據制定法，負責召集陪審團的官員有權決定一個人是否可以被免除擔任陪審員職務，如果這個人提出申請並說明理由的話。但是法庭和法官也行使同樣的權力，儘管這並沒有明確的制定法依據。如果一個人正在生病或者一個婦女出於生理上的原因不能擔任陪審員，這當然可以構成免除的基礎。其他理由也可以導致完全免除或者至少推遲其履行職務的時間：照顧嬰兒或殘疾親人；管理只有一個經營者而如果他不在該商店就會關門的商業；已經安排好了的假期，某些特定職業者將因擔任陪審員而喪失季度獎金等。

依據現行法律，已經擔任過陪審員的人可以在一定期限內免除其再擔任陪審員的義務，但這要視地方而定。有些地方的法官會給予 10 年的豁免期，有的法官則給予其終身豁免。

二、陪審員的召集與陪審團的組成

㈠選拔陪審員

在英國，很長時間以來，陪審團名單都是單獨由教區或市鎮的官員做出來的，但是現在已經被區的選舉人名單替代。那些符合財產資格條件和其他條件的人每年被從選舉人名單中抽出來，並加上 "J" 的標誌。在一個人的名字被第一次做上這樣的標記之前，這個人會收到一封信函，被告知：如果他有合適的理由，他可以提出反對，但他必須在指定的時間內提出。這是挑選陪審團的第一步。

第二步在傳統上由鎮長授權當地執業的沙律師為巡迴法院和郡季度法庭召集陪審團。現在，根據 1974 年「陪審團法」的規定，陪審團由大法官 (Chancellor) 負責召集。

被召集的陪審員名單被製成「陪審員名簿」(panel)。負責召集的官員有義務注意婦女的比例，它必須與陪審員名單上的婦女比例保持一致。

陪審員的挑選必須是建立在隨機的基礎之上。

在美國的許多州，陪審員的選拔都是由法庭任命的一年一度的陪審團委員會進行。在有些地方，委員會諮詢當地的能人誰適合做陪審員；在其他地方他們發放問卷，內容包括年齡、公民權、教育情況等。有些委員會甚至進行單個的面試 (interview)。在一些特定的州，如加利福尼亞州，對備選陪審員的調查已顯得十分成熟。它要求受試者回答一些多項選擇題，測試的目的在於瞭解其文化水平、關於基本法律和程序的知識、以及智力、記憶和感知能力等。美國聯邦最高法院認為這並不違反憲法所規定的代表性要求 (cross-section of the community)。 ❾

(二)抽　籤

負責召集陪審團的官員完成任務後給法庭一個名單,就是陪審員名簿,上面記載著他們的姓名、地址和職業。訴訟當事人通過付費可以獲得一份名簿的副本,這樣可以使他決定申請誰迴避。現在,根據 1974 年陪審團法,任何人都可以得到陪審員名單。但是, 提供地址的做法也為那些想對陪審員施加不適當影響的人提供了方便。很可能在不久的將來訴訟人只有在審判的當天才知道誰被列入陪審員名簿。

陪審團從陪審員名簿中抽籤產生。但是, 法庭的書記官有時候會從籤筒中取出最上面的 12 個人名卡片,而不是隨機的抽取;有時候他們會故意將卡片排列的順序安排好,為的是在一些特定的案件中不讓婦女參加審判,有時候則是為了讓一定比例的婦女能夠被抽中。 ❿

(三)陪審員的迴避

在英國,申請個別的陪審員迴避有兩條途徑。一是有因迴避,二是無因迴避。只有被告人有權申請無因迴避,王室無權申請無因迴避;但是它可以讓陪審員暫時「靠邊站」,直到所有的陪審員都被叫到。申請無因迴避的權利經歷了一個逐步取消的過程。1925 年,允許無因迴避的次數從 25 降到 12; 1948 年, 從 12 降到 7; 1977 年, 從 7 降到 3; 最後, 1988 年的「刑

❾　W. R. Cornish, *The Jury*, Allen Lane the Penguin Press, 1968, p. 34.

❿　W. R. Cornish, *The Jury*, Allen Lane the Penguin Press, 1968, p. 44.

事司法法」將此一權利徹底廢除。❶ 有一種說法認為刑事案件中無因迴避的權利排除的是那些看起來很聰明因而難以被收買和恐嚇的陪審員。這種情況當然是有的，尤其是當站在被告人席上的被告人是共同犯罪案件中的好幾個被告人時，這種權利的行使就會非常可觀——在一個案件中 7 名被告人一共行使了 35 次無因迴避的權利。❷ 取消無因迴避的原因可能就在於此。

在民事案件中不允許無因迴避，但無論是民事案件還是刑事案件都允許當事人提出有因迴避。有因迴避不受次數限制，並且，被告人還可以陪審員的挑選程序不公正為由，申請所有陪審員名簿上的陪審員迴避。但在實踐中，有因迴避的權利還不如無因迴避有效，因為當事人無法瞭解與陪審員有關的更多信息，他也無權在法庭向陪審員發問。在加拿大，如果一方在審前與陪審員交流則被視為錯誤行為，在英國則沒有明確規定。不過，在英國，當事人可以在審判前調查陪審團名簿上所列之陪審員的背景情況，例如陪審員可能的態度等，這在法律上並不違法。相反，法律還鼓勵當事人這樣做。❸ 但在實踐上，律師通常無法有效地對陪審團名簿上的候選陪審員進行詳盡的調查。

英國與美國陪審團審判的一個重大區別就在於對陪審員的迴避方面。在美國，通常的實踐是陪審員必須接受詢問，詢問既可以來自法官，也可以來自當事人。這個詢問的程序就被稱為「陪審員照實陳述程序」(voir dire)。美國聯邦最高法院認為，陪審員照實陳述的程序，對於保障被告人獲得公正的陪審團審判方面發揮著舉足輕重的作用。❹ 可見，陪審員照實陳述程序的目的在於保障被告人獲得公正之陪審團審判的權利。

---

❶　Criminal Justice Act 1988, S. 118(1). 上述變化過程參見：*Emmins on Criminal Procedure*, p. 257.

❷　W. R. Cornish, *The Jury*, Allen Lane the Penguin Press, 1968, p. 48.

❸　Jury Act 1974, section 5(2).

❹　Rosales-Lopez v. United States, 451 U.S. 182, 188 (1981). See also, Ross v. Oklahoma, 487 U.S. 81, 88 (1988).

　　詢問的內容可以是陪審員的個人經歷，他的觀念，信仰；詢問目的在於確定是否對他提出無因迴避或有因迴避。通過這一手段，美國律師對陪審團的成員瞭解得更多，而且如何詢問以及申請誰迴避的問題也被公認為是辯護中十分重要的一部分。很多法律家在詢問技巧與方法方面進行過細緻的探討；❶更有法律家模仿摩西十誡的箴言，提出在陪審員照實陳述程序中詢問陪審員的十條戒律。❶從實踐上看，這個過程是令人厭煩的，也是耗費時間的。發生於達拉斯的對傑克‧羅比謀殺李哈維‧奧斯瓦爾德的審判，正式組成的陪審團宣誓之前有 162 名備選陪審員被詢問了 15 天。❶

㈣選舉陪審團團長

　　陪審團團長對案件的影響力是顯而易見的。陪審團的評議在很大程度上受著他的影響。考慮這一點，缺乏挑選陪審團團長的程序將是非常奇怪的。關於陪審團團長的挑選在不同的法院做法亦十分地不同，有時候法官會建議陪審團自己選擇團長，❶有時候誰坐上一個空出來的座位誰就是團長，有時候他們乾脆什麼也不說。曾經有陪審團未曾產生團長的情況，也有陪審團僅僅提名一個陪審員讓他去提交裁決。但是，在紐西蘭，法官有義務在陪審團組成後立即指示陪審團退庭選舉一個團長；科尼希認為這一制度值得引進到英國。❶

三、陪審團審判程序

---

❶ See, for example, Heath R. Patterson, *Jury Selection: Prosecution's Final Frontier*, 35–DEC Prosecutor 29 (2001); see also, Gordon L. Roberts and Hon. Timothy R. Hanson, *Jury Selection*, 8–NOV Utah B. J. 14 (1995).

❶ Glenn H. Weiss and Steve Scheck, *Jury Selection: The Second Decalogue*, 69–NOV Fla. B. J. 97 (1995).

❶ W. R. Cornish, *The Jury*, Allen Lane the Penguin Press, 1968, p. 46.

❶ 據斯普拉克 (Sprack) 介紹，在英國，法官總是在對陪審團作出指示的最後階段才建議他們自己選舉一名陪審團團長。See *Emmins on Criminal Procedure*, p. 294.

❶ W. R. Cornish, *The Jury*, Allen Lane the Penguin Press, 1968, p. 48.

　　陪審團審判長期以來作為普通法法院不可分割的一部分，深刻地影響了法庭實踐的許多方面。因英國民事訴訟中陪審團的適用已經十分罕見，本部分主要探討英美刑事案件中的陪審團審判，對主要存在於美國的民事案件之陪審團審判，僅在必要時有所涉及。

㈠交付程序 (Committal Proceeding)

　　在英國，在刑事案件以可訴罪的形式在法官和陪審團面前受審時，通常有一個正式的審前步驟：由治安法官在治安法院主持的交付程序。交付程序目的在於要求控方使治安法官相信至少有表面可信的證據 (prima facie case) 反對被告人，並使那些明顯不會被定罪的被告人早日從訴訟中解脫出來，以免去在陪審團審判中遭受的壓力和花費。❷在治安法官適用的簡易程序中沒有這樣的步驟。這是因為人們認為在被告人進入完全的陪審團審判程序之前必須得到特殊的保護，因為審判總是要延後幾個星期，而此前他將一直處於被監禁的狀態，同時也是因為陪審團審判是更為嚴肅的事件，在這樣的程序中被告人可能遭受比治安法院施加的懲罰嚴屬得多的懲罰。

　　1967 年「刑事司法法」以前的交付程序大致如下：控訴方將有關的證據以口頭形式出示給治安法官，法庭將做出正式的記錄，向證人宣讀並由其簽字，以這種形式保存的證據被稱為「證言筆錄」(deposition)；被告人有權詢問控方的證人，有權提供自己的證據和傳喚自己的證人，但實踐中他經常將這一權利保留到正式審判的時候行使；治安法官於是決定控訴方是否已經提供了具有表面可信的證明。

　　1967 年以前，交付程序有兩個問題引起爭議：它所花費的時間，它可能對陪審員產生的偏見。為了使被告人瞭解針對他的案件，為了避免他遭受不利益的審判，交付程序包含了很多費勁的工作。這一程序並不會獲得更為正規的證據，這些證人在警察局已經作過一次陳述，並且將來在法庭還要作一次陳述。

　　因此，這一程序經常造成司法資源的浪費。另外，它還引起這樣的擔

❷　*Emmins on Criminal Procedure*, p. 175.

心：其報告通過廣播或其他媒體傳播後會對陪審員產生不利於被告人的影響。這一危險是雙重的：陪審員在走進法庭之前可能已經閱讀或看過了關於本案的報導或者交付程序報告的內容；有些在法庭上不被允許的證據在交付程序中卻是可以獲得允許出示的，比如被告人過去的犯罪記錄等。

　　所以，1967 年的「刑事司法法」規定，治安法官在特定情況下可以不必考慮是否有表面可信的證據證明被告人會被定罪即可將其交付陪審團審判。❷1967 年「刑事司法法」採取的措施既包括減少交付程序的時間和努力，也包括限制媒體對交付程序的可公開範圍。交付程序的基本內容得以保留，但是雙方傳喚證人的權利被提交書面證言的方式所取代，不過這僅僅是在對方不反對（以書面證言代替傳喚證人）的情況下才允許。另外，如果被告人已經看過控訴方的書面陳述以及控訴證人，他還可以選擇完全放棄交付程序。

　　這些規定在 1980 年的「治安法院法」中得到重申，但是傳統的、在聽取證據基礎上決斷是否將被告人交付審判的程序仍然得到保留。❷20 世紀 80 年代，由於犯罪的增加，儘管口頭聽證的交付程序實際使用已經不多，❷人們仍然感到交付程序構成資源的浪費。但是，目前還是存在著兩種交付程序：一種是書面的，一種是口頭的，不過前者有逐漸吞噬後者之趨勢。

㈡法庭審判

　　可訴罪在陪審團面前一旦開始審判，它就必須不間斷地進行下去。只有在特別的情況下才允許法庭延期審理一個已經開始的案件並審理另外一個案件。這是因為，如果被打斷的話，會給陪審員帶來極大的不便，而且對於陪審員的記憶來說也是不可能的。在治安法院，延期審理的情況更經

---

❷　Criminal Justice Act 1968, section 1.

❷　Magistrates Court Act 1980. 傳統的交付程序由該法第 6 條第 1 款規定，新的交付程序由該法第 6 條第 2 款規定。

❷　據皇家刑事司法委員會估計，通過口頭聽證程序交付審判案件僅占全部交付程序的 7%，還有 93% 的案件都是通過書面交付程序交付審判的。——Royal Commission on Criminal Justice, Cm. 2263, 1993.

常地發生，尤其是工作任務加重的時候。就陪審團審判而言，程序的中斷會導致案件的某些因素（某些方面）被遺忘或被忽視。

　　實質的審判程序開始於控訴方律師的開庭陳述。然後出示控訴證據。大多數證據是以口頭提供證言的證人做出的。一旦一名證人已經扼要地就其所知提供了證明，被告人或他的律師就可以通過交叉詢問進行反擊，或者就某些要點進行澄清。只有當王室的陳述和證據出示完畢，被告人和他的律師才可以概述其辯護主張並提供證據以支持其主張。傳統上，被告人可以將其證據作為祕密加以保守到這個時候，這是這一具有遊戲性質的英國刑事審判制度的組成部分。但是法律在 1968 年前後對這一原則作了小小的修正，那就是，如果被告人提出不在現場的辯護 (Alibi)，則他事先必須通知控訴一方。❷❹被告人可以提供證據，也可以不提供。證據出示完畢後，雙方可以向陪審團發表演說，加強自己的論斷，指出對方的缺陷。從 1964 年開始，一個不變的規則得到確立：控訴方先發言，辯護方後發言。❷❺

(三)法官之指示

　　在被告方和控訴方都結束了他們的最後陳述❷❻時，最後由法官對案件進行總結，向陪審團指示應當適用的法律，指出哪些證據與案件的決定有關，告訴陪審團關於定罪的法律標準，並就他們必須做出決定的爭議問題進行歸納或者概括。

　　在法官就案件之事實或法律問題向陪審團作出指示之前，控辯雙方均有機會向法官提出他們希望指示的內容。通常，法官都會向陪審團解釋他與陪審團之間的關係以及各自承擔的職責；會告知陪審團證明被告人有罪的責任應由控訴方承擔，被告人不承擔證明自己無罪的責任，因而當通盤考慮全部證據之後如對案件還存有任何合理的懷疑，就應當作出有利於被

---

❷❹　Criminal Justice Act 1967, section 11.

❷❺　Criminal Procedure (Right of Reply) Act, 1964, section 1.

❷❻　在英國，依照法律規定，被告一方總是享有作出最後陳述之權利；在美國聯邦法院，也是由被告方作最後陳述；但是在有些州法院，法律允許控訴方作最後陳述。據調查，有權進行最後陳述的一方通常更有可能贏得訴訟。

告人的裁決；法官也會對被告人被指控的罪名進行界定，指出控訴方應當證明的各個要件；法官也會對證據規則進行解釋，尤其是當有些證據對特定案件事實具有可採性而就另一些事實不具有可採性時，法官會提醒陪審團，他們只有在考慮特定事實時才能考慮該特定證據，而在考慮另一特定事實時則應當將該證據拋諸腦後；如果有兩個或兩個以上的被告人在同一案件中受到指控，法官會指示陪審團分別考慮他們的裁決。❷⑦

儘管陪審團擁有取消法律之權力，但是很多司法區的法官在作出指示時並不告訴陪審團它有這樣的權力。在英國，陪審團的權力從未得到清晰的界定。在美國，法官們通常也不會告訴陪審團他們可以作出與法律不符的裁決。

法官為什麼不願意告知陪審團他們可以做出與法律不相符的裁決呢？不同法官會出於不同的考慮。其中一個法官的解釋是：我承認陪審團有作出與法律相違背的裁決的權力，當然他們也就有作出與證據相違背的裁決的權力，但是我不認為陪審團有這樣的權利。❷⑧權力是不需要告知的，而權利則是需要告知的。還有些法官是擔心陪審團會取代法官成為法律問題的決定者。有些法官則認為，如果告知其這樣的權利，他們就會不適當地對被告人定罪。這樣的法官顯然沒有意識到：就像汽車在單行道上只能往一個方向走一樣，陪審團違背法律的裁決也只有對被告人有利時才是不可推翻的。

關於法官對陪審團的影響，英國和美國是不一樣的。英國允許法官就證據作出總結，而美國的許多州不允許法官評論證據；如果律師請求他進行總結，他會要求陪審團對以書面形式固定下來的證據和口頭表達的證據給予平等的考慮；或者他會指示陪審團，社會或其他的偏見必須予以排除；如果他傾向於讓陪審團考慮情況證據，他不能誇大或縮小它的實際效果。

---

❷⑦　J ohn Sprack, *Emmins on Criminal Procedure*, Blackstone Press Limited, pp. 292–293.

❷⑧　King v. Shipley (1784), 99 Eng. Rep. 774. See from, James Gobert, *supra* note, p. 48.

美國的制度也曾遭到批評：一個聯邦法院的法官將審判法官描寫為「被堵住嘴的、戴著手銬的、蒙上眼罩的、腰部以上半身麻木的」形象。❷美國律師協會和美國法律機構曾經呼籲重建英國的制度，這一制度在美國有些州生存下來，但是這一呼籲並未成功。這也許跟法官的選拔方式有關。在美國，許多州的法官都是選舉產生，因此更可能有偏見。

另外還有兩個方面美國的做法與英國不同。其一是，美國大約有20個州的法官指示是在律師對陪審團發表總結意見之前作出的——這是為了進一步降低法官對陪審團的影響。其二是，在許多州，法官的指示是以書面的形式記錄下來的。他的語句在雙方律師認可 (submissions) 後被固定下來。

㈣陪審團評議

法官指示完畢之後，陪審團就必須退庭考慮其裁決，在總結之前，陪審團團長就宣布已經達成一致的有罪裁決是不合適的。一旦開始評議，陪審員就不能被分開，在評議的任何階段，如果他們想向法官提問，他們可以這樣做；他們與法官之間的交流在法庭上可以聽到，被告人的律師還可以就此發表評論。但是，陪審員一旦進入評議室，就不允許有任何外部因素影響或干擾陪審員進行評議。為實現此一目標，普通法確立了三個互相關聯的規則：

一是陪審員在進入評議室後必須始終處於法庭監守的監控之下。它意味著法庭監守必須防止任何人與陪審員交談。如果他沒有做到這一點，將導致有罪判決被宣布無效。在1948年的一個案件中，陪審團在進入評議室後經法官允許到法庭附近的一個餐館午餐，法庭監守沒有同去，陪審團回評議室後對被告人作出了定罪裁決，該裁決被上訴法院推翻。❸

二是陪審團未經法官允許不得離開評議室。陪審團未達成裁決就離開評議室最通常的情形是法官需要對他們進行更進一步的指示。但在明顯需

---

❷　M. E. Otis, 21 Oregon L. R. 1. W. R. Cornish, *The Jury*, Allen Lane the Penguin Press, 1968, at 115.

❸　Neal (1948), 2 KB 590.

要的情況下，法官也可以允許陪審員自己付費解決溫飽問題。❸

三是未經法官准許，陪審團不得被分開。一直到 1994 年以前，這一規則都是雷打不動。但 1994 年的法律規定法官可以斟酌裁量是否允許陪審團在審判和評議期間分開。❸

陪審團評議的秘密性還體現在，任何人，包括法官、法庭監守、媒體等均不得披露陪審團評議的細節。1992 年，刊登在《星期日郵報》的一篇文章報導了三名陪審員在一個詐騙案件中評議的內容，這些陪審員描述了他們達成裁決的詳細過程，他們對整個案件證據的看法，並透露了其他陪審員對案件的看法。為此，出版者、編輯和記者分別遭到罰金 3 萬英鎊、2 萬英鎊和 1 萬英鎊的懲戒。❸

陪審團通常會花幾個小時的時間考慮其裁決。最長的評議時間是 67 個小時，發生於對一個大火車進行搶劫的案件進行審判的過程中。直到 1870 年，陪審團在做出裁決之前都不能進食，不能飲水，也不能取暖。❸但是現在已經完全不同了。還有一種古老而現在已經不流行的做法是，如果陪審團的審判達到該巡迴法院開庭的末期，法官就會讓一輛馬車載著陪審團開到另外一個鎮上，以便在他趕到那裏的時候陪審團能將裁決遞交到他手上。如今任何強迫陪審團達成裁決的做法都是不適當的。有一個案件，法官告訴陪審團，如果他們不能在 10 分鐘內做出裁決，他就要離開市鎮，並將他們鎖在屋子裏，直到他第二天回來。結果陪審團在 6 分鐘內做出了定罪的裁決，但這一裁決被上訴法院推翻。❸

---

❸ They may be allowed reasonable refreshment at their own expense. See Jury Act 1974, section 15.

❸ Criminal Justice and Public Order Act 1994, section 43.

❸ Attorney-General v. Associated Newspapers Ltd. (1994), 2 AC 238.

❸ W. R. Cornish, *The Jury*, Allan Lane the Penguin Press, 1968, p. 70. 1858 年的一個案件中，由於陪審員通過繩子傳遞食物和飲水，該陪審團被解散，法庭重新組成陪審團審判。

❸ Mckenna (1960), 1 QB 441. W. R. Cornish, *The Jury*, Allen Lane the Penguin Press, 1968, p. 70; *Emmins on Criminal Procedure*, p. 313.

(五)陪審團裁決

在英國，直到 1967 年以前，陪審團的首要任務都是盡力達成一致的裁決。多數裁決是不可接受的，但是這一規則在 1967 年發生了變化。從那時起，如果在兩個小時以後，或者法官認為適當的更長的時間以後，還不能取得一致意見，他們將被指示：他們可以達成一個 10：2 的多數裁決；在審判的任何階段，如果其中一名陪審員被辭退，則在 11 人的陪審團中，10：1 的裁決是可以接受的；但是 9：2 的裁決是不可接受的；或者，在 10 人的陪審團中，9：1 的裁決也是可以接受的；如果陪審團僅由 9 人組成，則其裁決必須是一致裁決。❸❻

如果陪審團給出兩個或兩個以上的判決，則法官必須指示他們，不能給出騎牆判決 (intermediate verdict)。例如，被告人提出精神病辯護，但是並未給出任何證據，法官應當從陪審團那裏撤回這一答辯，但是他不能指示陪審團作出有罪裁決，哪怕精神病是唯一實質性的辯護理由。他必須告訴陪審團，他們要嘛給出一個無罪裁決，要嘛給出一個有罪裁決，但是不能給出一個「有罪但有精神病」的裁決。❸❼

如果被告人被定罪，其以前的定罪記錄就會被宣讀，被告人可以答辯請求減輕（判刑）。法官會要求一份被告人醫療情況和社會狀況的報告，最後被告人由法官來判刑。英國陪審團在判刑中不再扮演任何直接的角色。

(六)懸案陪審團

在陪審團不能達成一致裁決的情況下，法官沒有義務讓他們回到評議室看能否達成多數裁決；他可以立即接受這個非全體一致的結果並宣布解散陪審團。因無法達成裁決而被解散的陪審團通常被稱為「懸案陪審團」(hung jury)。這種情況下必然導致重組陪審團進行審判。在引入多數裁決機制以前，法官建議陪審團他們可以提交一個多數裁決的指示是錯誤的。但現在法官則必須謹小慎微以便不暗示陪審員比所規定的限制產生更多的分歧。如果裁決有罪，陪審團將被要求明確指出是一致裁斷還是多數裁決以

---

❸❻　Criminal Justice Act 1967, section 13; The Juries Act 1974, section 17.

❸❼　Sir Patrick Devlin, *Trial by Jury*, 6th Impression, 1978, p. 86.

及如果是多數裁決的話，又是何種多數裁決。這非常重要，因為上訴法院
刑事庭在考慮這種裁決是否是一個令人滿意的結果時會將多數裁決這一因
素考慮進去。如果裁決是無罪，則陪審團不會被問及是否所有的陪審員都
同意這一裁決。這一規則的目的在於限制對被告人可能產生的偏見，如果
大家知道他的無罪裁決僅僅是一個多數裁決的話。

四、法官與陪審團之關係

㈠法律與事實之分野

　　英美法系一句著名的格言是：法律由法官來決定，事實由陪審團來決
定。但在剛開始的時候，並不存在法官與陪審團之間的這種權力分割。德
弗林指出：從來沒有人有意識地決定，事實由陪審團認定，法律由法官適
用；陪審團所有的權力都來源於法官以及法官接受其裁決的意願。❸即使
是在今天，如果一名法官不願意接受陪審團的裁決，他還是可以拒絕接受
它而不違反任何制定法，並且他的判決也不會有什麼問題，除非被他的上
級法院推翻。

　　普拉克內特聲稱，從愛德華一世統治時期開始，法律問題就與事實問
題區別開來。❸當然，由於普拉克內特並沒有舉出有足夠說服力之證據，
因此人們可能更傾向於相信德弗林勳爵的說法。很可能在 17 世紀的時候，
法律問題與事實問題的分野才開始出現。黑爾在其名著中就曾經說過：「陪
審團審判的一個重大優點就是，在這一審判中，陪審團幫助法官決斷事實，
法官幫助陪審團運用法律。」❹但是，這一說法並沒有明確地說陪審團只裁
斷事實、法官只裁斷法律，但是至少暗示著在那個時代，人們已經對法律
問題與事實問題進行了區分。

　　雖然法官有時候也解決「事實問題」，有時候他們通過自己的方式影響

❸　Sir Patrick Devlin, *Trial by Jury*, 6th Impression, 1978, p. 12.

❸　Theodore Frank Thomas Plucknett, *A Concise History of the Common Law*, The Lawbook Exchange, Ltd., 5th Edition, September 2001, p. 129.

❹　Matthew Hale, *The History of Common Law of England*, 1713, Chapter XII.

陪審團的裁決；但是，解決法律問題的權力與解決事實問題的權力在法官和陪審團之間的區分是很明顯的。科尼希曾經指出，在對這兩種權力進行劃分方面的制度移植十分困難，而這正是沒有採納普通法的國家在引進陪審團審判制度時沒有成功的原因。❹

(二)法官拒絕陪審團裁決的權力

在英國，法官擁有監督陪審團的權力，並且，如果需要，他可以拒絕接受陪審團的裁決。這一權力在民事案件中十分廣泛，但在刑事案件中它受到這一基本原則的限制：陪審團的無罪裁決是最終的並且不可質疑的。

在民事訴訟中，審判的最後階段，陪審團的裁決一經作出，法官還可以考慮是否接受該裁決。在這一階段他不僅要考慮當事人一方提供的證據和裁決之間是否存在致命的差距，還要在雙方提出的證據的基礎上考慮判決有利的一方對另一方的證據是否足夠有力。如果不是，法官就可以拒絕該裁決，因為該裁決與證據的力量相矛盾。「證據力」在此是指對整個證據的要旨的理解和觀察，而不是指「平衡的可能性」。此時，法官可以命令重開審判，或者作出他自己的、與陪審團裁決相反的判決。

在有些案件中，如果法官認為陪審團可能會作出不合理的裁決，他會就某些問題提前作出自己的決定。❷

在刑事案件中，如果法官認為被告人並無案件需要答辯，他就可以指示陪審團直接作出無罪裁決。有時候法官僅僅指示陪審團可以停止審理案件，但陪審團可能並不理會法官的意圖，並作出有罪的裁決。事實上，在有的場合陪審團拒絕從這種裁決的立場上退卻。法官於是有義務解散陪審團。新的陪審團被召集宣誓，按照慣例，在這個新的審判中，王室不提供任何證據，所以新的陪審團只能宣告被告人無罪。❸之所以設置這樣的機制是由於一個基本的原則：一旦一個人在陪審團面前遭到指控而他又作無罪答辯，對他的指控就只能由陪審團作出裁決。這一嚴格的規則意味著，

---

❹　W. R. Cornish, *The Jury*, Allen Lane the Penguin Press, 1968, p. 72.

❷　W. R. Cornish, *The Jury*, Allen Lane the Penguin Press, 1968, p. 107.

❸　W. R. Cornish, *The Jury*, Allen Lane the Penguin Press, 1968, p. 108.

即使在起訴必須以不提供任何證據的方式停止（被拋棄）的情況下，也必須召集陪審團正式地對他宣告無罪。

在刑事訴訟中，如果法官對證據的評價和陪審團的裁決相反，他也必須接受裁決。但是他可以為上訴開綠燈，使上訴的請求得到立即的同意，並且他可以拒絕作出判決，直至該上訴得到審理。這一規則確立於 1907 年，從那以後，那時的刑事上訴法院——現在的上訴法院刑事分庭——一直有權推翻它認為不合理的或者不能被證據支持的定罪判決。❹最近這一權力有所擴張。法庭可以推翻定罪，如果它發現讓定罪的判決存在將會是「不安全的或者是不令人滿意的」。❺首席大法官曾說：這一改變不過是制定法將這一在實踐中已經得到確立的權力帶給法院罷了。❻

如果陪審團的裁決是無罪裁決，不管法官如何考慮，它都是終局性的。並且也不允許任何形式的上訴，即使是對於法律的爭點也不允許上訴。陪

---

❹ 在 1908 年以前，如果陪審團作出有罪裁決而法官不同意這樣的裁決，具體應當怎樣還不是很清楚，但是有一點是很明確的：法官至少可以通過給予被告人以寬恕的方式不執行該裁決。寬恕的決定實質上達到了否定有罪裁決的效果。1911 年的一個案例顯示了從 1908 年以後出現這種情況時的法律程序：被告人被指控犯有盜竊罪。在案件快要審結時公訴律師對法官說案件不必繼續審理了。法官說可能是因為被告人不具備盜竊的故意，並且如果他是陪審員的話他就會這樣想。但是案件還是必須由陪審團作出裁決。（由於這個緣故，）辯護人沒有讓他的當事人進入被告席，法官則指示陪審團作出有利被告人的裁決。然而，出乎意料的是，陪審團卻作出了有罪裁決。法官不願意接受這一裁決，並指出如果他知道陪審團會這樣做的話他就不會將案件交給陪審團裁決。所以他又指示被告人和他的律師繼續在同一陪審團面前進行辯護，並再次指示陪審團，沒有足夠的證據反對被告人。但是，陪審團再一次作出了有罪的裁決。這一裁決被法官所接受，但是法官推遲判決，並給予被告人上訴的許可。——Sir Patrick Devlin, *Trial by Jury*, 6th Impression, 1978, p. 82.

❺ Criminal Appeal Act 1907, section 4(1); Amended by the Criminal Appeal Act 1966, section 4.

❻ H. L. Debates, Vol. 274, see from, W. R. Cornish, *The Jury*, Allen Lane the Penguin Press, 1968, p. 109.

審團作出的無罪判決是至高無上的。**❹**

　　法官不能指示陪審團作出有罪裁決。這是一個基本的原則，但是對於有些問題，法官可以留給自己解決，比如，被告人以精神病為辯護理由時，他必須舉證加以證明；如果他做不到這一點，法官不會把這一問題讓陪審團去裁決。甚至在被告人以防衛為理由時，他也必須提出一定的證據，儘管法律規定證明防衛不存在的責任由控訴方承擔；如果他不能提出任何證據，法官也不會將這個問題留給陪審團裁決。換句話說，如果沒有任何證據作為被告方辯護理由的基礎，法官可以指示陪審團不要考慮其辯護理由。儘管如此，如果被告人提供了證據，就應當由控訴方對整個案件進行證明，並且必須將被告人的辯護沒有被證實這一事實證明到「排除合理懷疑」的程度。控訴方是否完成其證明責任由陪審團來判斷。

(三)陪審團不理睬法官（法律）的權力

　　法官對陪審團的控制和影響只是問題的一個方面。另一方面，陪審團可以忽略法官的指示，無論是出於故意，還是由於沒有理解法官的指示。陪審團評議祕密進行，作出裁決不給出任何理由，其對刑事被告的無罪裁決不受攻擊，這一切聯合起來更加強了陪審團的這一權力。

　　民事訴訟中的陪審團與刑事訴訟中的陪審團最顯著的區別就是民事訴訟中的陪審團無權作出與法律相悖的裁決而刑事訴訟中的陪審團卻可以作出與法律相悖的無罪裁決。這一偉大的權力有三根支柱：一是必須要有陪審團的裁決；辯護永遠不能從陪審團手中撤回；譴責被告人的詞句必須出自陪審團團長之口。二是沒有任何權力可以要求特定的裁決，因此陪審團不得被要求解釋他們的裁決。三是即使無罪裁決違反法律，它也是最終的裁決。**❹**

　　實踐中，被告人明顯實施了所指控之罪行而陪審團卻將被告人無罪釋放的情況時有發生。1994 年，維吉尼亞，羅熱娜‧波比特被指控惡意傷害她的丈夫：在她丈夫熟睡的時候，她剪掉了他的陰莖。被告人辯護時堅決

---

❹　W. R. Cornish, *The Jury*, Allen Lane the Penguin Press, 1968, p. 109.

❹　Sir Patrick Devlin, *Trial by Jury*, 6th Impression, 1978, p. 91.

聲稱她這樣做僅僅是出於對他多年來的虐待的一個回應。很多證人也證實她的丈夫——前合眾國海軍怎樣地毆打和羞辱她。波比特夫人還證實了她的丈夫經常性地拷打和強姦她。控訴方對這些並未進行爭辯，而只是說兩個不正義並不構成一個正義。儘管如此，陪審團還是判決她無罪。 ❹

五、陪審員的報酬

幾乎所有被徵召為陪審員的人都在一定程度上被打亂了自己原來的生活秩序，不過是程度上的不同而已。負責召集陪審團的官員有權酌情決定誰擔任陪審員會產生極大的困難。

當前的理論基礎是法官的時間是最值錢的。其他所有人包括律師、檢察官、證人、陪審員都必須等他有時間。❺對此，英國最近公布的刑事司法白皮書建議，必須採取措施讓陪審員感覺到他在擔任陪審員期間所作的工作是值得的，富有成效的。主要是採取措施讓陪審員覺得受到尊重，其時間得到合理利用，其功能得到有效發揮，其價值得到社會承認。❺

---

❹　See *Daily Telegraph*, 15 January 1994. See from, James Gobert, *Justice, Democracy and the Jury*, Ashgote & Dartmouth, 1997, p. 41. 波比特案件的裁決實際上是對兩年前發生的梅德斯通刑事法院對史蒂芬·歐文一案的裁決的一個回應。歐文的兒子被泰勒撞死，一年後泰勒出獄，並且對自己的罪行毫無悔改之意，且不多久歐文兒子的墳墓就發現被人褻瀆，但並無直接證據證明是泰勒幹的。但是，泰勒在遇到歐文時，歐文還是朝他開了槍，雖然不致命，但還是中槍了。歐文還傷著了泰勒的妻子，她在他的身後，他想把她藏起來。在這一案件中，法官對陪審團指示道：「如果控訴方已經證明了歐文所犯的任何罪行，那麼，不要讓可以理解的同情的情緒使你們背離了你們曾經宣誓要在證據的基礎上給出裁決的義務。」但是，陪審團還是將被告人釋放了。隨後，在法院的臺階上，歐文宣布：「正義獲得伸張！為了陪審團，感謝上帝！」
在以上兩個案件中，被害人的性格都被陪審團加以考慮，而這些因素通常都是法官拒絕加以考慮的因素。戈伯特認為，這兩個案例清楚地顯示了陪審團如何通過其特有的方式彌補了法律的空隙。See from, James Gobert, supra note, p. 42.

❺　W. R. Cornish, *The Jury*, Allen Lane the Penguin Press, 1968, p. 51.

❺　Justice *For All*, Presented to Parliament by the Secretary of State for the Home De-

在英國，直到 1949 年，擔任陪審員期間的工資損失都沒有任何補償。
對於一個有工作的人來說，被徵召為陪審員是一個痛苦的財政負擔。但從
1949 年開始，陪審員可以主張賠償其在任職期間遭受的收入損失，但是有
一個最高限額。其內容包括交通費、每日津貼、損失的收入、以及其他花
費等。最高賠償額為每日 35 英鎊。現在這一數字已經提升到每天 610 英鎊，
前提是已經服務了 10 天以上。

在美國，無論是聯邦的陪審員還是州的陪審員，都可以獲得一定的補
償，其中，擔任聯邦陪審員可獲得的補償數額最高，一名陪審員通常每日
可獲得 40 美元的補償，並且如果任職超過 30 天以上，法官可以酌情將陪
審員的補償額提高到 50 美元一天；其次是西維吉尼亞州 (West Virginia)，
每日補償額亦達 40 美元；補償最低的州為伊利諾州 (Illinois)，只有 4 美元
一天。另外，在科羅拉多州，擔任陪審員的頭三天是沒有報酬的，三天以
後每日報酬為 50 美元；在康涅狄格州，擔任陪審員的前 5 天沒有報酬，第
5 天以後每日報酬亦為 50 美元。❷

六、美國死刑案件中的陪審團

美國從 1973 年恢復死刑，❸但是反對死刑和贊成死刑的爭論從未間
斷。反對死刑者不僅從道德上、效果上論證死刑的不人道和不必要，而且
從死刑案件造成錯案的比率方面質疑死刑制度的合理性。2000 年 6 月，以
哥倫比亞大學教授李伯曼為首的一批社會學家發表了一篇長文，指出：在
1973 年至 2000 年間，美國全國 5760 個死刑案件有 68% 屬於誤判。❹其推

partment, the Lord Chancellor and the Attorney General by Command of Her
Majesty, July 2002.

❷ *Sourcebook of Criminal Justice Statistics 2002*, http://www.albany.edu/sourcebook
/1995/pdf/t190.pdf, visited by 2004–04–28.

❸ 美國恢復死刑的運動始於聯邦最高法院 1972 年的一個判例：Furman v. Geor-
gia, 408 U.S. 238 (1972).

❹ James S. Liebman, Jeffery Fagan, Valerie West, and Jonathan Lloyd, *Capital Attri-
tion: Error Rates in Capital Cases*, 1973–1995, 78 Tex. L. Rev. (2000), 1839. See

理過程如下：

　　在所有判處死刑的案件中，有 41% 的案件在州的直接上訴審查程序中就被發現了錯誤，因此，剩下的 59% 的案件在第一道關口沒有被發現錯誤。這 59% 的案件會在定罪後審查程序中受到復查。在這個程序中，又有 10% 的案件，也就是全部案件中 5.9%，不能通過審查；從而，經過兩道關口後，錯誤率已經達到 47% (41%+5.9%)。剩下的 53% 的案件，由聯邦人身保護令審查程序來審查；在這 53% 的案件中，有 40%，也就是說，全部案件的 21%，沒有通過聯邦的檢查。所以，總體上看，68% 的案件 (41%+5.9%+21%) 在不同的階段被發現有嚴重錯誤而沒有通過審查（見表 8-1）。❺

表 8-1 ❺

	案件總數	維持	推翻
一審判處死刑	5760		
直接上訴程序	4578		1885 (41%)
定罪後審查程序			10%
聯邦人身保護令程序	599		237 (40%)
總計		32%	68%

　　社會學家們還指出：在誤判的案件中，有 82% 的案件是由於不應當被判處死刑而被發回重新審判的。在這些案件中，被告人在重新審判後被改判其他刑罰，或者根本就沒有被判刑，其中包括，在 7% 的案件中，先前由於被指控的罪行而被判處死刑的被告人在重新審判後被宣告無罪，因而沒有對他處刑。❺

---

also, James S. Liebman et al., *A Broken System: Error Rates in Capital Cases, 1973–1995 (2000)*, available at http://justice.policy.net/jpreport/finrep/pdf. 本資料的最初來源是中國政府於 2001 年 2 月 27 日發表的〈2000 年美國的人權紀錄〉，該文引用了這一資料，但是沒有証明出處，筆者通過與哥倫比亞大學法學院管理部門聯繫，獲得該資料的複印件。

❺ James S. Liebman et al., *supra* note 54, p. 1849–1850.

❺ James S. Liebman et al., *supra* note 54, pp. 1849–1850. 本表系根據該文提供的數據整理而成。

　　雖然批評的矛頭主要是指向死刑這種被很多人認為是殘酷的刑罰，❺❽但由於美國的死刑案件均是由陪審團審判的，所以，人們自然地會產生對陪審團審判質量的懷疑，從而也產生了對陪審團審判制度的懷疑。

　　對於本書的主題而言，弄清楚陪審團在死刑案件中錯判的原因至關重要。因為，根據本書第四章得出的結論，陪審團審判制度是放任自由主義意識形態的體現，它是一種保護被告人、從根本上有利於被告人的程序。既然如此，它應當對死刑案件被告人更加寬大為懷才對，為什麼反而造成那麼多的冤錯案件呢？如果事實證明陪審團比法官更容易、更願意對被告人判處死刑，對於本文的結論將是致命的打擊。因此，必須對陪審團在死

---

❺❼　James S. Liebman et al., *supra* note 54, p. 1852. 該文發表後引起巨大的轟動，社論家、政治家、法學家、社會學家紛紛發表文章，讚賞或者批評李伯曼的研究及其結論，具體可參看：Judge Rudolf J. Gerber, On Dispensing Injustice, 43 Ariz. L. Rev. 135 (2001); Joseph L. Hoffman, Violence and the Truth, 76 Ind. L. J. 939 (2001); Barry Latzer & James N. G. Cauthen, Capital Appeals Revisited, 84 Judicature 64 (Sept./Oct. 2000); Barry Latzer & James N. G. Cauthen, The Meaning of Capital Appeals: A Rejoinder to Liebman, Fagan, and West, 84 Judicature 142 (Nov./Dec. 2000); Jamie Sneider, Statistics Fail Activists, Columbia Daily Spectator, Feb. 6, 2001, available at 2001 WL 12495817. 最後這篇文章是李伯曼所在的研究所的教授發表的文章，對李伯曼的研究及其結論提出了批評。在面對讚揚和批評的同時，李伯曼也對批評自己的文章及時作出了回應，這些回應可參見：Jeffery Fagan, James S. Liebman &Valerie West, Death Is the Whole Ball Game, 84 Judicature 144 (Nov./Dec. 2000); James S. Liebman, Jeffery Fagan &Valerie West, Death Matters, a Reply to Latzer and Cauthen, 84 Judicature 72 (Sept./Oct. 2000); Valerie West, Jeffery Fagan & James S. Liebman, Look Who's Extrapolating: A Reply to Hoffman, 76 Ind. L. J. 951 (2001). 以上文章均可在 www.westlaw.co.uk 查到。

❺❽　一個社論作家稱李伯曼的研究是「在盛殮死刑的棺材上釘下的又一根鐵釘」，Editorial, "New Evidence of Errors Fuels Death-Penalty Doubts", *USA TODAY*, June 12, 2000, at 18A. 由此亦可看出，即使死刑案件誤判比例極高，人們也不會將它歸因於或完全歸因於陪審團審判。

刑案件中的表現給出有說服力的解釋。

　　要達到此目的，最有效的辦法是證明李伯曼的研究提供的數據根本就是錯誤的，陪審團誤判的比率沒有那麼高。但是這幾乎是不可能的，一方面，我們根本不可能獲得這些數據；❺❾第二方面，即使有這些數據，分析起來也是困難重重。就這種方法而言，已經有學者從社會學研究的角度指出李伯曼研究方法的不可靠，從而否定其結論的精確性，乃至正確性。❻❿但是，這一方法畢竟不能從根本上動搖李伯曼的研究所得出的結論。

　　因此，第二種方法就是，在承認誤判比例很高的前提下，尋求造成誤判的原因。如果所有的誤判或者大部分誤判都是由於陪審團的原因所造成，那麼，陪審團審判體現並保障放任自由主義意識形態的原則在刑事訴訟執行的命題就要遭到否定。相反，如果誤判的原因主要不是由於陪審團的原因，或者根本就不是由於陪審團審判制度的原因所造成，那麼，陪審團審判體現並保障放任自由主義原則在刑事訴訟得到實現的結論就仍然成立。

　　要探究死刑誤判的原因，也有兩種方法：第一種就是獲得關於死刑誤判原因的整體資料，從全部數據上看造成死刑誤判的原因；第二種就是對個案進行分析，探究死刑案件誤判可能存在的原因。本文決定從這兩個方面入手來分析死刑誤判的原因與陪審團審判制度之間的關係。

　　首先，從整體上看，李伯曼的研究本身就提供了很好的證據。在李伯曼的研究中，有 68% 的案件被認定為誤判。李伯曼經分析後指出：最經常出現的導致錯判的原因是：第一，被告人沒有獲得有力的辯護；第二，控訴方隱瞞了被告人可能無辜的證據。❻❶從這一推斷可以看出，死刑誤判的原因至少主要地不是由於陪審團自身的原因。

---

❺❾　很多學者批評李伯曼拒絕透露其研究資料的做法。格拉克在一篇文章中指出，李伯曼據以作出結論的資料既無法獲得，亦無法接近。見 Adam L. Van Grack, *Serious Error with "Serious Error": Repairing a Broken System of Capital Punishment*, 79 Wash. U. L. Q. (2001), p. 989.

❻❿　Adam L. Van Grack, *supra* note 59, p. 991.

❻❶　James S. Liebman et al., *supra* note 59, p. 1853.

　　除了李伯曼的研究以外，其他學者的研究也證實，誤判的原因主要不在於陪審團。例如，來自耶魯大學和哈佛大學的兩個學生聯合發表的一篇文章指出：陪審團之所以在死刑案件中的表現不盡人意，最經常提到的原因主要來自兩個方面：第一個方面的原因就是，陪審團經常不被允許看到被告人具有可以減輕刑罰的情節的證據；第二個原因則是，檢察官經常選擇那些具有判處死刑傾向的人擔任陪審員。❷這兩方面的原因可以說都與陪審團審判制度間接有關，如果這兩個原因能夠成立，對陪審團審判制度雖然不構成根本性的衝擊，也能產生一定的影響。但是對這兩方面的原因，該文均給予了相應的批駁。筆者認為，陪審團沒有看到有利被告人的證據並非陪審團的錯誤，因為在現行的體制下，當事人完全有機會讓陪審團看到有利於被告人的證據，但是最終沒有出示這種證據，這與陪審團無關；至於說檢察官經常挑選有判處死刑傾向的人擔任陪審員的說法則完全經不住推敲，因為挑選陪審團並非檢察官單方面的行為，被告人的律師也參與其中，人們還可以指責被告人的律師總是排除那些有判處死刑傾向的人擔任陪審員。由此可見，與陪審團有關的指責實際上均不能成立。

　　其次，從個案分析的角度，我們將可以看出，死刑的誤判不僅主要不是由於陪審團審判制度所造成，而且根本就不是由於陪審團審判制度所造成；迄今為止，還沒有哪種制度能夠比陪審團審判更好地保護被告人的利益，在死刑案件中也是如此。我們可以從對佛羅里達州的一個死刑案件改判經過的分析得出這一結論。

　　在〈對一個死刑案件的解剖：佛羅里達州差點對無辜者執行死刑了嗎?〉一文中，作者不厭其詳地介紹了佛州一個死刑案件被改判為無罪的經過。❸該案經過大致如下：

　　1973 年 8 月 31 日，哈勃茲的屍體與另一名婦女的屍體同時被發現在

---

❷　Guy Goldberg and Gena Bunn, *Balancing Fairness & Finality: A Comprehensive Review of the Texas Death Penalty*, 5 Tex. Rev. L. & Pol. (2000), p. 136.

❸　Tena Jamison Lee, *Anatomy of a Death Penalty Case: Did Florida Almost Execute an Innocent Man?* 23–SUM Hum. Rts. (1996), p. 18.

瑟米諾爾郡的一個垃圾場。兩具屍體均被嚴重損傷，另一具根本已經無從辨認。1974 年，偵查人員開始與托尼‧迪利修談話，❻這是一個 16 歲的吸毒者，崇拜斯巴茲亞諾的身材。他相信斯巴茲亞諾與迪利修的繼母有不正當關係，她曾經告訴記者她曾被斯巴茲亞諾強姦，但是沒有提起控告。

在被施行催眠術後，迪利修說他記得斯巴茲亞諾曾經給他看過兩具屍體。這一通過引誘方式獲得的證言正是檢察官所希望得到的。在 1976 年 1 月的正式審判中，迪利修說他記得斯巴茲亞諾曾經帶他去垃圾場看過兩具嚴重損傷的屍體，並向他吹噓是他殺死了她們。但是在迪利修作證時沒有人提醒陪審團，迪利修的記憶是在休眠的狀態中被引導出來的。迪利修的大部分證言均未受到辯方律師的挑戰，但他的證言卻是先後矛盾的。一開始他說當他被帶到現場時他正在吸毒，但在審判中卻又說他是在看完屍體後才吸毒的。除了迪利修的證言以外，檢察官沒有提出任何反對斯巴茲亞諾的物證。陪審團對被告人作出了有罪裁決，並建議對被告人判處終身監禁。在被問及為何會如此建議時，其中一個陪審員回答說，他們對被告人是否有罪實際上並不十分確信。然而，法官羅伯特‧麥克格來戈推翻了陪審團的建議，判處被告人死刑。

1983 年，麥羅被指派為斯巴茲亞諾提供援助。州長在 1984 年 10 月簽發了對斯巴茲亞諾的死刑執行令。麥羅獲得了緩予執行的令狀。但是他沒能說服佛州最高法院採納他的主張。1994 年，他又一次向佛州最高法院申請復審，但是無濟於事。1995 年 5 月 24 日，佛州州長再次簽發了執行死刑命令，執行死刑的時間定在 1995 年 6 月 27 日上午 7 點。

感到絕望的麥羅只好尋求媒體的幫助，儘管他曾經發誓永不以此種方

---

❻　在此以前，最初的偵查工作大部分集中在嫌疑人塔特身上，他曾經在他的家鄉因強姦一名婦女而被捕，銀行記錄顯示在哈勃茲失蹤前後他在奧蘭多銀行開立了一個新帳戶。他也曾經向哈勃茲工作的醫院申請過工作。塔特曾被訊問，並進行測謊檢查，並被施以催眠術。他沒有通過測謊檢查。偵查人員的報告明確指出塔特實施了殺害勞拉‧哈勃茲以及另一個未辨明身分婦女的行為。然而，塔特卻沒有遭到指控，雖然直至 1974 年以前他一直未被解除懷疑。

式辦理案件。最後，麥羅將迪利修在彭撒克拉的地址給了邁阿密先驅報的記者羅蕾‧偌莎。她在第四次對迪利修進行訪問時才最終獲得了成功，迪利修將門打開，並將偌莎請到廚房，告訴她警察曾經在 20 年前向他施加壓力，要求他指控斯巴茲亞諾，否則就要對他提出指控；他也曾提到他父親仇恨斯巴茲亞諾，因其與迪利修的繼母有染，他說他願意做任何事情以取悅他父親。他又說他找到了上帝，並且希望自己的良心得到清靜。

偌莎寫了一篇關於迪利修改變論調的報導，強調斯巴茲亞諾的無辜。其他媒體紛紛轉載，並指責對斯巴茲亞諾的控告純屬錯告。1996 年 1 月，佛州最高法院終於決定就新的證據舉行聽證，佛州最大的律師事務所花費了價值 40 萬美金的工作時間為斯巴茲亞諾提供辯護。在定罪後 20 週年的前一天，佛州巡迴法院法官簽發了對該案重新審判的命令。

這個案件屬於典型的「錯案」。但是，仔細觀察，這個案件之所以成為一個錯案，並且是一個由陪審團審理的錯案，有兩點需要引起特別的注意：

第一點，陪審團在裁決被告人有罪後，建議法官不適用死刑，但是該建議被法官拒絕。美國只有四個州的法律賦予法官這樣的權力，佛州只是其中之一。❻❺ 因此，本案至少在是否適用死刑這個問題上，陪審團並沒有錯，如果有錯，一定是法官的錯。

第二點，就是陪審團為什麼會對被告人定罪。既然案件改判了，原來的定罪裁決又是由陪審團作出的，那只能說明陪審團的裁決確實錯了。關於這一點，又有兩點需要注意：

首先，應當承認，陪審團的確作出了一個錯誤的、冤枉無辜的裁決；但是，這並不影響陪審團審判制度所具有的放任自由主義意識形態的特徵。因為，放任自由主義只是盡量少地不冤枉無辜，並不承諾永遠不冤枉無辜；其特徵僅僅在於，在放縱有罪者和冤枉無辜者之間的時候，放任自由主義比激進主義更願意選擇放縱有罪者。但是，這並不是說放任自由主義就永遠都不會冤枉無辜者。如前所述，要做到永遠不冤枉無辜只有一個辦法，那就是取消刑事審判，永遠不對任何人定罪。這是不可能的。所以，即使

---

❻❺ 另外三個州分別為：印第安納州、阿拉巴馬州和德拉威州。

陪審團偶爾冤枉無辜，也不能因此否定其放任自由主義的性質和功效。

其次，從本案來看，即使陪審團冤枉了無辜，也不能得出陪審團審判制度不值得稱道的結論。恰恰相反，到目前為止，還沒有比陪審團更合適的替代性審判機制，能夠比陪審團審判更好地保護被告人的利益。因為，在目前的陪審團審判制度下，對於無罪的裁決，固然由陪審團說了算，但對於有罪裁決，其效力卻是由法官最後定奪。因為，對於有罪裁決，法官可以有很多途徑對被告人予以救濟，如果法官不同意定罪裁決，他可以將案件擱置起來不進行判刑，或者可以在裁決後立即賦予被告人上訴的機會。但從本案的經過來看，法官並未採取措施對被告人實施救濟，恰恰相反，在陪審團建議不適用死刑的時候，法官居然將陪審團的建議置之腦後，對被告人判處死刑。這說明什麼問題？除非法官對被告人深懷仇恨（這種可能性幾乎不存在），否則就只有一個解釋：法官比陪審團更可能相信被告人有罪。

事實上，根據本案律師事後對本案陪審團成員的採訪，恰恰說明陪審團之所以不願意對被告人適用死刑，其中一個最重要的原因就是他們對被告人是否有罪這個問題是拿不準的。而法官急於對被告人判處死刑則說明，法官在內心裏對被告人有罪的判斷是拿得準的。在這裏必須注意，法官對案件的掌握是與陪審團同時進行的，如果法官同意被告人被定罪，陪審團確實也給被告人定罪了，最後卻發現定罪是錯誤的，那只能得出一個結論：在目前的條件下，不可能獲得一個更加完美的制度，以確保所有的無辜者都不被定罪；換句話說，法官並不比陪審團更聰明或更可靠；法官也會錯判案件，而且在實行陪審團審判的案件中，如果有罪裁決最後被證明為錯誤，法官難辭其咎。即使將該結論進一步擴充，得出的結論也仍然是正確的：由於法官擁有否決或擱置陪審團的定罪裁決的權力，所以，哪怕所有的死刑判決都錯了，也不能否定陪審團的價值。

綜合以上論述，我們可以得出一個基本的結論：在任何對被告人錯誤定罪的案件中，法官都有一份責任；同時，沒有一種制度能夠比陪審團審判制度更能避免將無辜的被告人定罪，在死刑案件中也是如此。這一結論同時也是對第四章得出的「陪審團審判是一種保障放任自由主義原則在刑

事訴訟中得到貫徹的制度」的驗證。這一結論不僅適用於美國死刑案件中的陪審團審判，同時也適用於一切實行陪審團審判制度的國家對於一切刑事案件的審判。❻

　　對本案的分析還驗證了本文在對死刑案件的整體分析中得出的結論：程序的瑕疵很可能是陪審團錯誤定罪的更具有根本意義的原因。之所以說這種原因是更具有根本性的原因，是因為這樣的原因是可以消除的，而上面所分析得出的原因卻是不可消除的。從本案的經過來看，被告人被錯誤定罪是由於非常典型的程序瑕疵所造成的。為了獲得其中一個關鍵證人的證言，警方對該證人採取了利誘的手段；對被告人實施催眠獲得的供述，在法庭出示時並未告知陪審團該供述是通過催眠手段獲得等等。另外，本案辯護律師沒有太多的法庭辯論經驗也是本案失敗的一個需要考慮的因素。所以，如果有什麼需要改進的地方，那也是程序的個別地方應當更加合理化，而不是將責任全部推到對於任何指責均不具有還手能力的陪審團身上。正是基於這種認識，有學者撰文指出：死刑案件中律師幫助的不夠有效和正當程序的缺席，是一個必須予以正視的問題。❼

---

❻　在英國，由於已經廢除死刑，所以不存在死刑誤判的問題。但是，英國同樣存在無辜的被告人被陪審團冤枉的情況，其中最著名的案例可能要數康費特案件。關於該案的審理情況，詳見：R. v. Colin George Lattimore, R. v. Ahmet Salih, R. v. Ronald William Leighton, in 62 Cr. App. R. 53 (1976). 邁克·麥康威爾在其為《英國刑事訴訟法（選編）》一書所作的序言中也對該案進行了簡單的介紹，參見：中國政法大學刑事法律研究中心編譯：《英國刑事訴訟法（選編）》〈英國刑事訴訟導言〉部分，第 23 頁。

❼　Ronald J. Tabak, *Report: Ineffective Assistance of Counsel and Lack of Due Process in Death Penalty Cases*, 22–WTR Hum. Rts. (1995), p. 36. 相關文章還可參見：Guy Goldberg & Gena Bunn, *Balancing Fairness & Finality: A Comprehensive Review of the Texas Death Penalty*, 5 Tex. Rev. L. & Pol. (2000), 49; Ronald J. Tabak, *Finality without Fairness: Why We Are Moving Towards Moratoria on Executions, and the Potential Abolition of Capital Punishment*, 33 Conn. L. Rev. (2001), p. 733.

第五編　陪審團審判之力量與未來

第九章　沒有陪審團審判就沒有對抗式訴訟——陪審團審判與其他審判程序之比較

序　論

陪審團審判制度是英美法系最重要的制度之一。它在英國歷史上曾經有效地阻止了歐洲大陸糾問式訴訟的入侵，並且為英國的刑事審判成功地保留了古老的彈劾式特徵，從而使其看上去不像大陸法系的糾問式訴訟那樣駭人聽聞；在美國歷史上，陪審團成功地扮演了保障自由、體現民主的角色，利威曾盛讚其為「正義的守護神」。❶在一定意義上，可以說陪審團審判制度乃是當今英美法系對抗式訴訟的締造者和維護者。這一方面可以通過英美法系陪審團審判與大陸法系重罪案件審判程序的比較看出，另一方面還可以通過英美法系內部法官審判與陪審團審判之間的比較看出。

筆者以為，儘管歐洲大陸的刑事審判與英美法系的刑事審判已經沒有本質上的區別，但是，從總體上看，與大陸法系的刑事審判比較起來，英美法系的刑事審判程序具有糾紛解決程序的特徵和言詞辯論的法庭審判風格。具體而言，第一，英美法系的法官比大陸法系的法官更為消極，第二，英美法系的律師比大陸法系的律師更為活躍，第三，英美法系比大陸法系為被告人定罪設置了更多的證據障礙，第四，英美法系的法庭審判比大陸法系的法庭審判更多辯論和對抗的風格。❷這些區別不僅是英美法系與大

---

❶ L. W. Levy, *The Palladium of Justice, Origins of Trial by Jury*, Ivan R. Dee, 1999.

❷ 對於英美法系與大陸法系之間的這些區別，已經有眾多的比較法學家加以論述。具體可參見，Douglas G. Smith, *Structural and Functional Aspects of the Jury: Comparative Analysis and Proposals for Reform*, 48 Ala. L. Rev., p.457 infra; Gordon Van Kessel, *Adversary Excesses in the American Criminal Trial*, 67 Notre

陸法系訴訟程序之間的區別，而且也是英美法系內部法官審判程序和陪審團審判程序之間的區別。

　　本文第一、二、三、四部分將分別介紹這些區別；第五部分將指出這些區別不同程度地存在於英美法系法官審判和陪審團審判之間；第六部分對造成這些區別的原因進行分析，最後作一結論。

一、英美法系之法官比大陸法系法官更加消極

　　美國的法官幾乎總是以法庭審理的消極裁判者的姿態出現。儘管在很多方面他們比大陸法系的法官享有更多的自主權，在審判中他們僅僅是監督戰鬥的當事人遵守程序的規則。在大陸法系，主持審判的法官要閱讀案卷，決定證人作證的順序，傳喚並詢問證人，還要出示證據。所有這些事務在英美法系都是律師的責任。儘管美國的法官也擁有傳喚和詢問證人的權力，❸這一權力的行使在實踐中卻十分稀罕。一方面，雖然美國聯邦最高法院在其判例中也聲稱「法官不僅是仲裁者，而且也是法庭審判和決定法律問題的正確進行的統治者」，❹並且警告說：「對於保證審判公正、合法地進行的責任屬於法官而不是律師」❺但另一方面，上訴法院卻經常找

Dame L. Rev. 432; Damaska, *Evidentiary Barriers to Conviction and Two Models of Criminal Procedure: A Comparative Study*, in 121 U. Pa. L. Rev. 506.

❸　「美國聯邦證據規則」也賦予法官詢問證人並傳喚當事人未曾傳喚的證人到庭作證的權力，see Fed. R. Evid. 614. 諮詢委員會 (The Advisory Committee) 卻認識到法官詢問證人的權力會由於法官拋棄了其適當的角色並假想其充當辯護士的角色而遭到濫用。諮詢委員會還注意到，由於對法官這一權力的界定並不成功，因此實際上法庭為了防止法官這種權力的濫用而不得不排斥這一權力的適用。Fed. R. Evid. 614(b) advisory committee's note.

❹　Quercia v. United States, 289 U.S. 466, 469 (1933)(citing Herron v. South Pac. Co., 283 U.S. 91, 95 (1931)).

❺　Lakeside v. Oregon, 435 U.S. 333, 341–342 (1978). See also Geders v. United States, 425 U.S. 80, 87 (1976). 該案中法庭指出，若要使真相和公平不被犧牲，法官就必須對程序進行實質上的控制。

出審判法官在過度主導或詢問證人方面的錯誤。❻

　　不僅如此，上訴法院還禁止審判法官在審理結束時行使法庭總結或評論案件的權力並以此干預律師辯護的行為，其目的則在於限制法院的權力。從獨立戰爭以來，各州就削減了法庭評論證據的權力。❼一直到最近，大部分州都不允許法官就證據的證明力問題或者證人證言的可信性問題以及整個案件發表自己的看法。即使在聯邦法院，雖然並沒有明確的規則規定法官不能行使這項權力，實踐中法官行使這一權力的情形還是非常少見。因此，正如弗蘭克法官所說的那樣，在美國，「審判法官對證據作有意義的評價……這並不是一件很經常的事。」❽

　　「美國聯邦證據規則」允許法官公平地並且不偏不倚地就證據力和證人的可信性向陪審團進行總結和評論。❾這一規則在 1972 年最高法院的判例中得到認可，但是由於眾議院的司法委員會建議將此規則刪除從而失效。委員會注意到，法官就證據力和證人可信性進行評價的權力是富於爭議且在很多州都是不允許的。❿儘管聯邦法官在這方面的權力沒有明確界定，其範圍肯定小於英國法官所享有的權力範圍。因為，法官無論如何也不能

---

❻ See, e.g., United States v. Liddy, 509 F. 2d 428 (D. C. Cir. 1974)(Sound and accepted doctrine teaches that the trial judge should avoid extensive questioning of the witness and should rely on counsel to develop testimony for the jury's consideration. Id. at 440 (footnote omitted)), cert. denied, 420 U.S. 911 (1975); Blumberg v. United States, 222 F. 2d 496, 501 (5ᵗʰ Cir. 1955)("It is far better for the trial judge to err on the side of obstention (sic) from intervention in the case rather than on the side of active participation in it.").

❼ Jack B. Weinstein, *The Power and Duty of Federal Judges to Marshall and Comment on the Evidence in Jury Trials and Some Suggestions on Charging Juries*, 118 F. R. D. 161, 163–165 (1988).

❽ Marvin E. Frankel, *The Search for Truth: An Umpireal View*, 123 U. Pa. L. Rev. 1031, 1042.

❾ Federal Rules of Evidence, rule 105.

❿ H. R. Rep. No. 650, 93d Cong., 1st Sess., at 5 (1973)(report of the House Committee on the Judiciary concerning superseded Fed. R. Evid. 105.)

向陪審團傳遞他個人關於證據可靠性和案件總體看法的信息。總而言之，儘管參議院最終還是承認法官評價證據的權力並不違反普通法，一個很明顯的事實是，美國的法官並不擁有像英國法官那樣總結評價證據的權力。但是，它允許法官「在強有力的辯護可能導致錯誤的假象的時候，通過行使這一權力挽救整個案件」。❶❶

綜上所述，美國的法官總是以一種消極的姿態審判案件。弗蘭克法官曾經這樣描述美國司法機關的地位：「我們的法院消極地等待著當事人出示的東西，他們幾乎從來都不知道——經常也不懷疑——當事人會選擇不出示什麼東西。」❶❷ 在審判法庭上，英國的法官比美國法官擁有更大的權力，但是總的來看，其消極性仍然高於大陸法系的法官。

法官消極性的一個直接結果就是當事人主義。但是在現代英美法系，當事人主導訴訟已經表現為另外一種形式：律師代表當事人主導訴訟。

在美國，律師控制著法庭審判。對抗制與非對抗制的一個核心的區別就是，在非對抗制中，法官而不是律師控制著整個程序。但在對抗制中，則是由律師控制著法庭審判。如果把整個審判比喻為一齣電影的話，則在對抗制中，律師不僅是主要的演員，而且也是導演，他們推動著整個訴訟程序的前進。在這一方面，美國人並不孤單。英國的一位法官也曾經這樣形容他們的律師：他扮演著他所創造的那一部分（戲）的演員；他必須選擇構成他語句的詞彙；……他必須隨時準備改變、刪除或者重新創作，以便適應庭審之日種種突然的以及不可預見的事件，並且他必須使這些態度上的變化不讓任何人明顯地感覺到。❶❸

在對抗制中，律師不僅搶占了法官的風頭，而且搶占了程序的第一主體——被告人的風頭。在大陸法系，法官主導著訴訟程序，並且，訴訟的注意力都集中在被告人身上。在美國，律師主導著訴訟程序並且將注意力從被告人身上轉移到自己身上。訴訟程序由檢察官邁開第一步，接著就是

---

❶❶　Wolchover, *Should Judges Sum Up on the Facts?*, 1989 Crim. L. Rev. 788.

❶❷　Marvin E. Frankel, *supra* note 8, p. 1038.

❶❸　Gordon Van Kessel, *supra* note 2, p. 432.

律師出示證據，但是律師始終像一道屏障一樣攔在被告人與檢察官、法官和陪審團之間。

關於這一點，甚至從法庭設備的安排和法庭規則也可以看出來。在美國，律師就坐在被告人旁邊，處於舞臺的中心位置。美國的很多司法區都允許律師在詢問證人和在陪審團面前發表意見時自由地走動。相比而言，在大陸法系，被告人通常被安置在法庭的中間，律師的座位則放置在兩旁，並且律師的動作也受到限制。

英國的法官顯然沒有美國法官那麼消極。在律師出示證據和進行辯論後，英國和美國的法官都會就一般性原則問題，比如舉證負擔問題，以及一些特定的法律適用問題，向陪審團作出指示。美國的法官通常也就到此為止，不會就證人的可靠性或證據力問題發表評論。而在英國，法官不僅有權，而且有義務，「就作出決定需要的事實爭點作出簡潔然而必須是精確的總結，就雙方的爭議和證據作出正確並且簡短的概括，就陪審員可以從表面的事實作出的推論給出一個正確的陳述。」❹尤其是在複雜的、審判時間長的案件中，法官還必須幫助陪審團處理證據方面的顯著問題，幫助嚴重案件中的被告人以陪審團能夠理解的方式進行辯護。❺在庭審結束時，英國的法官一般都會花相當長的時間進行總結，這也是對雙方律師的爭議進行平衡的一種手段。但是從總體上看，英國法官並不擁有大陸法系國家的法官那樣控制審判的權力。

在大陸法系，法官控制著整個審判，律師則處於相對次要的位置。❻為使所有參與審理的人員都明瞭案件的重要爭點並避免在法庭上出現令人驚訝的情形，雙方律師都必須在案件審理之前向法庭呈送一份包括爭議事實和主張的提綱的摘要。❼審理過程中，證人也都被允許以自然的方式陳

---

❹　Regina v. Lawrence, 73 Crim. App. 1, 5 (1981)(Lord Hailsham).

❺　Regina v. Hamilton, 1972 Crim. L. R. 266.

❻　例如，在德國，法庭審判的主角是主持庭審的法官，他在法庭辯論中發揮著舉足輕重的作用。

❼　在德國，雙方律師都知道將被傳喚的證人。但是，辯護方可以通過讓未經傳喚

述案情，對證人的交叉詢問也不像英美法系那樣咄咄逼人。這主要是因為，由於法官第一個對證人進行詢問，法官詢問時已經廣泛而全面地就證人所知的案情進行了詢問，律師的詢問實際上只起到一個補充的作用。另外，儘管德國的法律不要求法官對證據和案情進行總結，並且也有理論家批評這種作法，實踐中法官進行總結的案件卻占到全部嚴重犯罪案件的三分之二以上。❸

另外，在大陸法系的審前程序中，檢察官享有的自由裁量權也少於英美法系的檢察官。在德國，對於所有可訴案件，只要有充分的事實基礎，檢察官就必須提起公訴，這被稱為「強制起訴」。在英美法系司空見慣的辯訴交易，在德國的嚴重案件中也通常都是不允許的。❹

二、英美法系之律師比其大陸法系同行更為活躍

美國刑事審判中的律師比大陸法系和英國的律師都要好鬥和好辯。美國的法律家經常將法庭審判視為「禮儀化的進攻」。❹韋歇爾曼曾經將律師形容為獎牌的競爭者：法庭審判就是在審判中所有的律師都是競爭者的一種對立雙方之間的戰爭；贏得訴訟意味著打敗另外一方，打敗你的兄弟，正如有的時候擊敗你的父親，或者法官；裁決是明晰的和不含糊的，並將在所有觀看過你的演出的人群中宣布；勝利除了令人愉快以外，別無其他。❹無論是律師還是檢察官，都將獲得勝利作為自己最重要的目標。對辯護律師而言，完全的勝利就意味著無罪釋放，至於查明真相則被視為偶然的、或者與追求的目標無關的事情。事實上，在大多數案件中，查明真

的證人自願出庭作證的方式打檢察官一個措手不及。

❸　Gerald Casper & Hans Zeisel, *Lay Judges in the German Criminal Courts*, 1 J. Legal Stud. (1972)., at 150–152.

❹　Albert W. Alschuler, *Implementing the Criminal Defendant's Right to Trial: Alternatives to the Plea Bargaining System*, 50 U. Chi. L. Rev. (1983), p. 983.

❹　Gordon Van Kessel, *supra* note 2, p. 435.

❹　Seymour Wishman, *Confessions of a Criminal Lawyer*, 201 (1981).

相都只是律師的一個最不重要的願望。有一個律師曾經這樣描述自己的角色：當事人委託我的事項是進行辯護，而不是判斷；作為一名檢察官，我經常會有自己對案件的見解；如果我感覺被告人無罪，我可以撤銷案件；但是作為辯護律師，我曾經參與過無數案件的審理，但是從來沒有對我的委託人形成過關於他有罪還是無辜的個人看法；因為那不是我的工作，也不是我的功能，也不是我的責任。❷❷事實上，在避免明顯的作偽證的條件下，使有罪的被告人逃脫懲罰被當作辯護藝術中最偉大的成就。❷❸

　　在美國，關於法庭進攻的適當限制的職業行為規範並不明確，但是強調的重點明顯在於熱心的辯護。「美國律師協會職業行為模範規則」規定，律師必須投入且忠誠地維護委託人的利益，在以委託人的名義進行辯護時必須熱心，但同時警告他「不能受到委託人所有可能實現的利益壓力的約束」。❷❹至於律師通過何種手段追求其應當實現的目標，該模範規則則將自由裁量的權利留給了律師。❷❺「美國律師協會職業責任模範規則」在這一問題上的規定也比較含糊，但是其重點也在強調熱心的辯護。根據這一法典，律師「必須在法律的約束範圍內熱情飽滿地代表他的當事人」，同時，「除非例外，律師不得有意地不去通過合理的手段追求他的委託人合法的利益」。❷❻

　　美國刑事辯護律師必須贏得訴訟的壓力來自許多方面，其中最主要的

---

❷❷　William B. Enright, *The Much Maligned Criminal Lawyer and/or the Stake of the Profession in Criminal Justice*, 46 J. St. B. Cal. 720, 723 (1971).

❷❸　Gordon Van Kessel, *supra* note 2, p. 436

❷❹　Model Rules of Professional Conduct Rule 1.3 cmt. (1984). The Model Rules were adopted in 1983 and have provided a guide to state legislatures in setting ethical and disciplinary standards for members of the bar.

❷❺　Id.

❷❻　Model Code of Professional Responsibility EC 7–1 & DR 7–101 (A)(1) (1984). The ABA's Code was largely superseded by the adoption of the Model Rules in 1983, but many states in setting ethical standards for lawyers have adopted parts of either the Code or the Rules or both.

方面還是來自律師與其當事人的目標之間過於密切的聯繫，以及對當事人利益目標之追求持讚賞態度的職業倫理。美國的公眾觀念又加強了律師及其當事人的這種身分認同，並常常以相同的道德標準描述這兩種不同身分的人。❷

　　檢察官追訴的熱情則在一定程度上由於「無適當理由不得追訴」❷這一倫理義務所削弱。但是，一旦檢察官認為有充足的證據對被告人定罪，他就可以以辯護律師一樣的熱情為實現自己的目標而奮鬥。因此，在美國的法庭上，既充滿著咄咄逼人的辯護律師，也充滿著氣勢洶洶的檢察官。也因此，一旦檢察官認定被告人有罪，他就會不遺餘力地將被告人送進監獄，從而對勝利的追求也就取代了對正義的追求，對定罪的渴望也就取代了對事實真相的渴望。

　　造成檢察官的這一形象的原因除了美國的職業倫理規範允許檢察官像律師一樣以咄咄逼人的方式進行法庭調查和法庭辯論❷以外，還有一個重要的原因就是檢察官也面臨著巨大的勝訴壓力。❸如前所述，與律師不一樣的是，檢察官提出控訴必須有適當理由。因此，無論是法官、律師，還是一般民眾，都希望檢察官至少在大多數案件中必須勝訴，否則，檢察官就會被視為濫訴的典型。從而，勝訴——敗訴的比率，也成為衡量檢察官戰績的一個重要標準。另外，由於律師的好鬥，檢察官即使希望保持冷靜、平和的姿態，也幾乎不可能。在一個消極的法官和好鬥的律師面前，冷靜與平和有時候看起來就像是軟弱和退卻——雖然其效果並不總是這樣。因此，檢察官除了表現得像律師一樣充滿自信而外，幾乎別無選擇。

---

❷　Gordon Van Kessel, *supra* note 2, p. 439.

❷　Both the Model Rules and the Model Code provide that the prosecutor must not institute criminal charges "when he knows or it is obvious that the charges are not supported by probable cause." Model Rules, *supra* note 140, at Rule 3.8(a); Model Code, *supra* note 143, at DR 7–103(A).

❷　Gordon Van Kessel, *supra* note 2, p. 440.

❸　Gordon Van Kessel, *supra* note 2, p. 442.

在英國，巴律師 (Barrister) 辯護的熱情程度也遠不及美國律師。其中一個原因是英國的巴律師與其當事人之間的關係並不十分密切，巴律師主要是對沙律師 (Solicitor) 負責而不是主要對當事人負責。❸英國的律師倫理準則根本上就禁止巴律師直接處理委託人的事項。巴律師從來就不會單獨跟委託人在一起，即使在會見委託人的場合，也必然有沙律師在場。在法庭上，被告人坐在被告席上，沙律師則處在被告人與巴律師之間。這種安排更進一步疏遠了巴律師與其委託人之間的距離。此外，在英國，律師職業倫理準則禁止巴律師訪問證人。而在美國，律師訪問證人是例行公事。由於這一區別，在法庭上，美國的律師要對自己證人的表現負責，而英國的律師則不必對證人出現的錯誤負責。對於擔任檢控任務的巴律師而言，這種獨立的身分就削弱了巴律師在法庭富於攻擊性的可能。因為，巴律師僅僅負責法庭指控，並不負責決定起訴、實施偵查、搜集證據等活動，他對於整個案件勝訴與否的責任相應減輕，其獲得勝訴的動機也由此受到削弱。他在法庭上相應地也就較少表現出情緒化的傾向。另外，巴律師既可能擔任檢控律師也可能擔任辯護律師的制度，也在一定程度上遏制了巴律師表現出情緒化傾向的現象。

　　雖然英國的律師看上去比美國的律師更富有理性和鎮定，但是，只需要輕輕的一瞥，就可以看出英國的律師在法庭審判中遠比其大陸法系的同行顯得爭強好勝。大陸法系的律師也喜歡勝利，但是他們並沒有把勝利看得無比重要，也不會氣勢洶洶地追求勝利。大陸法系的律師一般都沒有那麼咄咄逼人，他們對勝訴的追求也不是忠心不二。這主要是由於，在大陸法系，法官主持並主導審判，發現真實和實現正義的義務主要由法官來完成，律師的勝訴就不再是第一重要的期望。首先，大陸法系的律師與證人之間的關係遠不如英美法系的律師與證人之間的關係密切，因為在大陸法

---

❸　barrister 與 solicitor 通常被譯為「出庭律師」與「訴狀律師」，因前者主要負責出庭辯論，而後者則主要從事訴狀寫作或其他事務性工作。但有時候，borrister 也要做事務性工作，而 solicitor 也可在治安法院出席法庭。為避免誤解，本書將其直譯為「巴律師」和「沙律師」。

系，證人並不屬於當事人，而是由法院傳喚。因此，在英美法系，證人在出庭前通常要由當事人進行「演練」，而在大陸法系卻不存在演練的問題。其次，由於法官傳喚並詢問證人，律師自然地就變得不那麼好辯，而且在交叉詢問和對證據的可採性方面提出反對的空間也就相對狹隘一些。還有一個原因就是，大陸法系的審判採取混合式法庭而不是陪審團審判。這樣，大陸法系律師的主要說服對象就是專業法官而不是外行法官，他就不能像英美法系律師在陪審團面前那樣氣勢洶洶、充滿激情甚至以情緒渲染。相反，他必須訴諸於理智和理性。

三、陪審團審判為定罪設置了更多證據障礙

眾多的學者認為，當代英美法系的證據規則比大陸法系的證據規則複雜、精緻。❸達馬斯卡甚至指出，證據規則的區別就是大陸法系與英美法系刑事訴訟的主要區別：英美法系的陪審團審判制度下，其證據法比大陸法系的證據法對給被告人定罪設置了更多的證據障礙。❸

具體而言，與大陸法系相比，英美法系對被告人定罪的證據障礙主要體現在以下三個方面：一是英美法系存在著比大陸法系更多的排除規則，二是英美法系的舉證規則為控訴方實現定罪目標比大陸法系設置了更多的障礙，三是全外行組成的陪審團的證據評價機制更加有利於被告人。

㈠英美法系存在著比大陸法系更多的排除規則

在英美法系，在邏輯上具有可採性的證據仍然由於證據法的規定而不具有法律上的可採性，很大程度上這些規則的存在是由於人們相信，採納這樣的證據可能會給事實裁判者造成超過它本身應當具有的證據力的評價。但在大陸法系，並沒有基於事實裁判者可能會錯誤地評價這樣的證據從而影響事實認定的精確性而將其予以排除的規則。事實是，大陸法系受過訓練的法律家幾乎全體一致地認為，這樣的排除規則是不能接受的。❸

---

❸ Gordon Van Kessel, *supra* note 2, pp. 463–466.

❸ Damaska, *supra* note 2, p. 506.

❸ Damaska, *supra* note 2, p. 514.

比起英美法系的法律家，他們對外行法官在作出決定時不給予某些證據不適當的考慮的能力方面更有信心。但是，在通過立法預見將來方面，他們比英美法系的法律家又更加悲觀，因為他們不相信在預見到特定種類的證據對認定事實的影響的基礎上，可以成功地制定一套關於證據的法律規則。

　　當然，這並不是說大陸法系完全沒有排除規則。因為，很多在英美法系形成規則的東西，在大陸法系是以賦予法官自由裁量的方式來排除證據。比如，雖然大陸法系並沒有明確的可採性規則，但是在很多場合下法官對某些證人可以決定不讓其出庭作證，理由則是這樣的證言對於決定沒有什麼影響。❸這其實就是賦予法官在證據是否具有相關性方面的自由裁量權。

　　大陸法系另一個具有排除證據效果的機制是「直接原則」。它是對中世紀適用的糾問式訴訟程序的一種比較激烈的反應。在這樣的糾問式訴訟中，偵查官員在偵查過程中記錄下所有的證據，而審判官員則幾乎不與被告人見面，而是依賴偵查人員製作卷宗筆錄來判決案件。意識到原始的證據比經過傳遞的證據更加具有可靠性，現代大陸法系國家的訴訟程序採用了證據必須由決定製作者直接詢問而不得以派生的方式獲得的原則。❸或許這一原則可以用英美法系法律家廣義的「最佳證據」來解釋。這一原則在大陸法系不同國家實行的情況也不盡相同，但是無論如何，其基本的要求是法官必須對原始的陳述人進行親自的詢問。這樣，至少有一部分在英美法系被以「傳聞證據」規則排除的證據，在大陸法系也被以違反「直接原則」而被排除。

　　大陸法系也缺乏對先前定罪的證據以及其他定罪的證據的正式的排除規則，但在大陸法系，這樣的證據其實同樣是予以排除的，只不過排除的理由是不具有相關性，而在英美法系則是不具有可採性。

　　但是，決不能因此誇大二者之間的同質性。大陸法系雖然可以通過直

---

❸　Damaska, *supra* note 2, p. 517.

❸　A. Esmein, *A History of Continental Criminal Procedure–With Special Reference to France*, translated by John Simpson, The Lawbook Exchange, Ltd., New Jersey, 2000, p. 408 infra.

接、言詞原則、通過法官的自由裁量排除一些證據，但是這些證據的排除都不是強制排除，也不是當事人的權利，而是完全由法官掌握。可以說在沒有受到英國普通法影響的國家，對證據的出示和對待通常都採取了更為寬鬆的態度。因此，在實踐效果上，大陸法系的證據排除遠不如英美法系頻繁。郎本曾經指出：在我們的審判法庭上，無論是民事訴訟還是刑事訴訟，你都可以聽到律師們不斷地打斷（對方律師對證人的詢問）並提出基於證據規則的反對；人們對這些咒語是如此熟悉，以致它們已經進入公共文化領域；閉上你的眼睛，你就可聽到佩雷‧馬森或相似的電視中傳出嚴厲而擲地有聲的反對：「不具有實質性！」「傳聞！」「意見！」「誘導性問題！」而當我們切換頻道，來到法國或意大利或瑞典的法庭，你便再也聽不到這些聲音了。❸❼郎本還指出：「在過去的二十年間，我曾經經常參觀德國的民事和刑事訴訟程序。我聽到過很多傳聞證言，但是從未聽到過反對此類證言的聲音；我也聽到意見證據在法庭上如潮水一般洶湧而至，卻沒有遭受任何抵抗。」❸❽

　　另外，在非法證據排除方面，英美的排除規則比在任何大陸法系國家的排除規則都要多得多，也要精緻得多。排除規則在證人特權的範圍方面可能差別並不顯著，但是一旦涉及到與存在缺陷的訊問被告人的程序問題，我們的印象就會明顯改變。很多大陸法系國家在以不適當的方式訊問被告人而獲得的口供的排除規則方面保持沉默。只有少數幾個大陸法系國家在立法中明確拒絕非法獲得的被告人證言。但是最顯著的區別還是存在於搜查和扣押的法律方面。在這一領域，大陸法系的排除規則幾乎不存在，而所謂的毒樹之果理論在大陸法系的法律家看起來簡直是神經有毛病。而在實踐方面，達馬斯卡聲稱：「我敢充滿自信地說，在大陸法系的法院，提出排除非法獲得的證據的動議比在美國要少得多。」❸❾

---

❸❼　John H. Langbein, *Historical Foundations of the Law of Evidence: A View from the Ryder Sources*, in 85 Colum. L. Rev., p. 1169.

❸❽　John H. Langbein, *Historical Foundations of the Law of Evidence: A View from the Ryder Sources*, in 85 Colum. L. Rev., p. 1169.

　　在歐洲大陸國家，排除規則的首要目的均在於防止不可靠的證據進入法庭並以此提高認定事實的精確性。事實上，儘管大部分制度都禁止極端形式的警察違法行為獲得的證據或者以可能影響證據可靠性的方式獲得的證據，警察的違法行為本身一般不會單獨導致證據的排除，尤其是在後來發現是可靠的證據的情況下。德國的以及其他大陸國家的排除規則排除的證據範圍一般都比美國的排除規則狹窄。例如，在德國，警察未告知嫌疑人他享有保持沉默的權利這一不作為行為並不導致其後所獲得的被告人供述必然被排除。另外，德國的搜查和扣押規則也相對比較寬鬆，法庭也不會自動排除警察違反該規則所獲得的證據。❹相反，法庭試圖在保護被告人權利與有效地執行法律之間進行平衡。這使他們經常考慮犯罪的嚴重性以及被告人受懷疑的程度。另外，即使在證據被禁止的場合，被禁止的證據通常也為審理案件的法官所知曉。❹因此即使排除，效果也不明顯。至於法國的情況，其法典明確規定的排除規則屈指可數，並且大部分被排除的證據都是由於違反了該法典的實質性規定並且導致對被告人的不利益。

---

❸　Mirjan Damaska, supra note 2. 在這個問題上，英國的做法更加接近大陸法系：非法獲得的證據不僅在大陸法系具有可採性，而且在英國及英聯邦國家也具有可採性。——轉引自 Gordon Van Kesse, *supra* note 2, p. 451. 例如，儘管英國的法律排除通過強迫手段獲得的供述證據，但是卻拒絕適用毒樹之果理論。See Rex v. Warickshall, 1 Leach 263, 264 (1783); Police and Criminal Evidence Act, 1984, ch. 60, §76(4)(Eng.). 此外，英國法律對於通過非法搜查、拘留和逮捕所獲得的實物證據也不要求排除。Regina v. Sang, 1980 App. Cas. 402, 436 (1978)(appeal taken from C.A.); Police and Criminal Evidence Act, 1984, ch. 60, § 67(8)(10)(Eng.); Fox v. Chief Constable, 3 All E. R. 392, 396–397 (1985)(H.L.). See generally, Gordon Van Kessel, *The Suspect as a Source of Testimonial Evidence: A Comparison of the English and American Approaches*, 38 Hast. L. J. 1, 32–33 (1986). 但最近英國也在朝著美國的方向而不是歐洲大陸的方向發展。

❹　Bradley, *The Exclusionary Rule in Germany*, 96 Harv. L. Rev. 1032, 1064 (1983), pp. 1035–1039.

❹　Bradley, *The Exclusionary Rule in Germany*, 96 Harv. L. Rev. 1032, 1064 (1983), pp. 1063–1064.

即使在這樣的場合，被排除證據派生的果實也不一定排除。**㊷**

(二)英美法系的舉證規則為控訴方實現定罪目標比大陸法系設置了更多的障礙

　　舉證規則是法庭上雙方如何提出證據證明自己主張的規則。在這方面，英美法系的檢察官為獲得對被告人的定罪，必須付出比大陸法系的檢察官更多的努力。這主要體現在以下三個方面：

　　首先，英美法系的被告人受到更多的尊重，而大陸法系的被告人則更可能被當作信息的來源。與英美法系的特權概念比較起來，雖然英美法系和大陸法系的被告人都享有反對自我歸罪的特權，但是，英美法系的被告人可以選擇是否在法庭上作證。如果選擇作證，則他必須在法庭上接受交叉詢問；如果他選擇不作證，則任何人沒有權利對他進行訊問。大陸法系的被告人不能自由地選擇是否在法庭作證從而接受訊問。通常他都會被問到很多問題。他僅僅有權根本就不回答，或者拒絕回答特定的問題。但是，作為一個正式的原則，事實的裁判者可以從他的拒絕回答問題作出對他不利的推論。所以，英美法系的被告人享有的是「不受訊問的權利」，而大陸法系的被告人享有的則是「拒絕回答的權利」。**㊸**不管其理論基礎是什麼，在大陸法系，被告人就是被當作證據來源來對待的。

　　其次，英美法系補強證據規則的存在也為被告人設置了比大陸法系更為精緻的保護。補強證據規則為英美法系的檢察官證明被告人有罪的事實的存在設置了一個大陸法系的檢察官從來沒有而且永遠也不會碰到的障礙。當然，對於補強證據規則可能有眾多的解釋，有些規則牽涉到證據的可採性，有些則只牽涉到最終對證據的評價。與本文有關的則僅僅是牽涉到可採性的那些規則。這樣的規則是很多的而且其影響在實踐中對於許多

㊷　Richard Frase, *Comparative Criminal Justice as a Guide to American Law Reform: How Do the French Do It, How Can We Find Out, and Why Should We Care?*, 78 Cal. L. Rev. 539, 672–673 (1990)(the French defense counsel has an absolute right to pretrial inspection of the full dossier).

㊸　Gordon Van Kessel, *supra* note 38, pp. 32–33.

案件也是十分重要的。例如，在美國的許多司法轄區，在強姦案件中，被害人的證言如果沒有其他證據加以佐證，它就不能出示給事實法官進行證據力上的評價。換句話說，檢察官將無法建立起一個表面的證明 (a *primafacie* case)。但在大陸法系，不僅沒有表明證明的要求，而且對於定罪也沒有必須至少有一個以上的證據的要求。

再次，在證據披露的比較方面，英美法系的規則也比大陸法系的規則更有利於被告人。在大陸法系，審判之前，偵查程序不僅要過濾掉未被發現的指控，而且要準備證據材料以備法庭檢驗。在偵查程序中被告人能夠在多大程度上知悉指控自己的證據在不同的司法管轄區是不一樣的，但是即使在限制最嚴的國家，也允許被告人和他的律師在審判到來之前查閱所有的卷宗。這些卷宗包括所有證人證言的摘要以及所有的取證活動的記錄，被告人因而可以熟悉所有以前取得的證據。建立在偵查基礎上的檢察官的指控單必須顯示他所依賴的法律理論以及將要在法庭上出示的證據。當然，雙方都可能在法庭出示額外的證據。但是，無論何時，只要有一方未準備的證據在法庭上出現，法庭就應當允許這方當事人繼續其熟悉證據的工作。但是，雖然法官可以拒絕這樣的證明，他卻沒有權力通過不聽取令他驚訝的證言的方式懲罰這樣的當事人。這樣的裁決被認為有違法官發現真相的職責。

證據開示規則在美國的不同司法管轄區實行的情況也是不一樣的，但即使在最自由的州，也不會讓被告人事先知道檢察官提供的證人在法庭上的陳述的實質內容。更經常的情況則是，被告人必須猜測誰會在法庭上為控訴方作證。

看起來在這方面大陸法系的被告人比美國的被告人更占便宜。但是，在美國人看來，大陸法系的被告人為此付出的代價也是很慘重的。那就是，法官在審判前已經完全掌握了對被告人不利的全部證據。所以，大陸法系的證據披露是一把雙刃劍。另外，大陸法系的被告人更經常地遭到訊問，他們更多地被視為證據的來源。

(三)全外行組成的陪審團的證據評價機制更加有利於被告人

　　首先，不同的法庭指示規則對於法庭審判的效果產生的影響是不一樣的。在英國和大陸法系國家，被告人都有權作最後發言。但是法庭的最後干預對於被告人和控訴方之間的辯論力量起到一種平衡的作用。因為，法官可以就證據問題進行總結和評論。在大陸法系，專業法官本身就是陪審團的組成部分，而且主持審判的法官在陪審團開始討論之前一般都要對證據進行總結和評論。德國法雖然沒有要求這樣的總結和評論，並且這種行為也曾經受到批評，但在實踐中，德國法官在三分之二以上的輕罪案件中以及幾乎全部的嚴重案件中實際上進行了總結和評論。❹

　　其次，不同的控制投票的規則對於審判結果的影響也是不一樣的。普通法關於有罪的裁決傳統上要求一致同意。不過，蘇格蘭在很多世紀以來一直都實行簡單多數原則。英格蘭也於 1967 年廢除了一致裁決原則並允許陪審團以 10：2 的比例作出定罪裁決。美國 1972 年的兩個案例中最高法院裁決一致同意原則並非憲法的要求。❹ 所以，這一規則從十九世紀中葉以來可能在走向衰弱，但是美國仍然有大部分州堅持這一原則。大陸法系從來就沒有採用過一致裁決規則。甚至在法國大革命後，由於被英格蘭的制度所吸引，也於 1791 年試圖整個地移植英國的刑事訴訟程序，他們也從來沒有要求過其陪審團必須採取一致同意的規則。相反，他們僅僅規定：三名陪審員就應當總是足夠作出對被告人有利的裁決。❹ 這些區別對決定製作的影響是顯而易見的。在一致裁決規則之下，檢察官必然會發現比多數裁決規則之下面臨更多的困難。因為，只要有一個陪審員拒絕定罪，陪審團就不可能得出一個定罪裁決。所以，在一致裁決仍然占主導地位的英美

---

❹　Gerald Casper & Hans Zeisel, *Lay Judges in the German Criminal Courts*, 1 J. Legal Stud. (1972), at 150–152.

❹　See Apodaca v. Oregon, 406 U.S. 404 (1972).

❹　A. Esmein, *A History of Continental Criminal Procedure–With Special Reference to France*, translated by John Simpson, The Lawbook Exchange, Ltd., New Jersey, 2000, p. 417.

法系的司法管轄區，檢察官可望得到的定罪比例當會更低。在約翰遜訴亞利桑那一案中，道格拉斯法官作為反對派指出：比較法上的研究已經顯示，拒絕一致裁決規則的後果就是評議時間的顯著縮短。❹在大陸法系的混合庭中，評議的時間都比較短，而且少數持不同意見者直到最後也會投否決票。❹

　　再次，專業法官和外行法官的不同傾向性，對於決定是否定罪這個問題也發揮著舉足輕重的作用。在陪審團審判中外行法官完全掌握著決定是否有罪的權力，而在大陸法系的混合庭中，專業法官扮演著積極的角色。如果外行法官比專業法官更加寬容，那麼陪審團會比混合法庭更不願意對被告人定罪，從而檢察官要說服陪審團比說服混合法庭更加困難。關於外行法官比專業法官更容易對被告人採取寬大為懷的態度的印象，已經有經驗性研究加以支持。無論是歐洲大陸還是美國，外行法官和專業法官之間對案件的分歧都曾經被當作研究對象來研究。《美國陪審團》一書的作者研究後發現陪審團比專業法官更具有寬容性；❹十九世紀七十年代，卡斯帕與翟塞爾對德國專業法官和外行參審法官的研究也表明了同樣的趨勢。❺另外，與其他領域的人類行為一樣，經常參與審判案件會使法官感覺麻木。經驗豐富的法官將會告訴我們當他第一次基於情況證據而將被告人定罪時產生的痛苦。但是久而久之，對每一個案件的新鮮感也就消失了，從而一個人也就會調節自己的行為以便有效率地完成自己例行公事的任務。

　　英美法系的法官對陪審團的限制僅僅是通過對它進行指示，而一旦陪審團退庭評議，法官就不能繼續施加影響。另外，陪審團的無罪裁決不允

---

❹　Johnson v. Louisiana, 406 U.S. 356, 381 (1972)(Douglas, J., dissenting). See also, Mirjan Damaska, *Evidentiary Barriers to Conviction and Two Models of Criminal Procedure: A Comparative Study*, p. 537.

❹　Gerald Casper & Hans Zeisel, *supra* note 43, p. 151.

❹　Harry Kalven, Jr. & Hans Zeisel, *The American Jury*, The University of Chicago Press, Chicago and London, 1971, p. 193 infra.

❺　Gerald Casper & Hans Zeisel, *supra* note 43, pp. 151, 154–160, 175.

許上訴也削弱了法官對陪審團的監督（通過上訴程序的監督）。但是，在大陸法系，外行的因素在很大程度上被十分有效地控制在專業法官手中。審理結束後，專業法官或專業法官們與外行法官們一起進行評議，參加討論的過程並且主持整個討論。當然，外行法官經常比專業法官人數更多。而且，在大多數司法轄區，外行法官的角色都是很積極的，並不是僅僅作為一個化妝品的角色。但是，很少有人會否認，專業法官在他的外行同僚眼中是一個傑出的和有影響力的角色。同時，在作出判決時，法官還必須說明哪些證據是相信了，哪些沒有相信。這樣，即使檢察官輸掉官司，他還可以通過上訴的方式贏回來，並且可以從法官的判決中找到攻擊的弱點。在陪審團審判的情況下，就不存在這個問題。因為對於無罪判決是不允許上訴的。

在大陸法系，由於專業法官與外行法官一起評議，所以在評議前法官不必對證據和適用的法律進行指示，也沒有必要就如何處理事實上的疑問進行提醒。如果這樣的疑問在評議中產生，專業法官會向外行法官提出建議。所以，毫不奇怪，大陸法系的法官也很少就定罪需要的充足的證明作出正式的指示。而在英美法系，情況則完全相反。在陪審員評議的過程中，法官與陪審員之間沒有正式的意見交流。相反，考慮到可能發生的事實方面的疑問，法律要求法官在陪審團退庭前就必要的充足的證明向陪審團作出指示。

在刑事案件中，無論是英美法系還是大陸法系，現代的法律制度都已經要求，當事實有疑問時作有利於被告人的解釋。疑問作有利於被告人解釋的思想應當在古羅馬的時候就已經產生了。甚至在中世紀的糾問式證明程序中，也存在著這種趨勢，例如，有利於被告人的證明要求的證據比不利被告人的證明要求的證據更少。但是，大陸法系要求的是「內心確信」，英美法系要求的是「排除合理懷疑」。證明到排除合理懷疑原則的範圍至少潛在地比無罪推定原則的範圍要廣泛，因為，無罪推定只有在定罪這個問題上有效，而排除合理懷疑則除了定罪以外，在其他問題上也是有效的，比如程序性事實、加重情節等。

在所有的大陸法系國家，即使法律允許的邊際錯誤非常小而證明的要求非常高，達到完全的確信也是不可能的要求。而且，假定充分的證明要求不會由於決定製作程序的變化而變化在心理上是幼稚的。儘管有人會承認決定的製作者有時會要求較低的標準，很少有人會進一步公開承認可以容忍的懷疑的程度是隨著環境變化而變化的，所以可以容忍的懷疑就應當是一條斜線而不是一個固定的數值。

因此，在大陸法系，由於缺乏對外行法官就定罪所需要的足夠的證明進行指示的程序，減小了外行法官和專業法官之間在定罪的傾向性方面的差別，而英美法系，由於這種指示的存在，則增加了這種差別。

四、英美法系比大陸法系之法庭審判更富於辯論風格

英美法系的律師在程序方面接受的是「運動—遊戲理論」。有論者指出：鍾愛精彩的戰鬥是美國人民族性格中的一個重要方面，並且他們經常視兩造對抗本身比對抗的結果更為重要。❺

美國律師作為演員的角色也提供了一種娛樂形式。美國公眾對律師懷有一種愛恨交織的態度。很久以前，羅斯科‧龐德就曾經將司法中的運動理論歸結於盎格魯‧薩克森人對辯論程序的膜拜和對公平競爭的鍾愛，以及美國的菁英對法庭這一未開墾地的辯論遊戲之技巧的渴望。❺ 他發現，司法的運動理論如此深深地植根於美國職業中以致我們已經把它作為一個基本的法律原則。

意大利 1988 年修訂的刑事訴訟法典採納了許多對抗制的因素，但是也保留了審前程序中為被告人披露證據的程序。其目的即在於「拒絕司法的運動理論。對意大利的法律家而言，以出現驚奇的方式進行審判是違反法律的正當程序這一憲法性規則的，因而是不能容忍的。」❺

---

❺　Gordon Van Kessel, *supra* note 2, p. 448.

❺　Roscoe Pound, *The Canons of Procedural Reform*, 12 A. B. A. J. 541, 543 (1926). 轉引自 Gordon Van Kessel, *supra* note 2, p. 449.

❺　Ennio Amodio & Eugenio Selvaggi, *An Accusatorial System in a Civil Law Coun-*

　　對於大陸法系的刑事審判，給予人們的總的印象是它更像一種協商會議而不是一場體育競賽。❺郎本對大陸法系審判風格的總結是：「審前程序與審判程序並無明顯區別，披露證據和呈交證據的程序也無明顯區別。審判不是一個單一的連續不斷的事件。實際上，法庭是按照具體情況的要求在一系列的聽證中收集和評價證據。」❺在美國，偵查機關盡量地搜集所有能在法庭上出示的證據，因為一旦進入法庭審判程序，他們就很難再退回到偵查程序去搜集更多的證據。與之形成對照的是，在大陸法系，並不存在複雜的審前披露證據的程序。在這種情況下，很難出現法庭上戲劇化的審判效果，因為審理是可以間斷的；一旦出現了令一方當事人驚訝的證據，當事人可以在休庭很長一段時間以後再來應付這種意想不到的局面。史密斯將大陸法系的這種訴訟程序歸納為「插話式的訴訟程序」。❺

　　大陸法系的刑事審判辯論風格比較弱的另一個原因就是，其上訴法院對下級法院的案件實行全面審查的原則。例如，意大利的上訴法院可以改變下級法院判決的任何方面，也就是說，意大利上訴法院對初審案件實行的是全面審查原則，既審查法律的適用，也審查事實的認定。在德國，上訴法院可以通過下級法院的審判記錄或者通過傳喚證人對事實形成自己的判斷。審判法官更被要求就案件事實的認定以及法律的適用寫出自己的推理過程，即判決理由，以便於上級法院進行審查。這就不可避免地降低了初審法院法庭審理的重要性，而這又是造成其審判不具有對抗性或者只有很不顯著的對抗性的一個直接原因。

五、英美法系法官審判中對抗制因素之削弱

try: The 1988 Italian Code of Criminal Procedure, 62 Temp. L. Q. (1989), at 1223.

❺　Douglas G. Smith, *Structural and Functional Aspects of the Jury: Comparative Analysis and Proposals for Reform*, 48 Ala. L. Rev., p.459.

❺　John H. Langbein, *The German Advantage in Civil Procedure*, 52 U. Chi. L. Rev. 831 (1985).

❺　Douglas G. Smith, *Structural and Functional Aspects of the Jury: Comparative Analysis and Proposals for Reform*, 48 Ala. L. Rev., p.460.

前文比較了英美法系的陪審團審判和大陸法系法官審判以及混合法庭審判之間的區別。但是，這並不是說，英美法系所有的刑事審判都具有陪審團審判所具有的全部特徵。事實上，在法官審判的場合，其審判無論是在定罪的證據障礙方面，還是在程序的其他方面，都比陪審團審判較少對抗式訴訟的因素。例如，在有些法官審判的案件中，對抗式訴訟對被告人的保護並不發揮作用。弗蘭克法官就曾經敘述過一個案例，在這個案例中，法官剛剛聽完開庭陳述就對案件作出了判斷，無論被告人說什麼，他都無動於衷。❺❼

但是，英美法系法官審判與陪審團審判最顯著的區別，還是存在於證據規則的適用方面。

很多學者認為，刑事訴訟中的證據規則是用來保護被告人免於在對抗式的程序中處於不利地位的。當沒有陪審團時，被告人在對抗式的競爭中實際上是處於不利地位的。減少這種缺陷的一個辦法就是保證證據規則在法官審判程序中得到嚴格的執行。❺❽

不幸的是，目前的情況卻不是這樣。在陪審團審判的情況下，法官必須決定哪些證據能讓陪審團知道，哪些不能。但是在法官審判的程序中則沒有相關的裁決機制，這意味著在這樣的程序中被告人從證據規則中所獲得的保護不可避免地遭到削弱。在北愛爾蘭的迪普洛克法庭（該法庭由法官主持審判，並無外行人組成的陪審團），證據的可採性和被告人審前供述的分量都是由法官在證人審查程序 (Voir Dire) 中決定。在審判的時候，證人圍繞被告人供述提供的情況證據就不再接受交叉詢問，被告人也不再在法庭上作證。其結果則是，審查程序中對證據的分量的聽證影響了證據的可採性，而對證據可採性的決定又影響了證據分量的決定。它最終導致的是被告人喪失了免受錯誤允許證據以及不適當地運用證據的保護。

---

❺❼　Ellen E. Sward, Values, *Ideology and the Evolution of the Adversary System*, 64 Ind. L. J. 315.

❺❽　Sean Doran, John D. Jackson & Michael L. Seigel, *Rethinking Adversariness in Nonjury Criminal Trials*, in 23 Am. J. Crim. L. 30.

　　儘管如此，北愛爾蘭的上訴法院對維持正式的證據規則還是顯得比較熱心。儘管在初步審查程序中他們將證據的可採性與證據的證明力混在一起，但是法庭還是在很大程度上維持了這兩個問題的區別。❺❾與北愛爾蘭的法官不一樣，美國的法官幾乎全體一致地認為，法官有能力克服他們曾經予以排除的有偏見的證據的影響。換句話說，美國的法官總是認為他們有能力不考慮不適格的證據，而只考慮適格的證據。在美國訴門克一案中，上訴法院認為：容許不具有可採性的證據進入法庭是錯誤的，如果是在陪審團審判程序中，我們會推翻這一裁決；但是，我們認為，受過訓練的、有經驗的聯邦地區法院的法官，與陪審團是不一樣的，他們應該能夠對不合適的證據和合適的證據進行區分，並且能夠僅僅將自己的裁決建立在合適的證據的基礎上。❻❿美國聯邦上訴法院曾經一遍又一遍地重複過這樣的論調。❻❶

　　與陪審團審判的情況不一樣的是，在門克這樣的案件中，即使推翻判決，也不一定導致重開新的審判。除非錯誤是明顯有害的，否則上訴法院可以就法律問題作出自己的裁決，然後將案件發回給初審法官在上訴法院的裁決的基礎上重新考慮自己的裁決。然後，在重新考慮後，如果法官認為在不容許該證據進入法庭的情況下也會產生相同的結果，那麼，法官就可以照此發布一個命令。通常來講法官都是這樣做的。偶爾，如果法官認為在不容許該證據進入法庭可能影響裁決的時候，他才會採取措施進行糾正——或者宣告被告人無罪，或者讓另一個法官重新審理此案。

　　因此，在美國，很多在陪審團審判中本來不具有可採性的證據在法官

---

❺❾　Sean Doran, John D. Jackson and Michael L. Seigel, *supra* note 57, p. 30.

❻❿　United States v. Menk, 406 F. 2d 124 (7th Cir. 1968); Sean Doran, John D. Jackson and Michael L. Seigel, *supra* note 57, p. 31.

❻❶　United States v. Dillon, 436 F. 2d 1093, 1095 (5th Cir. 1971); Wythers v. State, 348 So. 2d 390, 391 (Fla. Dist. Ct. App. 1977); State v. Astley, 523 N. E. 2d 322, 326 (Ohio Ct. App. 1987); State v. Fierro, 804 P. 2d 72, 81 (Ariz. 1990); Sean Doran, John D. Jackson and Michael L. Seigel, *supra* note 57, p. 36.

審判程序中卻暢通無阻。例如，強迫性供述是為憲法所禁止的，該規則並不考慮該證據的可信性和可靠性，放棄陪審團審判的權利也不意味著放棄就憲法層面的問題進行裁決的權利。假定法官發現供述是非自願的，該供述被裁決不得採用。但是，如果法官成為事實的裁判者，問題也就產生了：法官是否能夠成功地清除有汙點的證據留在他腦海裏的印象？馬里蘭最高法院認為，法官是可靠的，值得信賴的。在其中一個案件中，警察違反了米蘭達警告規則，獲得供述。的確曾經有一個審前聽證程序，發生在審判之前的一個月。裁決是：該供述可以進入法庭審判程序。被告人放棄陪審團審判的權利，審判由另一名法官主持。但是在審判中，被告人供述的真實性成為案件的爭點，法官不得不再次面對該供述是否可採的問題。最後他裁定該證據不可採，然而，被告人卻被定罪。被告人提起上訴。美國最高法院早已指出，如果該案是由陪審團審判，那麼這樣的定罪當然是不允許的。儘管存在著法官與陪審團審判的區別，從法理上看，卻不能得出在法官審判時規則的適用就不必那麼嚴格的結論。但是馬里蘭最高法院卻不是這麼看的，所以他們支持了定罪的裁決。他們說，「在我們司法制度的核心，法官無論在法律方面還是在評價證據的實質性方面都是富有洞察力的、博學的和有經驗的。」❷

傳聞證據規則在法官審判程序也不如在陪審團審判程序執行得嚴格。儘管法律也要求法官受傳聞規則的約束，但是在很多場合，法律允許法官不受這些種類的規則的束縛。但它不是通過在無陪審團審判的程序採用另一套標準，而是通過允許法官不作裁決的方式實現這一目標的。所以，在法官審判程序中，許多不為陪審團知曉的證據，法官卻能瞭如指掌。

在法官作為事實裁判者而不是陪審團作為事實裁判者的時候，證據法的適用就不再那麼嚴格。當沒有陪審團時排除規則的適用就相對不那麼嚴格，這至少有兩個主要的政策考慮支持這一做法：

第一，證據法長期以來被認為是陪審團制度的產物，其目的是為了防

❷　Hutchinson v. State, 9 Md. App. 41, 44, 262 A. 2d 321, 323–324 (Ct. Spec. App.), rev'd, 260 Md. 227, 271 A. 2d 641 (1970).

止未受法律訓練的公民不加批判地接受不可靠的證據。法官由於受過職業訓練，在評價證據方面有一定的經驗，因此在篩選和衡量證據方面比陪審團更可信賴。有一個案件的判決指出，由於法官的法律訓練，解決問題的傳統方法，以及他的職業藝術的狀態，同時由於他應當很早就學會感知、區分和解釋法律之間的細微差別，當有助於法官防止前面所考慮到的脆弱性。❻❸

第二，至少在過去的幾十年中，由於大量過剩的規則以及例外嚇阻了審判的進行，同時法官的判決也存在著被推翻的多重危險，所以，人們普遍對此表示不滿。如果即使在陪審團審判的案件中，證據法的實質部分都已經被過分崇拜或者發揮了過分的效力，那麼，在無陪審團的審判中，它就更不應該不加任何改變地加以執行。

但是，曾經有人指出，法官也是有血有肉的主體，他們與其他人一樣，也會受到感情和人類的脆弱性的影響。另外，刑事案件中的排除規則有著不同的關注點，有很多規則是用來降低由於被告人被顯示為一個壞人而定罪的危險性；他們處理的是潛在的偏見，這種偏見來源於感情的衝擊，而不是來源於知識上的錯誤；其他一些規則，例如，禁止採納非自願的但是可靠的自白，則是為了保存外在的政策，即使犧牲審判的質量，獲得一個關於事實的更少理性的解決，那也在所不惜。❻❹ 在這樣的場合，無論是認為法官會免於偏見的影響，還是認為他不應當比行政聽證中的事實裁定者受到更多的限制，都是錯誤的。所以，對法官審判的案件，也必須適用嚴格的證據規則。

在賓西法尼亞最高法院 1970 年裁決的共同體訴俄格斯比 ❻❺ 一案中,顯示了讓審判法官知道被告人先前曾被定罪的記錄的危險性。被告人被指控攜帶並藏匿致命性武器。審判法官在法庭審判快要結束時尋求更進一步的

---

❻❸　State v. Hutchinson, 260 Md. 227, 233, 271 A. 2d 641, 644 (1970).

❻❹　A. Leo Levin and Harold K. Cohen, *The Exclusionary Rules in Nonjury Criminal Cases*, 119 UPALR (1971), p. 905.

❻❺　Commonwealth v. Oglesby, 438 Pa. 91, 263 A. 2d 419 (1970).

證據，但是沒有更進一步的證據，因為證據法明確規定了證據的可採性是有一定限制的，並且雙方都表示排除規則必須得到遵守。被告人擁有的武器是一把直線型的剃鬚刀，但是被告人作證說他是一名理髮師，正要出去為一名顧客剃鬚。如果這一辯解成立，則從實體法上已經構成一個充足的辯護。法官坦率地表示，他要對被告人定罪，他要看一看被告人過去的記錄。後來，法官告訴被告人：如果我發現你沒有記錄，你的敘述就是真實的，那樣我就會考慮我的判斷並判你無罪。

賓西法尼亞最高法院推翻了該法官的裁決。這一案件並不涉及證據問題，但是它至少暗示出，法官容易受先前定罪記錄的影響。

在州訴加西亞❻一案中，被告人被指控非法擁有大麻。大約三十年前，他因為大麻的問題曾被指控。法庭在被告人的反對下，允許這樣的證據進入法庭：被告人在被逮捕的時候持有一個被盜的汽油信用卡，而這一事實在審判時間表上是要在另一個分離的案件中予以審判的。另外，還有一個證據是被告人在其他州進行盜竊，這也在被告人的反對下進入法庭。亞利桑那州最高法院毫不費勁地就發現採納這樣的證據是錯誤的，然而，它卻裁決支持對被告人的定罪。其理由是：很難說如果其他定罪的證據不被出示法官的判決就會明顯地與現在不一樣。或者說，法官已經受到足夠的約束不考慮被禁止的證據，或者即使考慮了也會在作出決定時不將該證據計算在內。但是這樣的論調是很值得懷疑的。威格默指出：無論是法官還是陪審團，也無論是允許它對於現在的指控承擔過重的任務，還是將這個證明作為譴責一個與現在的指控不相關的罪行的理由，法庭的一個自然的和不可避免的趨勢就是對於不良的過去的記錄給予過高的分量；並且，如果允許對被告人整個一生中的特定行為都拿到法庭來運用，即使全部這些行為均屬捏造，被告人也不可能有效地準備自己的辯護。❼在《美國陪審團》一書中，作者用一章的篇幅論證了陪審團和法官之間產生分歧的原因是由於法官知道很多陪審團不知道的信息：其中有些是由於法官與被告人認識，

❻　State v. Garcia, 97 Ariz. 102, 397 P. 2d 214 (1964).

❼　Wigmore, *Evidence*, Peter Tillers Rev., Little Brown and Company, 1983.

有些是由於法官知道被告人撤回有罪答辯這一事實，或者有時候是由於血型檢驗被拒絕，但是最顯著的原因則是在法官單獨知道被告人曾經有過定罪記錄的場合。❻

因此，法官在認定事實方面並不比普通人具有更多的理性。證據規則在法官審判程序中的忽視必然導致對被告人保護的削弱。

六、造成差別之原因

綜上所述，無論在大陸法系還是英美法系，在沒有陪審團的情況下，法官充任事實的裁判者時對被告人的保護在效果方面遠不如陪審團審判下對被告人的保護。當陪審團審判被法官審判所取代時，審判的特徵也就發生了變化。在外行法官審判的對抗制程序中，法官是消極的，這可以保證控訴方和被告均有機會向陪審團陳述自己的事實和主張。當然也存在著法官可能會過分干預的情況。但是，由於種種原因，這種干預的可能性在法官獨任審判的時候更可能發生。這種負面影響的原因可能來自三個方面：

第一個方面的原因是，法官與陪審員具有不同的身分，其所受的約束也不一樣。在這方面，羅賽爾勳爵曾經指出：

> 法官是由國家任命的，並由國家付報酬，其職務的保障也有賴於國家。因此，即使法律沒有規定法官有支持國家法律的義務，法官在心理上也會被驅使著這樣做。而就陪審團而言，雖然也可能是國家任命的，但是任期並不長；雖然也由國家支付一定的薪水，但是數量並不多；他們的未來也不會因為他們作出的裁決而受到影響。所以，陪審員就能夠做到獨立地作出裁判，在需要的時候，他們就可能站在政府的對立面，而法官則幾乎總是與政府保持一致的。❻

在美國，法官受到的約束也許不像他們的英國同行那樣明顯，但是執

---

❻　Harry Kalven Jr. and Hans Zeisel, *The American Jury*, pp. 121–133.

❻　James Gobert, *Justice, Democracy and the Jury*, Ashgate & Dartmouth, 1997, p. 34.

行法律的心理壓力仍然使他們有別於陪審團的角色。

　　第二，正是由於法官與陪審團存在著不同的身分，所以他們也就被賦予不同的責任。而且，與陪審團審判比較起來，法官在沒有陪審團審判的程序中還被賦予了更多的責任，其中最顯著的就是，法官必須為自己判決中認定的事實負責。乍一看，當法官取代陪審團作為事實裁判者的時候，他與陪審團的角色似乎沒有什麼不同——本質上都是決定控訴方是否證明了被告人犯有被指控的罪行。但實際上，這並不是需要決定的全部事實。刑事訴訟程序是以整個社會的名義進行的，所以決定也必須要麼由社會來達成，要麼由其代表來達成。當外行被吸收到程序當中的時候，決定的製作被視為社會活動的結果；並且這些外行人能夠對於程序的優點以及以該優點為基礎對被告人的定罪提供更為廣泛的考慮。他們首先對法律制度負責，並且最終要通過其決定對社會負責。這就要求他們在證據的基礎上嚴格執行法律。如果由職業法官單獨審判，那麼訴訟程序就更像是決定被告人是否有罪，而不像是解決國家和被告人之間的糾紛。儘管訴訟程序仍然保持彈劾式的形式，本質上卻更傾向於政策執行模式。彈劾式的保護將被吸收到政策執行的程序中，但是，人們越將訴訟程序視為一個糾紛解決程序，當事人也就越能控制爭議的軌跡和範圍。

　　第三個方面的原因是，在法官審判的案件中，原來用於保護被告人的許多證據排除規則的運用將大大減少，或者即使得到適用，其有效性也會大大降低，因此被告人會受到彈劾式因素減少的負面影響。與陪審團相比，法官極可能擁有更多的關於案件的信息。陪審團還可以保證被告人受到一些非排除性規則的保護，比如舉證規則、證明標準的要求等。在法官審判程序中，這些規則能發揮的作用十分有限。

　　總而言之，缺乏陪審團的審判對刑事審判中證明程序的影響比人們通常認為的要大得多。傳統的訴訟結構是由陪審團作為第三方裁決控訴方針對被告人提起的指控。陪審團的中立姿態不僅是由於他們很少參與到競爭的程序中。12 個人組成這個團體這一事實意味著即使這個團體想發言，它也不可能只有一種聲音；因為，理想上，它是一個代表不同的經歷、觀點、

和背景的混合的群體。更重要的是，在法官就案件作出指示、陪審團進行評議之前，他們不可能達成一個被告人有罪的集體的判斷。所有這些因素都使得它的態度變得不容易預見。法官則更為我們所瞭解。即使法官保持傳統的中立姿態，他也已經知道被告人過去的記錄，所以行使著比陪審團更大的控制權。儘管審判仍然可以保持其競爭的特徵，在實際上法官已經成為競爭的第三方參與者。

這樣，被告人的權利就有可能不會得到充分的保護。在沒有陪審團的審判中，律師還可能被禁止抗議法官對案件的看法。同樣重要的是，即使法官保持消極姿態，危險反而可能會更大。在法官咄咄逼人的情況下，他們的偏見至少還可以讓當事人看到，律師從而有機會進行反抗。消極的法官則將手藏在背後，這樣律師在判決作出之前就沒有機會抗議其觀點。

當然，在陪審團審判的情況下，律師也不能知曉陪審團對案件的看法。但是，這與法官審判是有顯著區別的。因為陪審團沒有觀點需要隱瞞。在審判結束以前他們不能進行評議，在評議之前陪審團作為一個整體不可能形成頑固的看法，即使其中個別陪審員已經形成預斷。所以，當事人不會受到最危險的消極法官的損害。另一方面，法官可能在程序開始的時候就形成了對案件的看法，儘管律師可以感覺到法官在想什麼，法官的消極姿態卻可能使律師無法採取有效的措施。

雖然也有些法官會對自己審理的案件採取開明的姿態，但是，由於其事實裁判者的角色決定了他們必然會採取更多的干預性姿態或者甚至是糾問式的姿態。更重要的是，過分的消極使得法官審判的程序同樣地虛弱。一個單個的事實裁判者常常在所有的證據都出示完畢之前就已經形成了對案件的看法。如果他的看法沒有與任何當事人進行過交流，則敗訴者實際上喪失了在法官面前陳述自己的證據和理由並說服他接受自己觀點的機會。陪審團審判對這種現象提供了一個保護機制，因為，作為一個整體，他們在評議之前不可能形成對案件的看法。

所以，從整體上看，法官審判比陪審團審判具有更多的糾問式因素。

第十章　陪審團在衰退嗎——當代陪審團發展趨勢之解讀

一、陪審團適用減少的趨勢及其原因

㈠陪審團審判適用減少的趨勢

陪審團審判適用減少的趨勢首先表現為民事案件中限制或取消陪審團審判。在英國，直到 1854 年以前，陪審團審判都是普通法院唯一的審判方式。從 1854 年開始，法官可以在雙方當事人都同意的情況下獨任審判。到 1883 年的時候，只有誹謗、惡意中傷、惡意起訴、非法拘禁、引誘 (seduction) 和違反婚約等案件由陪審團審判，其他案件則必須經申請方能由陪審團進行審判。1918 年以後，陪審團在除了詐騙案件和以上提到的 6 種案件以外的案件中都不再適用。❶

1913 年的時候，陪審團審判在民事案件中都還占據主導地位，那一年在高等法院審理的案件中有 55% 是由陪審團審判的。1918 年這一數字減少到 36%；1919 年新法頒布的第一年，由陪審團審判的案件已經下降到 16.5%；1922 年，這一數字下降為 8%。由於 1918 年的法律遭到批評，所以 1926 年由陪審團審判的案件數又上升到 36%，也就是 1918 年的水平；這一水平一直維持到 1933 年；但是 1933 年的法律重申了 1918 年的原則，所以 1935 年這一數字又下降到 12%。1968 年，當德弗林勳爵應邀作漢姆林講座時，由法官獨任審判的機制已經占據了決定性地位，由陪審團審判的案件只占 2% 到 3%。❷

---

❶　以上變化過程可參見：Sir Patrick Devlin, *Trial by Jury*, Stevens & Sons Limited, London, 6th Impression, 1978, pp. 130–131.

❷　Sir Patrick Devlin, *Trial by Jury*, Stevens & Sons Limited, London, 6th Impression, 1978, p. 132.

在美國，在 1938 年頒布「聯邦民事訴訟規則」以前，大約有 20% 的民事案件是通過審判解決的；❸但從 1938 年通過該規則之後，通過審判解決的民事案件呈直線下降之趨勢，陪審團審判的適用也呈現出穩步下降的趨勢（表 10–1 列出了從 1945 年到 1995 年間美國民事案件陪審團審判的適用趨勢）。❹

表 10–1　美國聯邦民事法院適用的陪審團審判

年份	案件總數	審判總數	審判案件占全部案件百分比	陪審團審判數	陪審團審判占審判案件百分比	以陪審團結案的案件占全部案件的百分比
1995	229325	7443	3.2	4126	55.4	1.8
1985	268609	12570	4.7	6278	49.9	2.3
1975	103787	8722	8.4	3512	40.3	3.4
1965	63137	7297	11.6	3217	44.1	5.1
1955	58974	5239	9.8	2433	46.4	4.1
1945	52300	2883	5.5	825	28.6	1.6

不僅在民事訴訟中陪審團審判給人以逐漸消亡之印象，而且在刑事案件中陪審團審判的範圍也越來越小。大部分案件均通過簡易程序處理。簡易程序處理可訴罪經歷了一個漫長的發展過程。第一個按照簡易程序處理的可訴罪案件的規則確立於 1855 年，它包括盜竊金額不足 5 先令的盜竊罪；1879 年，這一最高金額提高到 2 英鎊；1915 年，提高到 20 英鎊；1925 年，金額的限制徹底廢除。❺現在，在英國由陪審團審判的案件已經只占全部案件的極小部分。在這部分案件中，被告人一般是成年人，而且作無罪答辯，被指控的是嚴重的罪行，並且要麼不能選擇簡易程序，要麼可以選擇而被告人沒有選擇。1960 年，全部案件的 82% 是由治安法院處理的，

---

❸　Stephen C. Yeazell, *The Misunderstood Consequences of Modern Civil Process*, Wis. L. Rev., 1994 pp. 631, 633 and footnote 3.

❹　Ellen E. Sward, *The Decline of the Civil Jury*, Carolina Academic Press, Durham, North Carolina, 2001, pp. 12–13. 表中數據來自該書第 13 頁，部分數據刪除。

❺　W. R. Cornish, *The Jury*, Allen Lane the Penguin Press, 1968, p. 57.

其中 74% 的案件是成年人犯罪的案件；1965 年擴大了簡易程序的可訴罪範圍後，88% 的案件在治安法院得到處理。❻雖然陪審團審判在實踐中運用很少，但是我們必須注意，無論是何種案件，只要最高刑期超過三個月，被告人都可以選擇陪審團審判。

在美國，刑事案件以陪審團審判結束的案件數也逐年下降。1990 年的報告顯示聯邦法院被告人以辯訴交易結案的案件占全部案件總數的 72%，只有 14% 的案件進入審判，在這 14% 的案件中，大約有 78% 的案件經由陪審團審判。❼

另據美國有關部門對 1971–1995 年間美國聯邦地區法院對刑事被告人的不同處理情況所作之統計，在 1971 年的聯邦地區法院中，被告人作有罪答辯的案件僅占全部案件的 61.7%；由陪審團審判的案件占全部案件比例的 9.6%；而到 2002 年，被告人作有罪答辯的案件數已經上升為全部案件的 86.0%；由陪審團審判的案件占全部案件的比例則下降到 3.4%。❽

㈡陪審團審判適用減少的原因

陪審團審判在民事訴訟中的衰落很可能是因為，就那些比較獨特的侵權案件而言，由陪審團決定當事人是否有過失比由法官決定的確更為可靠，而且也更容易獲得公眾的接受；尤其是在沒有先例可循的情況下，由 12 個人組成的團體比一個法官更有可能代表普遍的觀念。因此，在這樣的案件中，陪審團審判是有益的。但是並非所有的案件都屬於這一類別。恰恰相反，絕大部分案件都是很普通的案件；另外，即使案件很獨特（因而沒有先例可循），當事人和律師也經常不願意冒險以不可靠（找不到先例）的理由提起訴訟，從而使得有必要運用陪審團審判的案件大大減少，陪審團審

❻　W. R. Cornish, *The Jury*, Allen Lane the Penguin Press, 1968, p. 60.

❼　L. Ralph Mecham, Administrative Office of the United States Courts, Annual Report of the Director, 12, T. 9 (1990), see also, Ellen E. Sward, *The Decline of the Civil Jury*, Carolina Academic Press, Durham, North Carolina, 2001, p. 14.

❽　數據來源於 http://www.uscourts.gov/judicialfactsfigures/table3.5.htm, visited by 2004–03–17.

判的運用也就更加稀罕。

陪審團審判減少的另一個原因是它的花費比較昂貴。只要法官在公眾心目中已經建立起信心，訴訟當事人一般都不太可能選擇陪審團審判。因為，對於當事人而言，他肯定希望知道他有多少機會勝訴，以及他是否必須妥協，以及如果必須妥協的話必須在多大程度上妥協，以及，審判需要的花費：如果他不能獲得一個滿意的答覆，他很可能會譴責他的事務律師。因此，市場就轉向不利於陪審團審判的方向。

在刑事訴訟中，按照簡易審判處理的可訴罪在審判之前自然要由治安法官徵求被告人的同意。但是，有些簡易罪也規定了超過 3 個月監禁的刑罰，在這種情況下，被告人也享有受陪審團審判的權利，因此，是否適用簡易審判，仍然要徵求被告人的同意。此外還有一些特定的犯罪由制定法明確規定是按可訴罪還是簡易罪處理，其最高刑期也分別規定。這樣的案件由警察和檢察官決定適用的程序，但是他們必須得到治安法官的同意。跟以前一樣，如果規定的最高刑期超過 3 個月，被告人仍然享有受陪審團審判的權利。

對被告人來說，選擇簡易審判最重要的好處是治安法官的量刑權限有限，其判處的刑罰監禁最長不超過 6 個月，罰金最高不超過 400。但在 2002 年的司法報告中，內政部長建議將治安法院的量刑權擴張到12個月。❾

還有一些特定因素會使被告人選擇陪審團審判或簡易審判。有些案件陪審團明顯地會傾向於作無罪的判決，例如一些特定的汽車事故案件和性案件，這可能是出於陪審團的同情心。比如一個被告人懷孕的妻子在法庭上作證，或者有一些因素導致陪審團對控訴方有偏見，比如被告人聲稱警察曾對他實施暴力。

早在 1968 年，科尼希就曾指出：「推論出陪審團是一個正在消亡的制度的結論是錯誤的，在英格蘭和威爾士，每年都有 175,000 人被徵召為陪

---

❾ *Justice for All*, presented to Parliament by the Secretary of State for the Home Department, the Lord Chancellor and the Attorney General, by Command of Her Majesty, July 2002.

審員，其中有 111,000 人真正擔任陪審員。事實上，與其說陪審團審判制度在消亡，不如說其運用正在日益進入這樣一個法律領域：主要刑事案件的審判。正是在這一領域，一個公正無偏的、具有代表性的且對國家的自由承擔責任的法庭，顯得尤為重要。」❿

　　在這個領域，陪審團仍然發揮著重要的作用。這種作用雖然象徵意義多於實踐意義，它對於整個國家的司法制度而言，卻起著榜樣的作用。正是由於陪審團的存在，使我們看到一種完美的刑事訴訟程序的模型，從而不至於在相反的方向上走得太遠。

二、對陪審團的批評與對批評的評析

㈠對陪審團審判的批評

　　對陪審團審判制度的批評既來自於公眾，也來自於法學家。法學家關於陪審團審判制度的批評意見多如牛毛。但是，對陪審團審判的批評並不是從今天才開始的。早在 19 世紀，就已經有學者對陪審團審判制度提出了尖銳的批評，只不過，那時候的批評是為了完善陪審團審判制度，恢復陪審團審判在歷史上曾經發揮的作用。例如，19 世紀李桑德·斯伯納在其著作中就曾指出：

第一，現代陪審團的組成都是非法的，因為它不符合普通法的要求。根據普通法：首先，任何自由人，或者，任何成年的國家成員，均有資格擔任陪審員；其次，所有年滿 21 歲的自由人，均有資格擔任陪審員。而現代陪審員的資格規定已經違反了普通法的這兩條精神。第二，現代的法官也是非法的，因為根據「大憲章」，任何由國王任命的官員，包括法官，都不得主持刑事案件中的陪審團審判。「大憲章」對於民事案件規定了有特定的案件可以由國王任命的官員主持陪審團審判，而沒有提到刑事案件可以有這樣的例外，這一點也說明，從「大憲章」的規定來看，國王任命的法官是不能主持刑事案件的陪審團審判的。

---

❿　　W. R. Cornish, *The Jury*, Allen Lane the Penguin Press, 1968, p. 10.

第三，陪審團有權力決定被告人是否有犯意。而犯意則是指被告人必須明確地知道自己的行為具有犯罪性質。即中國古代格言所說：「不知者不為罪。」在此，作者批評了「對法律的無知不能成為免責的理由」這一格言及其理論基礎。斯伯納認為，陪審團不僅要對某一行為是否真正的犯罪進行判斷，而且要對被告人的思維能力即他對自己行為性質的理解能力進行判斷。如果陪審員們自己都認為自己不知道某種行為違法，當然沒有理由要求被告人知道這樣的行為具有犯罪性質。因為，我們沒有理由要求被告人比 12 個普通人知道得更多。最後，斯伯納還對多數裁斷的主張提出了激烈的批評。斯伯納認為，多數裁斷的程序是荒謬的。舉例而言，如果兩個人在路上遇見了第三個人，那麼這兩個人是不是可以投票表決任意處置這第三個人？在英國和美國，陪審團審判是唯一一種可以使弱小的一方否決強大的一方的機制。❶

歷史進入到 20 世紀和 21 世紀，批評的矛頭已經直指陪審團內在的缺陷。比較激烈的批評者並不認為陪審團對法官的制約是絕對必要的。相反，他們通常拿陪審團審判制度與其他形式的審判制度進行比較，並且常常看到其他形式的審判法庭的優勢，並以此指責陪審團審判制度的不足。

科塞爾 (Kessel) 是這一領域的代表人物。他在一篇批評對抗式訴訟的長文中，順便對美國的陪審團審判制度提出了尖銳的批評。科塞爾指出：

目前，在歐洲大陸，對於全外行組成的陪審團已經達成一致，問題僅僅在於對這種陪審團的否定性觀點是否將導致外行參與混合法庭的制度也予以廢除。……我們運用陪審團的方式也走過了頭。儘管最高法院在（陪審員人數以及裁決機制）這一領域已經放寬了要求，聯邦法院、加利福尼亞州法院，以及其他很多州的法院都仍然保留著由 12 人組成陪審團以及一致裁決的規則。同時，最高法院還拒絕將其在上

---

❶ Lysander Spooner, *Trial by Jury: Its History, True Purpose and Modern Relevance*, Scorpio Recording Company, Ltd., London, 2nd Edition, revised, 2000, p. 107 infra.

述領域採取的靈活性姿態延伸至採用大陸法系那樣由專業法官和外行法官共同組成的陪審團並且採用平等投票的機制這一領域。……❷

科塞爾認為，全外行的陪審團、一致裁決機制以及冗長的陪審團挑選程序均非對抗制所必需，因而廢除他們也不會導致對抗制的消亡。❸

以上是對陪審團審判制度的兩種截然不同的批評意見。之所以把他們列出來是因為他們代表了兩種不同的趨勢：一種是主張完全保留陪審團原來所具有的放任自由主義因素，加強陪審團審判制度特有的原則，或者為這些特有的原則辯護——總的來說，今天，有關陪審團審判的所有制度或原則都曾經或正在受到挑戰，但同時，所有的原則也都有相應的學者站出來表示擁護，這些原則包括無因迴避制度、一致裁決原則、陪審團取消法律原則、全部外行組成原則等；另一種趨勢則是要廢除這些原則，代之以新的制度，比如，允許多數裁決、允許法官評價證據、允許陪審團作記錄、甚至引進混合庭，等等。從這些批評來看，有關陪審團審判的每一個制度都受到了質疑，有的學者贊成廢除某一個制度，同時又主張保留另一些制度。

例如，艾爾舒勒毫不留情地批評說，在審判程序前半部分，即關於陪審團的能力方面，美國為陪審團審判設置了嚴格的控制機制，而在審判的後半部分，即對錯誤裁判的救濟方面，又完全忽視了對陪審團的控制。❹這實際上是對與陪審團有關的證據排除規則和陪審團裁決的終局性表示不滿。美國憲法刑訴領域的領袖人物阿克爾·雷德·艾瑪則認為，傳統上不

---

❷ Gordon Van Kessel, *Adversary Excesses in the American Criminal Trial*, 67 Notre Dame L. Rev., p. 459.

❸ Id., p. 461

❹ Albert W. Alschuler, *The Supreme Court and the Jury: Voir Dire Peremptory Challenges, and the Review of Jury Verdicts*, 56 Uchilr 154–155. 艾爾舒勒指的是法律一方面不相信陪審團有完全的評價證據的能力,從而設置了眾多的證據排除規則；另一方面又對陪審團賦予了過多的信任,從而設置了反對雙重歸罪的原則,使得錯誤的裁判無從糾正。艾爾舒勒認為這簡直是自相矛盾。

允許陪審員作筆記的做法也是令人驚訝的。他說:「有些法官不允許陪審員作筆記。這是白癡的行為。法官自己作筆記,大陪審團的陪審員允許作筆記,立法者們也可以作筆記,為什麼陪審員就不允許? 如果陪審團有時候作出愚蠢的裁決,不要僅僅責備他們!」[15] 對於無因迴避制度,艾瑪也提出激烈的批評。他說:「陪審團代表的是人民,不是當事人。」「目前的制度使得有些陪審團作出愚蠢的判決,但是這不能歸咎於陪審團,而應當歸咎於那些愚蠢的律師以愚蠢的方式挑選陪審員。」[16] 因此,他建議廢除無因迴避制度。[17]

　　陪審團在發現事實方面的能力也受到嚴厲的批評。1994 年,一位曾經在哈佛受訓的律師史帝芬・阿德勒出版了一本書:《陪審團: 美國法庭中的審判與錯誤》。作者從他觀察的 6 個審判中得出結論說: 陪審團的決定大部分都是錯誤的。[18] 但是,另一些作者在他們的實證性研究中卻得出結論說,即使進入法庭審判程序的證據經過當事人雙方律師的精心的挑選,陪審團還是有能力從這些證據中達成一個信息比較完全的結論。[19] 在這方面, 20 世紀 60 年代的研究成果《美國陪審團》一書得出的結論也對陪審團十分有利,該書作者認為,陪審團在總體上能夠理解法庭上的證據並據此作出正確的裁判。[20]

---

[15] Akhil Reed Amar, *Reinventing Juries: Ten Suggested Reforms*, U. C. Davis Law Review, 1995, p. 1185.

[16] Akhil Reed Amar, *Reinventing Juries: Ten Suggested Reforms*, U. C. Davis Law Review, 1995, p. 1181.

[17] 相同的結論還可以在下列文章中找到: Raymond J. Broderick, *Why The Peremptory Challenge Should Be Abolished*, Temple Law Review, Summer, 1992, p. 423.

[18] Stephen J. Adler, *The Jury: Trial and Error in the American Courtroom*, N.Y.: Times Books., New York, xiv (1994). See from, Rogelio A. Lasso, *The Jury: Trial and Error in the American Courtroom*, 36 Santa Clara L. Rev. 655 (1996).

[19] Luke M. Froeb and Bruce H. Kobayashi, *Naive, Biased, Yet Bayesian: Can Juries Interpret Selectively Produced Evidence?* 12 J. L. Econ. & Org. 270 (1996).

[20] Harry Kalven, Jr. & Hans Zeisel, *The American Jury*, The University of Chicago

⼆對陪審團審判制度批評的評價

對陪審團審判制度的批評主要有以下幾個方面的原因：

第一，隨著西方國家民主政治制度的建立以及相應的刑事訴訟制度的民主化和文明化，陪審團審判制度在中世紀所體現出來的優勢已經不明顯。這種不明顯並不說明陪審團審判已經不再具有這些優勢，而是因為法官審判和混合庭審判已經揚棄了中世紀的刑事訴訟所具有的駭人聽聞的特徵，從而顯得與陪審團審判並無實質區別，儘管程度上的差別仍然存在。在這種情況下，人們自然而然地會將陪審團審判程序與其他形式的法庭審判程序進行比較。由於任何制度都不可能完美無缺，在比較中，法官審判和混合庭審判的優勢當然也很明顯，而這些優勢恰恰是陪審團審判所不具備的因素。在這種情況下，對陪審團審判的批評也就不足為奇。

第二個原因在於，陪審團評議實行秘密的原則，這就導致它容易受到攻擊；陪審團是一個沉默的團體，無論怎樣指責，它都不會站出來為自己進行辯護，這更助長了攻擊者的威風。因此，一旦某個案件在審判或者審判結果方面出了問題，法官、律師、檢察官一般不會互相指責，因為互相指責具有惹火燒身的危險性；但是，指責陪審團是絕對安全的，因為陪審員裁決之後就回家了，誰也不會對指責作出反應。

第三個可能的原因則在於，陪審團審判制度本身確實存在著缺陷。如前所述，任何制度都不可能完美無缺，陪審團審判制度也不能例外。就陪審團的組成而言，一方面要求陪審團必須發現事實真相，另一方面又要求陪審團不能有任何偏見。後一項要求使得那些對案件事實有所瞭解的公民不能充任陪審員，但是這一要求不可避免地導致了陪審團發現真實能力的降低。雖然說陪審團不是一個發現真實的機制，但是訴訟的目的決定了發現真實乃是任何訴訟中一個永遠也無法迴避的、永恆追求的目標。因此，在不同的訴訟價值觀看來，陪審團的缺陷都是顯而易見。另外，陪審團的優勢之一在於引進社區價值、引進一般觀念。但是，這種價值的引進通常也導致引進了偏見。在更相信法官而不是普通人的公眾和學者那裏，陪審

Press, Chicago and London, 1971, Chapter 11, pp. 149–162.

團的這一優勢不僅不是優勢，反而成了眾矢之的。另外，如何避免種族偏見的問題，也一直是陪審團審判制度面對的一個難題。

三、陪審團在部分國家的復興

就在英美法系的陪審團給人以一種正在消退的印象的同時，也有不少國家或地區卻在引進或試圖引進陪審團審判制度。當我們討論陪審團的發展趨勢的時候，對這一現象視而不見或置之不理，都是有失公允的。另外，前文曾經提到，在英美國家，與歐洲大陸的混合庭比較起來，陪審團在保護被告人方面雖然仍有優勢，但是其差別可能並不明顯；但是在另一些國家，或者由於剛剛擺脫專制的壓迫，或者出於對純粹民主和自由的嚮往，都開始引進或恢復陪審團審判。這從另一個側面體現了陪審團審判制度的價值，也是對前文解釋的補充和後文論證的加強。所以，必須對陪審團的這一現象亦作一簡略概括。

(一)俄羅斯

俄羅斯於 1864 年引進陪審團，於 1917 年廢除。❷ 但是，隨著蘇聯社會主義的垮臺，陪審團審判制度也迅即得到恢復。1991 年 10 月 21 日，俄羅斯聯邦最高蘇維埃通過了關於「司法改革的觀念」這一文件，該文件建議廢除參審制度，代之以陪審團審判制度。❷ 對於陪審團的引進，該文件評論說：

> 在一個視穩定比真理更重要的地方，在視墨守成規比實現正義更重要的地方，專業法官制度就已足夠；但是，如果法律的實施所帶來的恐怖比犯罪所帶來的還要多——如果被告人確信他的無辜，如果社會不

---

❷ 詳細論述參見：James W. Diehm, *The Introduction of Jury Trials and Adversarial Elements into the Former Soviet Union and Other Inquisitorial Countries*, 11 J. Transnat'l L. & Pol'y, 2001, p. 21.

❷ Concept of Judicial Reform, Issue No. 44, Item No. 1435 (1991), see from, Stephen C. Thaman, *The Resurrection of Trial by Jury in Russia*, 31 Stan. J. Int'l L., p. 61 (1995).

能夠逃避但是又不能信任由國家來作出決定——那麼，陪審團就派上了用場。❷

　　該文件還描述了蘇維埃法院墮落為鎮壓人民的工具和執行黨的政策的工具的過程，重述了改革時期對蘇維埃制度的批評，其目標則是使俄羅斯「重新回到世界文明的懷抱」。❷❹為了實現這一目標，從 1992 年開始，三個專家組在該文件的指導下，開始起草新的刑事訴訟法典。同時，引進陪審團的準備工作也如火如荼地展開。1992 年 1 月，伊凡諾夫地區的長官給葉利欽寫信，請求允許在該地區實行實驗性質的陪審團審判。❷❺1992 年 5 月 23 日，「陪審團法」獲得通過。❷❻

　　1993 年 12 月 12 日，俄羅斯通過了新憲法，該憲法規定了陪審團審判的條款。1994 年 1 月 1 日，在俄羅斯的五個地區，陪審團審判成為現實。❷❼

㈡西班牙

　　西班牙分別於 1812、1837 和 1869 年的自由主義憲法中確立了不同形式的陪審團審判制度；1872 年，西班牙刑事訴訟法典也規定了陪審團審判制度。❷❽但是，1875 年，西班牙陪審團遭到廢棄，這個國家又回到了糾問式的訴訟模式；1882 年的立法以口頭辯論原則取代了書面化的訴訟程序；1888 年，被廢棄的陪審團審判制度得到重建。❷❾但在 1923 年，西班牙的陪審團又被專制政府廢除，不過在 1931 年和 1936 年又有反覆。1978 年，西班牙憲法規定了陪審團審判制度，但是從 1978 年到 1995 年，大多數法

---

❷　Stephen C. Thaman, *supra* note 23, p. 61 (1995).

❷❹　Stephen C. Thaman, *supra* note 23, p. 73 (1995).

❷❺　Stephen C. Thaman, *supra* note 23, p. 78 (1995).

❷❻　Stephen C. Thaman, *supra* note 23, p. 81 (1995).

❷❼　Stephen C. Thaman, *supra* note 23, p. 82 (1995).

❷❽　Stephen C. Thaman, *Europe's New Jury Systems: The Cases of Spain and Russia*, 62–SPG Law & Contemp. Probs. p., 237 (1999).

❷❾　A. Esmein, *A History of Continental Criminal Procedure: With Special Reference to France*, translated by John Simpson, The Lawbook Exchange, Ltd., 2000, p. 584.

學家們都在質疑傳統的陪審團在刑事司法改革中的正當性。最終，西班牙還是在 1995 年恢復了傳統的陪審團審判制度。❸

曰　本

日本陪審團於 1923 年 4 月 18 日通過「陪審團法」得到引進，但是該法生效則是在 1928 年。在引進陪審團之前，日本對法國、德國、英國、美國的陪審團制度均進行了考察，並在此基礎上設計出自己的陪審團審判制度。從實踐效果看，陪審團在日本的實施並不理想。1929 年是實行陪審團審判最多的一年，這一年陪審團審判的案件達到 143 件；這一數字在 1930 年減少為 66，並且此後逐年遞減，到 1942 年的時候，全年只有 2 個案件是由陪審團審判的。❸最終，日本陪審團於 1943 年被廢除。在 1928 年到 1943 年這短短的 15 年間，一共有 611 名被告人選擇了陪審團審判，其中 94 名被告人被陪審團審判宣告無罪，❸占全部陪審團審判案件的 15.4%。

日本陪審團在 1928 年實施後於 1943 年被廢除，前後只實施了 15 年時間。但是從上個世紀末開始，日本朝野都在呼籲重建陪審團審判制度。儘管這種呼籲集中於刑事訴訟領域，也有學者主張同時在民事訴訟中引進陪審團審判制度。❸來斯特‧凱斯 1999 年發表的一篇文章指出：從文化的角度看，日本文化並不存在阻礙實行陪審團審判制度的因素；從社會結構的角度看，日本是一個高度同質性的社會，其公民受過良好的教育，大多數人屬於中產階級；從法律的角度看，實行陪審團審判也不存在任何障礙。因此，日本有必要重新引進陪審團審判制度，並且這種引進必須吸取上一次的教訓，避免上次引進的陪審團制度中的所有缺陷。同時，在英美法系的陪審團和德國的混合陪審團之間，英美法系的陪審團比德國的混合陪審

---

❸　Stephen C. Thaman, *Europe's New Jury Systems: The Cases of Spain and Russia*, 62–SPG Law & Contemp. Probs., p. 238 (1999).

❸　Lester W. Kiss, *Reviving the Criminal Jury in Japan*, 62–SPG Law & Contemp. Probs., 1999, p. 267.

❸　Lester W. Kiss, *supra* note 32, p. 267.

❸　Lester W. Kiss, *supra* note 32, p. 261.

團更適合日本的國情。因此，如果引進的話，日本必須引進英美法系全部由外行組成的陪審團制度。❸

㈣南　非

　　陪審團在南非的引進幾乎沒有任何可以稱道之處，這也是南非在廢除種族隔離制度之後甚至沒有人想起歷史上曾經實行過的陪審團審判制度的主要原因。但是，1997 年，維斯撰文指出，既然由非國大領導的南非政府的目標是建立民主政府，一切主權屬於人民；那麼，實行陪審團審判制度就是實現這一目標的適當途徑；同時，由於原來的法院充滿著種族歧視的氣氛，公眾對法院能否實現司法公正已經毫無信心，因此，必須以陪審團審判重建公眾對司法的信心。❸同時，維斯還對反對建立陪審團審判制度的觀點給予了批駁。維斯指出：陪審團在南非不受支持主要是由於南非法律界對陪審團不支持，但是，實行陪審團審判制度並不以法律界支持這一制度為前提；很多人認為，陪審團在南非的失敗主要是由於南非是一個種族差異明顯的國度，實行陪審團審判容易引起種族偏見導致的審判不公；對此，維斯反問道，在全部由白人法官組成的法庭審判大部分被告人是黑人的案件，這樣的審判就能得出公正的結論嗎？至於實行陪審團審判的成本，維斯認為，很多設備只需要一次性投入，雖然投入比較大，但是在一個司法制度已經不得民心的情況下，其產出也必是十分豐厚的；關於語言差異問題，維斯也認為已經不成為問題，因為目前南非官方正式語言有兩種，很容易找到懂得這兩種語言的人擔任陪審員；關於陪審員的理解力問

---

❸　Lester W. Kiss, *supra* note 32, pp. 266–267. 就在本書即將付梓之際，日本山梨學院大學上條醇教授一行於西元 2004 年 9 月初訪問清華大學法學院，並就司法改革問題與清華大學法學院同仁進行交流。其間提到，日本已經通過法律正式恢復陪審團審判制度，該法律將於 5 年後實施，屆時將對一部分案件由 3 名法官與 6 名陪審員共同組成混合庭進行審判，法官與陪審團共同就事實認定與法律適用作出決定。

❸　Tracy Gilstrap Weiss, *The Great Democratizing Principle: The Effect on South Africa of Planning a Democracy without a Jury System*, 11 Temp. Int'l & Comp. L. J., p. 119 (1997).

題，維斯則抬出反聯邦黨人論證陪審團制度的殺手鐗，說明一般民眾擔任
公職能力的無可辯駁性。㉟在這一認識的基礎上，維斯提出了在南非逐步
重建陪審團審判制度的構想：首先在可能判處死刑的刑事案件中實行陪審
團審判，然後將陪審團審判制度延伸到所有刑事案件，最後，在時機成熟
時，將陪審團審判制度適用於民事案件。㊲

　　從以上介紹來看，俄羅斯和西班牙已經恢復了歷史上曾經引進的陪審
團審判制度；日本關於重建陪審團審判制度的法案雖然尚未施行（參見前
文註腳），但既然立法已獲通過，實行陪審團審判的日子應當已經不再遙遠；
南非雖然政府方面沒有跡象表明會恢復陪審團審判制度，但是已經有學者
呼籲重建陪審團審判制度。這些現象至少從一個側面加強了我們的觀念：
陪審團審判的價值依然存在。同時，它也有助於澄清一個錯誤的觀念：陪
審團正在走向消亡。事實上，由於陪審團審判所具有的體現民主和保障自
由的功能，在任何時候只要對民主和自由的需求壓倒了對其他價值的追求，
只要對專制壓迫和司法專橫的恐懼超越了對民主和自由所造成之不便的恐
懼，陪審團審判就將成為人們首選的制度。

四、陪審團的力量

　　前文已經指出，陪審團審判在歷史上扮演過自由的守護神的角色，它
同時也是司法民主的體現，是對法官司法可能造成的自發專橫的有效的制
約。正是由於這些功能的存在，儘管在英美法系這一制度的實踐中的實施
已經十分有限，有些國家在追求民主和自由的時候還是會不由自主地將目
光投向歷史上曾經輝煌的陪審團審判。那麼在今天的英美法系，陪審團審
判制度是否還在發揮著同樣的作用呢？

　　達馬斯卡認為，決定訴訟程序主要特徵的因素有兩個：一是意識形態
所決定的訴訟目的，二是司法的官僚結構。㊳從我們目前所掌握的材料來

㊱　Tracy Gilstrap Weiss, id., pp. 122–127 (1997).

㊲　Tracy Gilstrap Weiss, id., p. 130.

㊳　Mirjan R. Damaska, *The Faces of Justice and State Authority: A Comparative Ap-*

看，當今英美法系與大陸法系的刑事訴訟在意識形態方面並無顯著區別。例如，儘管英美法系尤其是美國的刑事訴訟比較注重法律的正當程序和個人權利的保護，在英美法系也一樣要追求事實真相的發現。在大陸法系，雖然傳統上比較注重事實真相的發現，但是現在也強調保護人權。所以，大陸法系的刑事訴訟也有無罪推定原則，同時，幾乎所有的大陸法系國家都賦予被告人獲得律師幫助的權利。在偵查和起訴過程中，大陸法系的被告人同英美法系的被告人一樣享有沉默權。在審判當中，英美法系沉默權與大陸法系沉默權的區別僅僅是：英美法系的被告人享有在接受訊問和不受訊問之間進行選擇的權利，而大陸法系的被告人享有的是作出回答和拒絕回答之間進行選擇的權利。

另一方面，歐洲大陸的被告人普遍享有被保釋的權利，而在英美法系國家，只有有錢人才可以享受保釋的特權。大陸法系的被告人還可以在審判前知悉所有針對他的犯罪的證據，而英美法系的證據開示制度卻總是遮遮掩掩。另外，無論是英美法系的法官，還是大陸法系的法官，都已經享有獨立地對其案件作出裁判，不受來自政治的或者政府的干涉的權力。

基於此，弗蘭克大法官曾經斷言：從最狹隘的角度，對抗制僅僅指，爭議中的當事人，包括與國家產生爭議的當事人，（其意見）都有權被獨立的、受過訓練的、黨派性的法律代理人所聽取，從這個角度來看，當今西方所有的司法制度，都是對抗式的。❸

但是，差別的減少並不意味著沒有差別。如果僅僅從陪審團審判和混合庭審判的角度，而不考慮審前程序中的其他機制，則二者的區別還是比較明顯的。造成這些區別的原因，固然有法律傳統之間的因素，但是，司法裁判結構的區別，其實才是當今英美法系之間法庭審判程序中各種區別的主要原因。本節試闡明陪審團這種司法官僚結構與訴訟程序之間的關係。

proach to the Legal Process, Yale University, New Haven and London, 1986.

❸　Marvin E. Frankel, Partisan Justice 7 (1978). 轉引自 Gordon Van Kessel, *Adversary Excesses in the American Criminal Trial*, 67 Notre Dame L. Rev. 413.

㈠陪審團仍然是放任自由主義意識形態的忠實體現者

從歷史上看，陪審團審判體現了放任自由主義的意識形態；不僅如此，陪審團審判在黑暗的中世紀還保留並促進了放任自由主義意識形態的發展。放任自由主義的基本特徵就是反對任何激進的改革，反對對政府以及政府任命的官員給予過高的評價和信賴。❹簡而言之，放任自由主義就是不相信政府會自己約束自己的權力，掌權者不會自己為自己謀利益。如果用現代制度經濟學的術語，每一個主體都是約束條件下的利益最大化的追求者，國家官員也不例外。因此，只要有權力，就存在著權力被濫用的可能；對權力的約束越少，權力被濫用的可能也就越大。在現代社會，司法權可以說是各種政府權力中對公民權利威脅最小的權力，因為其權力的行使具有內在的消極性。但是，公民的權利一旦與法庭聯繫起來，其受到侵害的可能性仍然存在，法官濫用其權力的可能性仍然存在。所以，一方面，現代社會強調賦予法官獨立的地位，一方面也對如何防止法官的權力濫用絞盡腦汁。西方國家實行的法官專業化以及法官精英化，並為法官設置了相應的職業倫理約束，這些都是為防止法官濫用權力設置的內在約束。但是，僅僅有內在約束顯然是不夠的。因此，在英美法系，陪審團審判作為一種裁判機制，實際上構成了對法官行為的外在約束。陪審團決斷事實、法官決斷法律的機制，是陪審團與法官之間進行分權的一種機制。法官對某些事實問題擁有發言權，而陪審團卻當然地享有在任何時候、任何場合否決法律的權力，這實際上又是法官與陪審團之間的一種制衡。所以，法官與陪審團的體制，是一種典型的分權與制衡的體制。正是由於這個緣故，艾瑪在其著作中曾經將陪審團對法官的制衡比喻為美國聯邦政府中平民院對參議院的制衡、立法機關對行政機關的制衡、州對聯邦政府的制衡。❹

---

❹ 在一個放任自由主義意識形態占主導地位的國家，國家存在的目的僅僅是為社會交往提供一個框架，政府被定義為最小主義的政府，就是說政府必須盡可能少地干預公民個人的生活。在訴訟中，訴訟的進行也應當由當事人主導，政府則僅僅提供一個中立的糾紛解決機制。參見: Mirjan Damaska, *Faces of Justice and State Authority*, Yale University, New Haven and London, 1986, pp. 73–75.

❹ Akhil Reed Amar, *Reinventing Juries: Ten Suggested Reforms*, U. C. Davis Law

　　這種制衡的思想正是放任自由主義不信任國家及其政府任命的官僚的一種體現。這種思想在美國聯邦憲法修正案前十條中的每一條都有體現，其中與陪審團直接有關的條文就有三條之多。第五修正案保障的是刑事案件中大陪審團起訴的制度，第六修正案規定的是刑事案件中小陪審團審判的制度，第七修正案規定的是民事案件陪審團審判的制度。雖然直接提到陪審團的只有這三條修正案，但是仔細分析起來，權利法案中的每一條都與陪審團有關。其第一條規定的是公民言論自由的權利，這一權利的確立是與陪審團審判制度在 1780 年代對政府權力的約束所導致的直接結果。第二修正案規定的是美國人民組織民兵的權利，而民兵實際上就是陪審團的孿生兄弟，他們都是地方團體，都是集體的、公共性質的機構；並且，他們都是由普通公民組成；他們實際上都是對政府權力進行制約的一種機制；他們都是對政府任命的、領政府薪水的官員不信任的表現。第三修正案則是對這種不信任的進一步的表達。第四修正案看似與陪審團無關，因為它規定的是禁止非法搜查和扣押的政府行為。但如果我們再看看第七修正案，那麼它實際上是與陪審團審判密切相關。因為，在美國，非法搜查、扣押所造成的損害後果可以由受到侵害的公民在法院提起民事訴訟，而民事訴訟又有陪審團審判的保障。所以，將這兩條修正案聯繫起來看，憲法的要求就是由陪審團——一個 12 名普通公民組成的團體，來審查政府官員實施的搜查、扣押行為是否具有「適當的理由」(probable cause)。至於第五修正案，一方面它規定了大陪審團起訴的權力，這實際上也是對國家任命的檢察官的不信任；另一方面它又規定了反對雙重歸罪的原則，這一原則在目的上是防止國家對公民個人無限制地追訴，在效果卻體現為確立了審判陪審團的無上權威：陪審團對被告人是否有罪的問題擁有最終決定權。可以說，如果沒有這一規定，陪審團審判制度的效用必然會大打折扣。第九和第十修正案則隱晦地體現著人民主權的觀念。所以說，美國人權法案的每

Review, 1995, p. 1174. See also, Akhil Reed Amar, *The Constitution and Criminal Procedure: First Principle*, Yale University Press, New Haven and London, 1997, p. 165.

一條都是在告訴我們：政府是有可能要濫用權力的，所以其權力是應當受到限制的。陪審團作為其中的一個具體的設置，正是約束和限制政府權力的有效保障。

正因為如此，有學者聲稱：「總而言之，陪審團在實踐中究竟如何並不重要，重要的是它在意識形態領域所取得的成就。陪審團代表著依賴於國家的公民大眾，它代表著在一般意義上保障民主制度、而在特殊層面上保障刑事司法制度之合法性的各種目標和理念的混合體。陪審團首先是作為正義的象徵而存在：它象徵著刑事訴訟程序中公平和獨立的決定製作過程，並且，在更廣泛的意義上，它象徵著社區在政府的程序中的代表和參與。」❷

㈡更高的證明要求為被告人提供了更多的保護

只需要簡要地回顧一下歷史就不難發現，在中世紀歐洲大陸的刑事訴訟逐漸步入糾問式訴訟的泥坑的時候，英國的刑事訴訟卻在很大程度上保留了古老的彈劾式訴訟的基本特徵。這主要是因為，那時候的陪審團審判有力地保障了無罪推定原則在刑事審判中的實現，另外作為一種同位模式的司法官僚結構，它也加強了法庭審判的對抗制風格。

在現代西方國家，已經沒有哪個國家的刑事訴訟不實行無罪推定。但是，雖然原則一樣，在實際執行中的效果卻並不完全相同。無罪推定具體體現為控訴方對指控的罪行承擔舉證責任。控訴方必須將案件證明到何種程度，實際上也就體現了無罪推定原則執行的程度。這種證明的要求在大陸法系和英美法系在表述方面是不一樣的，但是其涵義卻是一致的：歐洲大陸的內心確信，就相當於英美法系的「排除合理懷疑」。從這個意義上講，歐洲大陸的刑事訴訟證明標準，與英美法系刑事訴訟中的證明標準並無實質的差別。但是，在英美法系陪審團審判的案件中，對於這一在涵義上沒有區別的證明標準，在執行上卻比歐洲大陸的要求要高出許多。這一點仍然可以通過定罪率的高低來體現。❸

❷ Peter Duff and Mark Findlay, *Jury Reform: Of Myths and Moral Panics*, International Journal of the Sociology of Law, 1997, 25, 363–384.

❸ 雖然在英美國家，起訴的標準和定罪的標準不一樣，但要清楚地界定二者的區

　　表 10-2 列出的是兩大法系較有代表性的國家在定罪率方面的區別。從表內數字來看，除了意大利這一特殊個案外，凡實行陪審團審判的國家，其無罪釋放的比率就高；換句話說，所有不實行陪審團審判的國家，其無罪釋放率皆不及實行陪審團審判的國家。我們可以有很多種理論來解釋這種區別，但是，陪審團比專業法官和混合庭掌握的定罪標準高這一理論，即使不是最重要的解釋，也應當是最有說服力的解釋。

　　陪審團比專業法官對定罪的證明要求掌握的標準更高，這是有田野性研究所提供的資料予以證明的。《美國陪審團》一書的作者經研究發現陪審團比專業法官更具有寬容性；❹並且，卡斯帕與翟塞爾對德國專業法官和外行參審法官的研究也表明了同樣的趨勢。❺更為重要的是，研究的結果還表明，外行法官與專業法官就案件看法方面的差別不僅僅是由於外行法官對被告人有著更多的同情，而且也是由於外行法官對於「排除合理懷疑」

別實際上卻是很困難的，幾乎是不可能的。甚至也可以說，二者幾乎不存在區別。英美法系之所以區分它們就是為了給人造成一種印象：定罪的標準是很高的；審判與起訴是不一樣的；被起訴的公民不一定是有罪的。所以，儘管由於起訴標準的不統一而使得定罪率幾乎也不具有可比性，但如果考慮到這種標準的精確界定的不可能性，我們也就有了充分的理由對定罪率進行不同國家之間的比較。在這樣的前提下，可以說，一般而言，定罪率越高的國家，其打擊犯罪的比率也就越高。同時，其保障無辜的程度也就越低。因為，從概率論的角度而言，被無罪釋放的被告人越多，也就意味著被無罪釋放的無辜者越多。反之，被定罪的被告人越多，相應地被冤枉的無辜者也就越多。從統計數據來看，英美法系的定罪率一般為 20%，而大陸法系的定罪率則一般都在 4-5%；我國的定罪率在 1% 上下。在這個意義上，說我國的刑事審判在打擊犯罪的效率方面遠遠高於西方國家一點也不過分。同樣，說我國的刑事審判在保障無辜方面遠遠不如西方國家，也是完全成立的。這一現實反覆地告誡我們：我國目前刑事審判最為需要的不是加強對犯罪的打擊，而是加強對人權的保障。

❹ Harry Kalven, Jr. & Hans Zeisel, *The American Jury*, The University of Chicago Press, Chicago and London, 1971, p. 193 infra.

❺ Gerald Casper & Hans Zeisel, *Lay Judges in the German Criminal Courts*, 1 J. Legal Stud. (1972), pp. 151, 154–160, 175.

這一證明標準建立更高的要求:《美國陪審團》的作者們發現,儘管定罪的要求在表述上沒有區別,人們對它的理解和執行卻存在著區別,對於排除合理懷疑這一證明標準的理解在實踐中也應當是一條斜線而不是直線,而在這條斜線中,外行法官常常比專業法官在定罪方面要求更多的證據,尤其是在案件只有情況證據的時候。❹

表 10–2　從定罪率(無罪釋放率)看英美陪審團審判與大陸法系審判程序的區別❹

對抗式訴訟	年份	起訴率	無罪釋放率(包括法院撤銷的案件)	是否有陪審團審判制度
英國	1994	88.3%	9.7%	是
美國(地區法院)	1998	90.6%	11.8%	是
香港(地區法院)	1994	67.8%	15.9%	是
紐西蘭(地區法院)	1990	n.a.	10.4%	是
斯里蘭卡	1992	96.5%	7.3%	是
丹麥	1992	n.a.	5.2%	是
意大利	1994	80.7%	22.3%	否
加拿大	1994	n.a.	5.5%	是
糾問式訴訟				
日本	1992	68.1%	0.2%	否
泰國	1992	97.6%	0.8%	否
朝鮮	1992	56.9%	0.4%	否
德國	1994	31.1%	3.1%	否
法國(重罪法庭)	1994	80.2%	4.7%	是
荷蘭	1995	72.7%	3.7%	否
芬蘭	1994	42.0%	3.8%	否
混合式訴訟				
以色列	1994	n.a.	3.4%	否

---

❹　*The American Jury*, pp. 182–190.

❹　Sources: Mike P. H. Chu, *Criminal Procedure Reform in the People's Republic of China: The Dilemma of Crime Control and Regime Legitimacy*, 18 UCLA Pac. Basin L. J. 157, 2001, p. 163.

　　那麼，如何解釋意大利的數據呢? 這個國家於 1865 年引進了陪審團審判但卻於 1931 年予以廢除; 1988 年意大利通過新的刑事訴訟法並設置了由 2 名專業法官和 6 名外行法官組成的混合庭審判制度。❹對此，合理解釋也許是，陪審團審判雖然可以導致更高的無罪釋放比例，但是陪審團審判並非導致高比例的無罪釋放率的唯一因素。事實上，不僅陪審團審判本身可以導致高比例的無罪釋放率，而且決定陪審團審判機制背後的放任自由主義意識形態，以及由該意識形態所決定的糾紛解決模式的訴訟程序，也可以導致高比例的無罪釋放率。換句話說，無論是糾紛解決模式的訴訟程序（它與爭鬥風格的審判一道構成了通常所謂的「對抗式訴訟」），還是陪審團審判制度，都是由放任自由主義的意識形態決定的。在這樣的意識形態之下所設置的制度，無論是陪審團審判還是糾紛解決模式的訴訟程序，都會由於對發現真實和打擊犯罪這些目標的（比較意義上的）忽略，而導致定罪率的下降。所以，不僅在進行了對抗制改革後的意大利刑事訴訟程序中其無罪釋放的比例可以高達 20% 以上，而且在英美等實行陪審團審判的國家，即使是在法官審判的程序中，也存在著比較高的無罪釋放比例。有時候，法官審判程序被告人無罪釋放的比例甚至高於陪審團審判程序中被告人被無罪釋放的比例。❹這也許可以從一個側面說明，一方面，陪審團審判本身並不是被告人得到保護的根本原因，該制度背後的意識形態才是更為深層次的原因，而陪審團審判無非是放任自由主義意識形態的忠實體現者而已; 另一方面，陪審團審判雖然不是被告人得到保護的根本原因，但是陪審團審判制度的存在加強了放任自由主義的意識形態，同時也使英

❹　Stephen P. Freccero, *An Introduction to the New Italian Criminal Procedure*, 21 Am. J. Crim. L., p. 351.

❹　有資料顯示，1971 年，陪審團審判程序中被告人被無罪釋放的比例為 27.1%，法官審判程序中被告人被無罪釋放的比例則高達 32.3%; 1990 年陪審團審判中無罪釋放比例為 15.7%，法官審判中無罪釋放比例則高達 38.4%; 2000 年陪審團審判無罪釋放比例為 14.7%，法官審判中無罪釋放的比例竟高達 48.8%。資料來源: http://www.uscourts.gov/judicialfacts figures/table3.5htm, visited by 2004–03–17.

美法系法官審判中較高比例的無罪釋放率能夠得到公眾的寬容，而不至於被公眾誤解為放縱了犯罪。❺⓪

　　當然，很難說更多的被告人被無罪釋放就意味著更多的事實真相得到了發現。無論是陪審團審判還是法官審判，其裁決的結果從總體上看都只有兩種可能：第一種是盡量多的有罪者被定罪，其伴隨的後果就是更多的無辜者也被定罪；第二種則是盡量多的無辜者獲得自由，其伴隨的後果就是更多的有罪者也獲得自由。❺① 在這一問題上，放任自由主義常常選擇讓更多的有罪者逃脫懲罰，而積極行動主義常常選擇讓更多的無辜者遭受冤屈。陪審團審判的效果就是使更多的無辜者獲得自由，雖然在這個過程中有罪者也跟著沾光。因此，不能說更多的無辜者得到保護就推論出更多的真相得到發現。刑事訴訟當然要發現真相，但是，並不是所有的制度都是用來保證發現事實真相。至少，陪審團審判制度就不是。正如德弗林勳爵所說：陪審團審判不是一個用來發現事實的機制，而是用來確保無辜的被告人盡可能地不被定罪的機制。❺② 如果我們希望正確地理解陪審團審判制

---

❺⓪ 要理解這一點，回憶一下法國大革命時期引進陪審團審判以後定罪率急劇下降引起公眾憤怒的歷史是十分必要的。法國革命後引進的陪審團審判其定罪率大約在 70%–80% 左右，在特定種類的案件中可能只有 50%；這引起了公眾極大的憤怒，認為是陪審團在包庇罪犯，從而引發了拿破崙對法國陪審團的改革，甚至一度險遭廢除。具體情況詳見：William Savitt, *Villainous Verdicts? Rethinking The Nineteenth-Century French Jury*, 96 Colum. L. Rev. 1025. 筆者認為，法國陪審團之所以引起這樣的誤解，就是因為法國民眾不能容忍高比率的無罪釋放率，而英國之所以能夠容忍，因為陪審團審判剛剛建立的時候是從古老的彈劾式訴訟過渡而來的，古老的彈劾式訴訟之下無罪釋放的比例本來就很高，因此英國人對此現象司空見慣習以為常，也不會大驚小怪；而法國則從糾問式訴訟直接過渡到陪審團審判，高比例的無罪釋放率自然容易引起震驚。在英美，由於一直實行陪審團審判，定罪比例一直都不高，所以法官審判中無罪釋放的高比例也能夠得到認同。這種心理認同無疑是陪審團審判制度的貢獻。

❺① 另外兩種情況從理論上看也是可能的，但在實際上行不通：第一種就是使所有的有罪者被定罪──條件是對每個人都定罪，一個也漏不了；第二種是使所有的無辜者都獲得自由──條件是永遠也不定罪，一個也冤不了。

度，就必須將這一觀念牢記在心。

㈢當事人主義的訴訟模式更多地維護了訴訟參與人的尊嚴

放任自由主義的意識形態要求法官必須是中立的裁判者。在古代社會，法官的中立性是其裁判獲得權威性的最重要源泉。即使在專制時代，法官也必須表現出一定程度的中立。進入現代社會，專業法官的獨立地位已經得到保障，其中立性也得到加強。但是，法官仍然不能實現完全的中立，因為法官也有自己的欲求，法官也會形成自己的偏見。從這個角度而言，雖然陪審團審判同樣無法避免偏見的存在，但是，古往今來，陪審團這種法庭，可以說是迄今為止人類所創造的最為中立的一種法庭。在中世紀的英國，法官雖然與案件並無利害關係，但是他們對於事實真相探求的積極性不亞於控訴方。因此，法官總是保持著一種積極的姿態而不是純粹消極的姿態。這種姿態在當今大陸法系的刑事訴訟中得到繼承。所以，如果我們為法庭的中立性按升冪排一個順序，則獨任的法官排第一，混合庭排第二，陪審團法庭排第三——因為陪審團法庭中立性最強。

法官中立的結果就是當事人主義。只要略加比較即可發現，英美法系的陪審團法庭是最為中立的法庭，同時，英美法系中的當事人（由律師代表）也是最為活躍的當事人。如果說大陸法系的法庭審判更具有合作的意味，則英美法系的法庭審判則更具有對抗的意味。在這種當事人主義的訴訟模式下，當事人的積極性、主動性能夠得到更為充分的發揮，當事人也就能夠在更大程度上掌握自己的命運。

很難下結論說對抗式訴訟一定比其他形式的訴訟保障了更多的人權，也很難說對抗式訴訟為世界帶來了更多的正義。也許恰恰相反，當事人主義的對抗式訴訟並沒有為我們帶來這些美好的東西。恰如英美法系的一位大法官馬修斯 (Lord Justice Mathews) 所調侃的那樣：「當我還是一個年輕的實習律師的時候，我失去了很多本來應當獲得勝訴的案件；等到我成熟的

---

❷　In a speech, "The Criminal Trial and Appeal in England", delivered at the University of Chicago for the Third Dedicatory Conference, Jan. 1960. See from, Harry Kalven, Jr., & Hans Zeisel, *The American Jury*, p. 190.

時候，我又贏得了許多本來應當敗訴的案件。這樣，從總體上看，正義還是得到了伸張。」❺但是，在對抗式訴訟中，我們可以看到人的尊嚴的確得到更多的尊重，當事人的自由得到更多的保障，訴訟的結果更多地由當事人來決定。如果不是狹隘地將人權定義為生存權，或者在一定的階段（無論是社會主義初級階段還是資本主義初級階段）它就是指生存權，並且，也不武斷地決定哪一種人權比另一種人權更加基本或更加不基本，那麼，我們可以說，對抗式訴訟和陪審團審判都是值得嚮往的，至少是值得借鑑的。

㈣同位模式的法官體制從各個角度加強了英美法系法庭審判的辯論式特徵

首先，陪審團審判決不允許階段性審理的存在。這裏所說的階段性審理，與集中審理相對應。在大陸法系的法庭審判中，審理過程簡直就像是舉行會議，一個案件可以開好幾次會議。在英美法系的陪審團審判中，儘管歷史上曾經出現過一個陪審團一天之內審理好幾個案件的情況，但是一個陪審團審理的案件決不會中斷，這就是通常所謂的不間斷原則。

與法官審判比較起來，不間斷原則在陪審團審判中更顯突出。事實上，不間斷原則只有在陪審團審判的案件中才是有充分必要的，而且只有當它同「口頭辯論」原則結合在一起時才是充分合理的。在一個實行書面審理的刑事訴訟程序中，在任何時候，法官都可以將過去的案卷翻出來看，以恢復他（她）那已經模糊甚至完全消失了的記憶。在這種情況下，不間斷原則幾乎根本不受重視，在實踐中也無人重視，而且實際上也不值得重視。

其次，陪審團審判中反對雙重歸罪原則的存在決定性地決定了陪審團裁決的終局性。這種終局性使得陪審團作為一種司法裁決機制成為完全的「同位模式」。這種模式的一個直接效果就是反對訴訟程序的書面化，從而保證了直接言詞原則的有效執行。1700 年以前英國法院的直接言詞原則就是由陪審團審判予以保障的。進入現代社會以後，歐洲大陸國家尤其是法國，在受到引進英國式刑事訴訟的熱情所驅使的情況下，確立了法庭審判

---

❺　*Social Psychology in Court*, p. 100.

的直接言詞原則。但是，陪審團審判還有一種效果，就是法庭辯論的激烈性。這種效果是由於陪審團裁決的終局性決定了初審法院的法庭審判成為整個訴訟程序焦點中的焦點，一切證據都必須在這個法庭上出示，一切法律意見都必須在這個法庭上辯論，否則均視為不存在或未曾發生。這一機制大大地加強了法庭辯論的刺激性，同時也就增加了法庭審判出現戲劇化效果的可能性。在大陸法系的混合庭審判中，雖然也實行直接言詞原則，但是由於上訴審查制度（即使是在混合庭審理的案件中，上訴法院審查時也不受下級法院認定事實的限制，而是根據下級法院製作筆錄不受約束地重新認定事實）內在地削弱了初審審判在訴訟程序中的重要性，所以其舉證和辯論在總體上都顯得更為舒緩、更為平靜。

五、改革：英美法系陪審團的發展趨勢

綜上所述，陪審團審判制度在維持對抗式訴訟特徵的各個方面均發揮著舉足輕重的作用。不僅如此，陪審團審判制度的功能迄今為止仍然找不到合適的替代方式。因此，在可以預見的將來，陪審團審判不會在英美法系國家消失。同時，正是因為陪審團審判制度本身也存在著缺陷，所以對陪審團審判制度的批評也會一如既往；但是，這些批評不會導致陪審團的廢除——似乎還沒有哪個法學家明確地表示要廢除陪審團審判制度。即使是最激烈的批評家，也沒有提出要廢除陪審團審判。科塞爾在其文章中對大陸法系的混合庭審判制度讚美有加，但到最後提出對美國制度的改革建議時，也沒有提出要廢除陪審團審判；美國的一位傳記作家在其最近出版的著作中記錄了一些陪審團審判的案例，這些案例足以使人對陪審團審判制度喪失信心，但是，即使這樣，該作家在其著作的末尾還是說，美國陪審團是值得保留的制度。[54]

但是，這些批評最終可能會引起該制度在某些方面的變化，或者說，改進。

---

[54]　Lisa Kern Griffin, "The Image We See Is Our Own": Defending the Jury's Territory at the Heart of the Democratic Process, 75 Neb. L. Rev. 332

關於改革現有的陪審團審判制度的建議也已經屢見不鮮。自然，這裏不可能列出所有的改革建議。這裏僅介紹兩種最有代表性的建議：一是美國學者艾瑪的主張，一是英國刑事司法白皮書的意向。

艾瑪是當代美國最有影響力的憲法學家之一。在一次演講中，艾瑪對陪審團（包括小陪審團）制度提出了改革的十項建議，這裏僅列出與審判陪審團有關的前七項建議：

第一，任何人都不得豁免其擔任陪審員的義務。為保證這一規則得到實施，艾瑪進一步建議，每個人都應當在一年的年初制定一個計劃，在這一年中抽出一個星期的時間擔任陪審員，並將其確定的具體時間通知司法管理當局，當局在這個基礎上制定候選陪審員名單。第二，廢除無因迴避制度。陪審團代表的是人民，不是當事人。律師通過行使無因迴避的權利而對陪審員橫挑鼻子豎挑眼的做法是一種愚蠢的做法。第三，規則化陪審團。這是指，同一個陪審團在一個任期內可以審理不同的案件。只要他們任期尚未結束，就應當繼續履行陪審員的職責，直至任期結束時為止。在歷史上，17、18世紀的陪審團就要審理很多案件。第四，尊重陪審團。這主要是指，應當允許陪審員作筆記。有些法官不允許陪審員作筆記，這是白癡的行為。法官自己作筆記，大陪審團的陪審員允許作筆記，立法者們也可以作筆記，陪審員就不允許作筆記，其荒謬性是顯而易見的。第五，教育人民。既然陪審團制度能起到教育的功能，就應當允許對陪審團評議進行錄影，錄影可以作為生動的關於美國民主的素材，在高中的政治課程予以播放。當然，不能允許以錄像為基礎對陪審團的裁決提出上訴。第六，規定陪審團組成人數的底限。有的州已經允許6個人的陪審團存在。既然6名陪審員組成的陪審團是合法的，5名為什麼就不可以？如果5名是可以的，為什麼4名就不可以？如果……1名為什麼不可以？按照目前的邏輯，1名陪審員組成的陪審團在將來是有可能的。實際上，完全有很多理由支持陪審員的數目至少應當保持在12名以上。第一個理由是，陪審團既然是一種實現民主的機制，其人數越多，就越能讓更多的人參與民主。第二個理由是，陪審員必須具備廣泛的代表性，而陪審員人數的眾多正是陪審團

廣泛的代表性的保證。當然，人數過多也導致討論不能正常進行的後果，但是 12 這個數字決不足以產生這種後果。第七，以多數裁決或絕對多數裁決取代一致裁決。雖然 6 名陪審員不足以組成陪審團，但是多數裁決應該成為可以接受的裁決。❺❺

　　英國於 2002 年公布的關於刑事司法的白皮書，也針對陪審團審判以及與之相關的制度提出了六項建議。其內容如下：❺❻

　　第一，限制陪審團審判的案件範圍。嚴重和複雜的詐騙犯罪案件、複雜並且審判時間長的案件以及陪審團可能受到恐嚇的案件，可以不實行陪審團審判。對於陪審團已經受到恐嚇的案件，目前的做法是重組陪審團進行審判。對此白皮書還建議，在陪審團已經受到恐嚇的情況下，應當允許由法官獨任審判。

　　第二，賦予被告人選擇法官審判的權利。美國和加拿大的被告人很久以來就已經享有這項權利。但是在英國，刑事法院的被告人無權選擇法官獨任審判。白皮書建議賦予刑事法院被告人以放棄陪審團審判、選擇法官獨任審判的權利。

　　第三，放鬆「反對雙重歸罪」原則的限制。在新的證據足以表明原來被無罪釋放的被告人確實有罪，而該證據在第一次審判時由於合理的原因不能取得時，上訴法院得允許檢察官提起上訴並重開審判。

　　第四，擴大治安法官量刑權。將治安法官量刑權擴大到 12 個月；特殊情況下可延長至 18 個月。治安法官應當享有對自己定罪的所有案件量刑的權力。治安法官在被告人作答辯時應當告知被告人自己的量刑權限，從而使被告人知曉在治安法院接受審判可能的最長監禁期限。這樣可以鼓勵被

---

❺❺　Akhil Reed Amar, *Reinventing Juries: Ten Suggested Reforms*, U. C. Davis Law Review, 1995, p. 1174.

❺❻　*Justice for All*, presented to Parliament by the Secretary of State for the Home Department, the Lord Chancellor and the Attorney General, by Command of Her Majesty, July 2002. 之所以稱英國刑事司法白皮書的建議為積極行動主義的改革措施，主要是因為這些措施的中心目標是為了加強打擊犯罪的力度。

告人選擇接受治安法院審判而不是選擇陪審團審判。這一規則只適用於兩可的案件。

第五，擴大證據可採性的範圍。被告人先前曾經被定罪的記錄應當由法官決定是否允許在法庭上出示。有些證人證言筆錄在特定情況下也應當由法官決定是否允許在法庭上出示。

第六，提高陪審員的代表性，增加公民對陪審團審判制度的信心。主要是採取措施讓陪審員覺得受到尊重，其時間得到合理利用，其功能得到有效發揮，其價值得到社會承認。

結　語

　　英美法系陪審團審判制度是在破除迷信的過程中得以確立的。雖然並
非有意設定，其認識論基礎是人類普遍具有的認識客觀世界的能力，這種
能力足以使任何一個理智正常之人能夠在訴訟案件中對於過去發生之事實
作出理性的、符合一般人類經驗的判斷。這種判斷不一定是正確的，但是
它代表著當時社會人們的一般認識水平，因為陪審團是從當地居民中隨機
挑選的。換句話說，即使作出判斷的不是本案抽選的陪審員，而是其他未
被抽中的居民，他們也會作出相同的判斷。這一設置一方面可以加強裁判
的權威性和正當性，另一方面也可防止人們對法律判決的過高期望：它不
會像中國古代甚至當代的人們一樣，熱切地企盼「青天大老爺」的出現——
這些青天大老爺通常有著常人所不具備之發現真實的特異功能。在英美法
系，像這樣具有特異功能的法官是不會被人們期望的，因為其法官之主要
職責並非發現真實，而是適用法律。發現真實的責任，則是由與普通民眾
一般無二之人來擔任的，或者說，是由普通民眾自己來擔任的。在這種情
況下，「斷案如神」的「青天大老爺」是不存在的，因為一般而言，一個人
如果不是特別地妄自尊大或者孤芳自賞，是絕不會將自己神化的。而且，
在一個由 12 人組成的團體中，即使有幾個人自我膨脹到要宣布自己為「全
知全能」的上帝的程度，他的這種野心也會受到團體的束縛。

　　從陪審團的產生來看，它與民主的思想並無聯繫。相反，它是為了加
強專制君主的權威而逐步推廣的。但是，陪審團審判制度的產生是與放任
自由主義的意識形態聯繫在一起的。它從一開始就體現著被告人有權選擇
法官的思想。另外，當時的法官以及行政官員並沒有清醒地意識到陪審團
行使的是一種十分重要的權力，這是它在專制君主制度下能夠得以產生的
一個重要原因。當後來的統治者意識到這一點的時候，體現著放任自由主

義思想的「自由大憲章」又阻礙並消解了他們廢除陪審團審判制度的努力。認識到這一點，我們就可以知道為什麼陪審團審判制度能夠體現民主並保障自由。最關鍵的問題在於，它是放任自由主義的象徵。

從陪審團司法功能的發展來看，這些發展無一不體現著放任自由主義意識形態的上升。這首先體現為大小陪審團的分離，它和當事人爭取申請陪審員迴避的權利密切地聯繫在一起，與起訴與裁判相分離的思想密切地聯繫在一起，與自然正義中任何人不得擔任自己案件中的法官的原則密切地聯繫在一起。陪審團由證人身分向法官身分的轉變，則代表著司法審判由廣場化向劇場化的轉變。這種轉變使陪審團由最初對被告人品行的評價改變為對被告人罪行有無的評價。

懲罰陪審團制度的消亡經歷了漫長的時期，但是這種制度的消亡恰恰反映了放任自由主義意識形態的發展，因為它意味著，統治者終於承認：由代表民意的陪審員作出的裁決具有至高無上和不受審查的性質。陪審團取消法律的權力最終得到確認，也是民意對立法的最終否決權的體現。它肯定的是社區的意識形態，否定的是國家作為整體擁有規定特定地區之居民如何作出自己的道德判斷的權力。若由此觀之，則陪審團組成之地域限制或許並非是為了發現真實的方便，而是為了加強陪審團裁決在當地的可接受性。其潛在的意義在於，這一設置將決斷被告人是否有罪的權力交給與犯罪行為相關的當地居民來行使。其更深層次的意義則在於，它體現著這一深刻的刑罰觀念：認定犯罪與施加懲罰本質上都是對一個人主觀狀態的道德評價，而這種評價無疑具有極強的地方色彩——恰如吉爾茲所言：法律是一種地方性知識。同樣一種行為，在一個地方被視為犯罪，在另一個地方也許被視為勇敢甚或善舉。威廉和亨利在英國實行陪審團制度，至少在一定程度上是因為，他們不希望，或者不願意讓人認為自己希望，他們要將諾曼底人的價值觀強加在英格蘭人身上。而陪審團由當地居民組成，或者至少一部分陪審員必須來自案件發生地的制度設置，恰恰滿足了這一心理需要。從政治上說，國王的這種舉措也許意在收買人心；從法律效果上說，它體現了以相同的而非外來的社區價值規範來約束並評價該社區成

員之行為的思想。它是對國家及其政府推行其意識形態的一種強有力的抵抗。

對糾問式訴訟的考察則說明，糾問式訴訟實際上是積極行動主義意識形態的結果。哪裏有宗教般的狂熱，哪裏就會產生糾問式訴訟程序。

英國在陪審團審判制度下，其訴訟程序沒有滑入糾問式訴訟的泥坑。儘管歷史學家們都承認，英國從 13–18 世紀之間，一直都是實行彈劾式訴訟，但作為第四章論證的前提，本文還是對英國在這段時期內實行的訴訟程序進行了一個歷史的考證。其結論則是，在歐洲大陸普遍實行糾問式訴訟的時候，英國的刑事訴訟程序依然保留著彈劾式訴訟的基本特徵。這些特徵包括起訴與審判相分離、普遍實行私人起訴；雙方當事人地位平等、當事人選擇法官；審判實行直接言詞原則、陪審團評議實行無罪推定原則等。從這些特徵來看，13–18 世紀之間，若以埃斯曼之概念分析，其訴訟無疑屬於彈劾式訴訟；若以帕卡之術語觀察，其訴訟當屬「非犯罪控制程序」；若以達馬斯卡之理論分析，則其程序應當屬於放任自由主義意識形態之下的糾紛解決模式和同位模式之下的爭鬥模式。

不僅如此，同位模式的司法官僚結構不僅對訴訟的風格產生影響，而且也對決定訴訟模式的意識形態產生反作用。英國沒有走上糾問式訴訟的道路固然是由於放任自由主義因素在起著主要的作用，但是，英國並不是沒有積極行動主義；只不過，由於陪審團審判這種訴訟形式體現了放任自由主義的意識形態，並且對於保障放任自由主義意識形態的貫徹執行發揮著積極的、不容抹殺的作用，所以，雖然積極行動主義曾有抬頭之趨勢，它在訴訟當中卻一直沒有占據主導地位。所以，一方面，陪審團審判是放任自由主義的體現者；另一方面，陪審團還是放任自由主義的保護者。陪審團在保障法官獨立與法官中立方面，在保障無罪推定的訴訟思想轉變為具體的現實方面，發揮著決定性的作用。這樣，同位模式的司法官僚體制就不僅僅是決定著審判的風格，而且也在一定程度上決定著放任自由主義意識形態所規定的原則或規則能否在訴訟中得到執行。換句話說，如果司法官僚體制是純粹的同位模式，即是實行陪審團制度的，那麼，即使當時

的意識形態具有積極行動主義的特徵，或者具有積極行動主義的趨勢，其
訴訟制度也會在很大程度上體現放任自由主義意識形態所決定的訴訟模式
的特徵。

　　對陪審團移植情況的考察進一步加強了筆者這一信念。通過對以法國
為代表之歐洲大陸國家陪審團移植的經過及其實施情況的考察與分析，作
者發現，陪審團審判制度在法國的實施並不像有些學者描述的那麼糟糕。
事實上，陪審團在法國的實施表明它基本上發揮了它在英國所具備的功能。
它的確體現了放任自由主義的意識形態，雖然它是激進革命運動的結果。
眾多歷史學家都承認，在實行陪審團審判期間，法國沒有將一個無辜的被
告人定罪。這正是放任自由主義追求的目標。它在實施的過程中的確將很
多被告人釋放，但這也正是放任自由主義必須付出的代價，放任自由主義
願意付出這個代價（積極行動主義願意付出的代價則是以犧牲自由來保障
安全）。

　　應當說，陪審團在歐洲大陸衰落的原因是多方面的，但是其中最重要
的一點，就是對放任自由主義的誤解。法國革命的時候是以滿腔的熱情追
求民主和自由的，也是以滿腔的熱情移植陪審團審判制度的。但是，法國
人並沒有完全意識到，或者沒有清醒地意識到，自由和民主都是要付出代
價的，這個代價就是一定程度的不安全，在刑事訴訟中也就是將一定數量
的有罪被告人無罪釋放，也就是犧牲一部分事實真相。在第五章我們可以
更清楚地看到，陪審團審判程序不是一個發現真實的程序，雖然它也能發
現真實。陪審團審判主要是一個保障程序的正義、保障放任自由主義意識
形態的原則得到實施的程序。如果說歐洲大陸接受不了陪審團審判，其根
本原因則在於他們接受不了放任自由主義的意識形態。一旦他們發現了放
任自由主義的弊端，他們就棄之如敝屣，同時也就展開了對放任自由主義
意識形態之忠實體現者——陪審團審判制度的肆意攻擊。所以，如果將陪
審團在歐洲大陸的經歷定義為一種失敗的話，那麼，與其說它是陪審團審
判制度的失敗，不如說是放任自由主義在歐洲大陸的失敗。

　　另外，陪審團在歐洲大陸的衰落也與專制制度的統治有關。歷史事實

反覆地向我們證明：只要是專制的政府，沒有不痛恨陪審團審判的；只要
是民主的政府，（在民主和自由的意識形態處於上升階段的時候）沒有不喜
歡陪審團審判的。俄羅斯陪審團的廢除、比利時陪審團的確立又廢除、廢
除又確立的經驗，雄辯有力地證明了這一點。這些事實也使本文引導出更
進一步的結論：儘管陪審團審判有利於保障放任自由主義規定之原則的實
現，但是，它本身並不足以抵制積極行動主義以及專制主義的侵略，尤其
是當這些意識形態比較強大的時候。或者說，如果一個國家實行陪審團審
判制度，這一制度必然能發揮其放任自由主義的功能；但是，如果這個國
家要廢除這個制度，該制度本身保護不了自己。這並非制度本身的錯誤，
雖然痛恨它的人總是說這就是它的錯誤。

　　美國對陪審團的移植向世人昭示了陪審團審判制度的光輝里程，也使
我們更清楚地看到了陪審團制度的優點。同時，陪審團在其他國家和地區
的移植則生出很多陪審團的變種。雖然其形式可謂變化多端，但是，只要
基本的相關制度得到移植，陪審團就能夠很好地發揮其作用。相反，如果
基本的制度沒有得到保留，則即使陪審團審判制度得到移植，它在實施中
也只有陪審團審判之名，並無陪審團審判之實。

　　南非和日本的情況，有力地證明了這一觀點。陪審團在南非和日本的
移植僅僅是移植了陪審團的外殼，對於體現和保障放任自由主義意識形態
的制度內核，移植者卻有意識地拋棄了。在移植陪審團的時代，統治者已
經領教了陪審團審判制度的巨大威力，他們不再願意主動地將司法審判的
權力交給普通民眾來行使，不願意再讓與被告人「身分平等之人」(peers) 掌
握對被告人定罪和釋放的大權。所以，在南非，陪審員幾乎全是白人；在
日本，則最需要陪審團審判的被告人被剝奪了接受陪審團審判的資格。它
導致陪審團審判制度在這些國家的名聲受到敗壞。同樣，這也不是陪審團
審判制度本身不可克服的缺陷。

　　由於陪審團本身代表著一種保守的力量而不是變革的力量，所以，並
不是由於陪審團審判才產生了證據規則。陪審團審判對於證據規則的產生
只起著一種間接的作用。對抗式訴訟產生了證據規則，而律師的介入產生

了對抗式訴訟。證據規則與陪審團的聯繫來自兩個方面：第一，律師的介入使得訴訟程序變得複雜化，法庭辯論變得精緻化，從而對陪審團理解和消化法庭辯論的能力產生了懷疑；為防止陪審團出現可能的錯誤，從而設立了證據規則；第二，法官控制陪審團的能力降低，使得通過證據規則對陪審團進行控制成為必要。其中，第二個原因才是證據規則產生之更為重要的原因。所以，證據規則是法學家的創造，並非陪審團的創造。但是，進入現代以來，很多證據規則，尤其是非法證據排除規則，都是放任自由主義意識形態繼續上升的結果。陪審團在實施這些制度方面，發揮著不可替代的作用。

　　英美證據制度的發展情況也顯示了陪審團在保守平常觀念方面所具有的功能。在陪審團審判制度之下，英美法系發展出了「排除合理懷疑」這一證明標準，它實際上是對人類認識能力的中肯評價，是面對人類有限認識能力與外部世界之豐富多彩之鴻溝所作的一種正確的妥協。對案件事實的認識是否可以達到絕對確定的程度，即排除一切懷疑的程度？這個問題實際上是一個事實問題而不是價值問題。如果我認為不能達到絕對確定，這並不意味著我認為絕對確定不好，而僅僅表明我認為它不切實際。從價值判斷而言，絕對的真實當然要優於相對真實，正如對女人而言絕對漂亮要勝過相對漂亮一樣。但是，要求每一個母親生下的女兒都絕對漂亮是不現實的；同理，要求每個案件的證明程度都達到絕對確信也是不現實的。在文學作品中，百分之九十以上的女主人公都是美女，這給人一種錯覺，彷彿滿世界都是美女。而實際上，現實生活中美女在所有女人中僅占極小的一部分，可以說打著燈籠也難找。同樣，在中國傳統的戲劇和小說中，凡是以偵破為題材的，最終都是真相大白、水落石出，彷彿「世上無難事、只怕有心人」這句話也適用於刑事訴訟。這種傳統延續至今。這也給人一種錯覺：以為事實就在某個角落等著我們，只要「驀然回首」，那事「就在燈火闌珊處」；而一個法官只要不具備發現真實的超凡能耐，他就是一個不稱職的法官。所有冤錯案件，都要拿他是問。比較起來，我們看到，英美的陪審團審判之下，由於陪審員的常人身分，證據法上從來沒有要求達到

絕對真實，從而發展出比較現實的「排除合理懷疑」這一要求。陪審團審判這一制度時刻提醒人們注意，人類是有缺陷的，客觀世界是無邊無際的，認識客觀世界是有限的，甚至可能會犯錯誤。因此，需要對人類可能的缺陷進行約束，需要對人類有限的認識能力進行預先防範。正是在這一思維模式之下，英美法系發展出了以預先防範為基本目標的嚴格而複雜的排除規則。因此，證據規則既非陪審團之創造，又是陪審團之貢獻。在沒有陪審團的情況下，人們要麼以為自己是神，從而不需要約束；要麼將證明標準定得極高，同時又為了防止主觀臆斷而設置出證明力的種種規則，結果卻導致了非人道的刑訊逼供。歷史給我們的教訓是深刻的，陪審團給我們的印象也是深刻的。

　　雖然證據法給陪審團的要求是一個認識能力有限而客觀世界無限之妥協的產物，但是這並不表明陪審團可以以很低的證明標準給被告人定罪。事實上，陪審團掌握的定罪標準一向高於法官的標準，這不僅由芝加哥研究項目得到證明，而且與陪審團定罪之裁決機制存在著內在聯繫。我們說陪審團最主要的功能是保障自由，其中一個重要的機制，就是必須全體陪審員一致同意，才能對被告人定罪。這一機制的效果就是抬高了給被告人定罪的證明標準。陪審團審判是以每個正常人都具有理性、具有人類普遍具有之認識能力為假設前提的，因此每個陪審員都將對證據是否已達「排除合理懷疑」之要求進行獨立的判斷。毋庸置疑，在很多情況下，對於一個特定事實（有罪事實）的證明，是否已經達到「排除合理懷疑」的程度，不同的人會作出不同的判斷；一般情況下，大多數人都會得出大致相同的結論。但同樣不可否認的是，每增加一個判斷的主體，在這個判斷群體中出現不同意見的可能性也就增加一分。而只要一個不同意見就足以導致全體的判斷均歸於無效的機制，無疑相應地增加了證明主體的證明責任，從而提高了證明的標準。同樣地，在保持判斷群體不變的條件下，改變一致同意規則，自然也就意味著證明標準的降低。證明標準的降低，勢必導致更多的被告人被定罪。如果我們同意：被告人被無罪釋放的比例越高的社會，其自由度也就相應越高；那麼，我們也就必然承認：在一個定罪率趨

於上升的國度，其人民的自由度也就趨於下降。如果人民的自由度趨於下降，則反映了人們對於安全和秩序的價值追求也就越強烈。由此觀之，在中世紀英國，人們對於自由的嚮往壓倒了對於秩序的追求；而在今天的英國以及美國的有些州，隨著多數裁決機制的確立，人們對於秩序的嚮往正在壓倒對於自由的追求。

不過，這種趨勢儘管已有苗頭但仍然並不明顯。對當代英美法系之陪審團審判程序與其他形式的審判程序之間的比較說明，大陸法系與英美法系的區別仍然存在。在英美法系陪審團審判程序與大陸法系混合庭審判程序之間，二者的區別主要在於：英美法系的法官比大陸法系的法官更為保守；陪審團審判為定罪設置了更多的障礙；英美法系的律師比大陸法系的律師更為積極；英美法系的審判比大陸法系的審判更富於辯論風格。其中，前兩個區別是由於陪審團這種極端形式的同位模式的司法官僚體制對放任自由主義的意識形態的反作用所形成的；後兩個區別則是同位模式的司法官僚體制對爭鬥風格的訴訟模式的決定作用所形成的。這樣的區別不僅存在於英美法系與大陸法系的訴訟程序之間，而且也存在於英美法系的陪審團審判程序與非陪審團審判程序之間。這些區別進一步驗證了本書第四章得出的結論：陪審團審判制度不僅決定著訴訟程序的風格，並且對決定訴訟模式的意識形態具有很強的能動作用。

必須指出，在當今社會，無論是英美法系還是大陸法系，其訴訟程序都只有量的區別而沒有質的區別。在英美法系，尤其是英國，其訴訟程序也受到大陸法系的影響，指導訴訟程序的意識形態中也含有一些積極行動主義的成分，但是以放任自由主義的意識形態為主；在大陸法系，尤其是法國，其訴訟程序受英美法系的影響比較明顯，指導訴訟程序的意識形態中既有積極行動主義的成分，也有放任自由主義的成分，從總體上看，其放任自由主義的成分也要多於積極行動主義的成分，但是比起英美法系的訴訟程序，其放任自由主義的成分又相對較少一些。是什麼決定了較多和較少之間的區別呢？主要就是陪審團決定了這樣的區別。

綜上所述，陪審團審判與非陪審團審判的對立，就是對抗式訴訟與非

對抗式訴訟的對立。在中世紀，對抗式訴訟是從古老的彈劾式訴訟發展而來，並且保留著古老的彈劾式訴訟的因素。但是由於國家的建立從而對刑事訴訟的介入，這種彈劾式訴訟又加入了一些糾問式訴訟的特徵。但是這些特徵僅僅存在於審前程序，並且由於陪審團審判的存在，它對於審判程序的影響並不強烈。在同一個時期，與對抗式訴訟相對立的是歐洲大陸的糾問式訴訟。其核心的精神就是國家取代當事人而主持一切，包辦一切。其最惡劣的後果就是侵犯人權。

　　到今天，陪審團審判的運用已經越來越少，而對抗式訴訟在陪審團的孕育下卻發展得越來越精緻。在今天的對抗式訴訟之下，對被告人的保護已經無微不至，其中最為顯著的特徵就是其內容繁多的證據規則。與之形成對照的仍然是歐洲大陸的刑事訴訟程序，但是現代和當代歐洲大陸的刑事訴訟程序已經不再是糾問式的了，因為法官的主動性已經大大降低，審前程序對審判程序的影響也大大削弱，大陸法系有些國家也謹慎地引進了少許證據規則，他們也在強調要保障人權。所以，我們稱其訴訟程序為非對抗式訴訟。它區別於英美法系實行的陪審團審判制度下的對抗式訴訟，也區別於歐洲大陸中世紀時代的糾問式訴訟。

　　還有一種訴訟程序是英美法系實行的無陪審團審判的訴訟程序。它本質上仍然是對抗式的，但是對抗的成分比較起陪審團審判下的訴訟程序而言要少得多。如果要說純粹的對抗式訴訟（它包括完全消極中立的法律與事實裁判者、近乎極端的當事人主義、積極熱心的律師辯護、完整適用的證據規則、極富戲劇性的法庭審判等），只有陪審團審判可以說得上是絕對正宗。正是從這個意義上，本文認為：哪裏有陪審團審判，哪裏就有對抗式訴訟；沒有陪審團審判，就沒有對抗式訴訟。

　　我已經聲明，這個命題是一個經驗性命題，而不是邏輯性命題。它是對過去的歷史和現存的制度進行比較後得出的結論，而不是通過邏輯的推理所得出的結論。它的方法主要是歸納式的而不是演繹式的。所以，它被推翻的可能性也就不是沒有。只要有任何一個例子，證明在哪個國家不實行陪審團審判但是其訴訟程序卻具有更多的對抗式特徵，那麼，本書的命

題就面臨崩潰。但是至少在本人的知識範圍內,還沒有發現這樣的案例。

　　另外,由於這是一個經驗性命題,它也就不會否認在沒有陪審團審判的情況下建立對抗式訴訟的可能性。尤其是,它不認為在不實行陪審團審判的國家,其刑事訴訟程序就不可能具備一些起碼的對抗式特徵。但是,本文認為,由於陪審團審判在建立和保持對抗式訴訟的各項原則與各種因素方面所具有之得天獨厚的條件,那些希望引進對抗式訴訟的國家,如能同時引進陪審團審判制度,當可收事半功倍之績效。

　　我們也看到,陪審團正日益受到不公正的對待。批評者常常把矛頭對準陪審團。很多批評其實是很不公平 (fair play) 的,它就好比一個戰士對著一個已經沒有還手之力的人開槍。當然,這僅僅是批評陪審團的動機之一。陪審團受到批評還因為它自身的確不是一種完美的制度,在實踐中也存在很多問題,面對新事務的時候,它似乎也顯得有點力不從心。但是,世界上從來都沒有完美的制度。對陪審團的批評實際上體現了人們追求完美的天性。陪審團不完美,但是它的功能目前還沒有其他制度可以替代。所以,批評歸批評,限制歸限制,陪審團仍然屹立在世界的西方。而且,由於其功能的不可替代性,一些國家正在積極地引進陪審團,有些已經廢除陪審團審判制度的國家已經重新引進了陪審團,有一些曾經引進過但是由於專制主義的因素廢除陪審團的國家,目前正在積極考慮重新引進陪審團審判。

　　所以,陪審團仍然有其生命力在。它依然是放任自由主義意識形態的忠實體現者,它為放任自由主義的非法證據排除規則的執行設置了保障,它更多地維護了當事人在訴訟中的尊嚴,它從各個角度加強了法庭審判的辯論風格。這既是陪審團在英美法系仍然作為自由和正義的守護神而存在的最根本原因,也是其他一些移植和準備移植陪審團審判制度的國家的根本出發點。人類在與自然鬥爭的過程中已經取得了無數偉大的成就,但是在與權力和濫用權力作鬥爭的歷程上則還是濤聲依舊。許多天才的理論家設計出許多天才的制度,但是,陪審團審判制度則是歷史造就的一種約束權力、保障自由的制度。聰明的人們在讚美它,愚蠢的人則去抨擊它。

參考文獻

一、英文文獻

(一)著　作

1. Adler, Stephen J., *The Jury: Trial and Error in the American Courtroom*, Times Books, New York, September 1994.

2. Amar, Akhil Reed, *The Constitution and Criminal Procedure: First Principles*, Yale University Press, New Haven and London, 1997.

3. Baker, J. H., *An Introduction to English Legal History*, Third Edition, Butterworths, London, 1990.

4. Bartlett, Robert, *Trial by Fire and Water: The Medieval Judicial Ordeal*, Clarendon Press, Oxford, 1986.

5. Blackstone, William, *Commentaries on Laws of England*, Vol. 4, University of Chicago Press, November 1979.

6. Bolland, William Craddock, *The General Eyre: Lectures Delivered in the University of London at the Request of the Faculty of Laws*, Cambridge at the University Press, 1922.

7. Brundage, James A., *Medieval Canon Law*, Longman Group Limited, 1995.

8. Bureau of Justice Statistics of USA, *The Sourcebook of Criminal Justice Statistics 2002*, from Web site: http://www.albany.edu/sourcebook/1995/pdf/section1.pdf, visited by 2004−04−18.

9. Buzzard, ohn Huxley, Richard May and M. N. Howard, *Phipson on Evidence*, 13th Edition, Sweet & Maxwell, 1982, J.

10. Churchill, Winston, *A History of the English-Speaking Peoples*, Cassell & Co., London, 1998.

11. Cockburn, J. S. & Green, Thomas, *Twelve Good Men and True: The Criminal Trial Jury in England, 1200−1800*, Princeton University Press, Princeton, New Jersey, 1988.

12. Cockburn, J. S., *A History of English Assizes: 1558−1714*, Cambridge, 1972.

13. Conrad, Clay S., *Jury Nullification: The Evolution of a Doctrine*, Carolina Academic Press, Durham, North Carolina, 1998.

14. Cornish, W. R., *The Jury*, Allen Lane the Penguin Press, First Published, 1968.

15. Cross, Sir Rupert & Colin Tapper, *Cross on Evidence*, 7th Edition, Butterworths, 1990.

16. Damaska, *Evidence Law Adrift*, Yale University Press, 1997.

17. Damaska, Mirjan, *Faces of Justice and State Authority*, Yale University, New Haven and London, 1986.

18. Devlin, Patrick, *Trial by Jury*, Stevens & Sons Limited, London, Sixth Impression, 1978.

19. Dwyer, William L., *In the Hands of the People: The Trial Jury's Origins, Triumphs, Troubles, and Future in American Democracy*, Thomas Dunne Books St. Martin's Press, New York, 2002.

20. Esmein, A., *A History of Continental Criminal Procedure–With Special Reference to France*, translated by John Simpson, The Lawbook Exchange, Ltd., New Jersey, 2000.

21. Garcia, Alfredo, *The Fifth Amendment: A Comprehensive Approach*, Greenwood Press, Westport, Connecticut, London, 2002.

22. Gilbert, Anon. Geoffrey, *The Law of Evidence*, Dublin, 1754.

23. Gobert, James, *Justice, Democracy and the Jury*, Published by Dartmouth Publishing Company Limited, Ashgate Publishing House, Gower House, 1997.

24. Green, Thomas Andrew, *Verdict According to Conscience: Perspectives on the English Criminal Trial Jury: 1200–1800*, University of Chicago Press, Chicago and London, 1985.

25. Hale, Matthew, *A History of the Common Law of England*, 1712.

26. Hamilton et al., *The Federalist Papers*, in Clinton Rossiter, ed., Penguin, 1961.

27. Helmholz, R. H. et al., *The Privilege against Self-Incrimination: Its Origins and Development*, The University of Chicago Press, 1997.

28. Holdsworth, W. S., *A History of English Law*, Vol. 1, Methuen & Co. Ltd., Sweet and Maxwell Ltd, London, 1956.

29. Jackson John & Doron, Sean, *Judge without Jury: Diplock Trials in the Adversary System*, Clarendon Press, Oxford, 1995.

30. John H., Langbein, *The Origins of Adversary Criminal Trial*, Oxford University Press, 2003.

31. Langbein, John H., *Prosecuting Crime in the Renaissance*, Harvard University Press, Cambridge, Massachusetts, 1974.

32. Levy, Leonard W., *Origins of the Bill of Rights*, Yale University Press, New Haven and London, 1999.

33. Levy, Leonard W., *Origins of the Fifth Amendment: The Right against Self-Incrimination*, Ivan R. Dee, 1999.

34. Levy, Leonard W., *The Palladium of Justice: Origins of Trial by Jury*, Ivan R. Dee, Chicago, 1999.

35. Marshall, H. H., *Natural Justice*, The Eastern Press. Ltd. of London and Reading, 1959.

36. May, Richard, *Criminal Evidence*, Sweet & Maxwell, 1990.

37. Morgan, Edmund, *Some Principles of Proof under the Anglo-American System of Litigation*, New York, 1956.

38. Murphy, Peter, *Murphy on Evidence*, 7th Edition, Blackstone Press Limited, London, 2000.

39. Plucknett, Theodore Frank Thomas, *A Concise History of the Common Law*. The Lawbook Exchange, Ltd., 5th edition, September 2001.

40. Pollock, F. & Maitland, F. W., *The History of English Law*. Vol. 1, Bridge Press, 1895.

41. *Proceedings and Papers of the Sixth Commonwealth Law Conference*, Lagos, Nigeria, 1980.

42. Reutlinger, Mark, *Evidence: Essential Terms and Concepts*, Aspen Law & Business, 1996.

43. *Selection Essays in Anglo-American Legal History*, Vol. I, Wildly & Sons Ltd., London, 1968.

44. Shapiro, Barbara J., *Beyond Reasonable Doubt and Probable Cause: Historical Perspectives on the Anglo-American Law of Evidence*, University of California Press, London, 1991.

45. Spooner, Lysander, *An Essay on the Trial by Jury*, 1852.

46. Spooner, Lysander, *Trial by Jury: Its History, True Purpose and Modern Relevance*,

Scorpio Recording Company, Ltd., London, Second Edition, revised, 2000.

47. Sprack, John, *Emmins on Criminal Procedure*, Blackstone Press Limited, 8ᵗʰ Edition, 2000.

48. Stephen, J. F., *A History of the Criminal Law of England*, Vol. 1, Macmillan and Co., 1883.

49. Thayer, J. B., *A Preliminary Treaties on Evidence at the Common Law* (1898), Augustus M. Kelley. Publishers, New York, 1969.

50. Twining, William, *Rethinking Evidence: Exploratory Essays*, Northwestern University Press, 1994.

51. Wigmore, John H., *Evidence in Trials at Common Law*, Peter Tillers Rev., Little Brown and Company, Boston, Toronto, 1983.

52. Williams, Glanville, *The Proof of Guilt: A Study of the English Criminal Trial*, Stevens & Sons, Third Edition, London, 1963.

53. Wishman, Seymour, *Confessions of A Criminal Lawyer* 201 (1981).

54. Zeisel, Hans & Harry Kalven, Jr., *The American Jury*, Chicago University Press, Chicago, 1971.

(二)論　文

55. Adler, Stephen J., *The Jury: Trial and Error in the American Courtroom*, N. Y.: Times Books, New York, 1994.

56. Alschuler, Albert W. & Deiss, Andrew G., *A Brief History of Criminal Jury in the United States*, 61 U. Chi. L. Rev. 870.

57. Alschuler, Albert W., *Implementing the Criminal Defendant's Right to Trial: Alternatives to the Plea Bargaining System*, 50 U. Chi. L. Rev., 1983.

58. Alschuler, Albert W., *The Supreme Court and the Jury: Voir Dire Peremptory Challenges, and the Review of Jury Verdicts*, 56 Uchilr.

59. Amar, Akhil Reed, *Reinventing Juries: Ten Suggested Reforms*, U. C. Davis Law Review, 1995.

60. Amar, Akhil Reed, *The Constitution and Criminal Procedure: First Principle*, Yale University Press, New Haven and London, 1997.

61. Amodio, Ennio & Selvaggi, Eugenio, *An Accusatorial System in a Civil Law Country: The 1988 Italian Code of Criminal Procedure*, 62 Temp. L. Q., 1989.

62. Barry Latzer & James N. G. Cauthen, *Capital Appeals Revisited*, 84 Judicature 64, Sept. /Oct., 2000.

63. Bradley, *The Exclusionary Rule in Germany*, 96 Harv. L. Rev. 1032–1064, 1983.

64. Broderick, Raymond J., *Why the Peremptory Challenge Should Be Abolished*, Temple Law Review, Summer, 1992.

65. Cameron, Neil, & Potter, Susan & Young Warren, *The New Zealand Jury*, 62–SPG Law & Contemp. Probs. 104, 1999.

66. Casper, Gerald & Zeisel, Hans, *Lay Judges in the German Criminal Courts*, 1 J. Legal Stud., 1972.

67. Chesterman, Michael, *Criminal Trial Juries in Australia: From Penal Colonies to A Federal Democracy*, 62–SPG Law & Contemp. Probs., 1999.

68. Chubb, J. A., *Some Notes on the Commonwealth and Empire Law Conference*, 1955, and an Address on the Jury System, 73 S. Afr. L. J. 201, 1956.

69. Damaska, Mirjan, *Evidentiary Barriers to Conviction and Two Models of Criminal Procedure: A Comparative Study*, 121 U. Pa. L. Rev., 1973.

70. Damaska, Mirjan R, *Structure of Authority and Comparative Criminal Procedure*, in 84 Yale Law Journal, pp.480–543, 1975.

71. Degnan, Ronan E., *The Law of Federal Evidence Reform*, 76 Harv. L. Rev. 275, 1962, pp. 275–302.

72. Deters, John F., *The Exclusionary Rule*, in 89 Geo. L. J. 1216.

73. Diehm, James W., *The Introduction of Jury Trials and Adversarial Elements into the Former Soviet Union and Other Inquisitorial Countries*, 11 J. Transnat'l L. & Pol'y, 2001.

74. Doran, Sean & Jackson, John D. & Seigel, Michael L., *Rethinking Adversariness in Nonjury Criminal Trials*, in 23 Am. J. Crim. L. 30.

75. Duff, Peter and Findlay, Mark, *Jury Reform: Of Myths and Moral Panics*, International Journal of the Sociology of Law, 1997.

76. Editorial, "New Evidence of Errors Fuels Death-Penalty Doubts", *USA TODAY*, June

12, 2000, at 18A.

77. Enright, William B., *The Much Maligned Criminal Lawyer and/or the Stake of the Profession in Criminal Justice*, 46 J. St. B. Cal. 720, 723, 1971.

78. Fagan, Jeffery & Liebman, James S. & Valerie West, *Death Is the Whole Ball Game*, 84 Judicature 144, Nov./Dec., 2000.

79. Frankel, Marvin E., *The Search for Truth: An Umpireal View*, 123 U. Pa. L. Rev. 1031.

80. Frase, Richard, *Comparative Criminal Justice as a Guide to American Law Reform: How Do the French Do It, How Can We Find Out, and Why Should We Care?*, 78 Cal. L. Rev. 539, 672–673(1990).

81. Freccero, Stephen P., *An Introduction to the New Italian Criminal Procedure*, 21 Am. J. Crim. L.

82. Froeb, Luke M. & Kobayashi, Bruce H., *Naive, Biased, Yet Bayesian: Can Juries Interpret Selectively Produced Evidence?* 12 J. L. Econ. & Org. 270, 1996.

83. Gerber, Rudolf J., *On Dispensing Injustice*, 43 Ariz. L. Rev. 135, 2001.

84. Glasser, Michael H., *Letting the Supermajority Rule: Nonunanimous Jury Verdicts in Criminal Trials*, see 24 Fla. St. U. L. Rev. 659, 1997.

85. Goldberg, Guy & Bunn, Gena, *Balancing Fairness & Finality: A Comprehensive Review of the Texas Death Penalty*, 5 Tex. Rev. L. & Pol., 2000.

86. Goldstein, Abraham S., *Reflection on Two Models: Inquisitional Themes in American Criminal Procedure*, 26 S. L. Rev., 1974.

87. Griffin, Lisa Kern, *The Image We See Is Our Own: Defending the Jury's Territory at the Heart of the Democratic Process*, 75 Neb. L. Rev. 332

88. *History of Jury Nullification*, http://www.fija.org.

89. Hoffman, Joseph L., *Violence and the Truth*, 76 Ind. L. J. 939, 2001.

90. Huebner, Marshall S., *Who Decides? Restructuring Criminal Justice for a Democratic South Africa*, 102 Yale L. J. p., 971, 1993.

91. International Association of Defense Counsel, *Jury Trial in Civil Actions in England*, 60 Def. Couns. J. 314, 1993.

92. Jackson, John D. & Doran, Sean, *Conventional Trials in Unconventional Times: The Diplock Court Experience*, 4 Crim. L. F. 503, 519, 1993.

93. *Justice for All*, presented to Parliament by the Secretary of State for the Home Department, the Lord Chancellor and the Attorney General, by Command of Her Majesty, July 2002.

94. Kiss, Lester W., *Reviving the Criminal Jury in Japan*, 62–SPG Law & Contemp. Probs., 1999.

95. Landsman, Stephen A., *A Brief Survey of the Development of the Adversary System*, 44 OHSLJ, 732.

96. Landsman, Stephen, *The Civil Jury in America*, 62–SPG Law & Contemp. Probs., 1999.

97. Langbein, John H., *Historical Foundations of the Law of Evidence: A View from the Ryder Sources*, in 85 Colum. L. Rev. 1171–1202.

98. Langbein, John H., *The Criminal Trial before the Lawyers*, 45 U. Chi. L. Rev. 263, 307, 1978.

99. Langbein, John H., *The German Advantage in Civil Procedure*, 52 U. Chi. L. Rev. 831, 1985.

100. Lasso, Rogelio A., *The Jury: Trial and Error in the American Courtroom*, 36 Santa Clara L. Rev. 655, 1996.

101. Latzer, Barry & Cauthen, James N. G., *The Meaning of Capital Appeals: A Rejoinder to Liebman, Fagan, and West*, 84 Judicature 142, Nov./Dec., 2000.

102. Lee, Tena Jamison, *Anatomy of a Death Penalty Case: Did Florida Almost Execute an Innocent Man?* 23–SUM Hum. Rts., 1996, p. 18.

103. Lettow, Renee B., *New Trial for Verdict Against Law: Judge-Jury Relations in Early Nineteenth-Century America*, 71 Notre Dame L. Rev. 505.

104. Levin, A. Leo & Cohen, Harold K., *The Exclusionary Rules in Nonjury Criminal Cases*, 119 UPALR, 1971.

105. Liebman, James S. & Fagan, Jeffery & West, Valerie & Lloyd, Jonathan, *Capital Attrition: Error Rates in Capital Cases*, 1973–1995, 78 Tex. L. Rev., 2000.

106. Liebman, James S. & Fagan, Jeffery & West, Valerie, *Death Matters, A Reply to Latzer and Cauthen*, 84 Judicature 72, Sept./Oct., 2000.

107. Liebman, James S. et al., *A Broken System: Error Rates in Capital Cases, 1973–1995*

(2000), available at http://www.law.columbia.edu/broken system2/.

108. MacQueen, Hector L, *Mixed Jurisdictions and Convergence: Scotland*, 29 Int'l J. Legal Info., 2001.

109. Markman, Stephen J., *Six Observations on the Exclusionary Rule*, 20 Harv. J. L. & Pub. Pol'y 423.

110. Markovits, Inga, *Playing the Opposite Game: On Mirjan Damaska's the Faces of Justice and State Authority*, 41 Stan. L. Rev., 1989.

111. Mirjan R Damaska, *Presentation of Evidence and Factfinding Precision*, 123 UPALR 1083, May, 1975.

112. Mitnick, John Marshall, *From Neighbor-Witness to Judge of Proofs: The Transformation of the English Civil Juror*, 32 Am. J. Legal Hist. 201.

113. Mueller, Christopher B., *Post-Modern Hearsay Reform: The Importance of Complexity*, 76 Minn. L. Rev. 367

114. Naughton, Laurence, *Taking Back Our Streets: Attempts in the 104th Congress to Reform the Exclusionary Rule*, 38 B. C. L. Rev. 205.

115. Nesson, Charles, *The Evidence or the Event? On Judicial Proof and the Acceptability of Verdicts*, 92 Harv. L. Rev. 1359.

116. Nokes, G. D., *The English Jury and the Law of Evidence*, 31 Tulane L. R. 153, 1956

117. Note, *The Right to a Nonjury Trial*, 74 HVLR, 1961.

118. Note, *The Theoretical Foundation of the Hearsay Rules*, 93 Harv. L. Rev.

119. Packer, Herbert, *Two Models of the Criminal Procedure*, 113 U. Pa. L. Rev. 1, 1964.

120. Patterson, Heath R., *Jury Selection: Prosecution's Final Frontier*, 35–DEC Prosecutor 29, 2001.

121. Plotkin, Steven R., *The Jury Trial in Russia*, 2 TLNJICL., 1994.

122. Rice, James D., *The Criminal Trial before and after the Lawyers: Authority, Law, and Culture in Maryland Jury Trials, 1681–1837*, in 40 Am. J. Legal Hist. 47.

123. Roberts, Gordon L. & Hanson, Hon. Timothy R., *Jury Selection*, 8–NOV Utah B. J. 14, 1995.

124. Savitt, William, *Villainous Verdicts? Rethinking the Nineteenth-Century French Jury*, 96 Colum. L. Rev. 1025.

125. Schulhofer, Stephen J., *Is Plea Bargaining Inevitable?*, 97 Harv. L. Rev. 1037, 1062, 1984.

126. Smith, Douglas G., *Structural and Functional Aspects of the Jury: Comparative Analysis and Proposals for Reform*, 48 Ala. L. Rev.

127. Sneider, Jamie, *Statistics Fail Activists*, Columbia Daily Spectator, Feb. 6, 2001.

128. *Sourcebook of Criminal Justice Statistics Online*, http://www.albany.edu/sourcebook/ 1995/pdf/t189.pdf, visited by 2002–11–20.

129. *Sourcebook of Criminal Justice Statistics Online*, http://www.albany.edu/sourcebook/ 1995/pdf/t190.pdf, visited by 2002–11–20.

130. Sward, Ellen E., *Values, Ideology and the Evolution of the Adversary System*, 64 Ind. L. J. 315.

131. Tabak, Ronald J., *Finality without Fairness: Why We Are Moving Towards Moratoria On Executions, and the Potential Abolition of Capital Punishment*, 33 Conn. L. Rev., 2001.

132. Tabak, Ronald J., *Report: Ineffective Assistance of Counsel and Lack of Due Process in Death Penalty Cases*, 22–WTR Hum. Rts., 1995.

133. Thaman, Stephen C., *Europe's New Jury Systems: The Cases of Spain and Russia*, 62– SPG Law & Contemp. Probs., 1999.

134. Thaman, Stephen C., *The Resurrection of Trial by Jury in Russia*, 31 Stan. J. Int'l L., p. 61, 1995.

135. Towne, Susan C., *The Historical Origins of Bench Trial for Serious Crime*, in 26 Am. J. Legal Hist., at 124.

136. Utley, Letitia D., *The Exclusionary Rule, Twenty-Fourth Annual Review of Criminal Procedure: United States Supreme Court and Courts of Appeals 1993–1994 I. Investigation And Police Practices*, 83 Geo. L. J. 824, 1995

137. Vagts, Detlev & Reimann, Mathias, *The Faces of Justice and State Authority: A Comparative Approach to the Legal Process*, in 82 Am. J. Int'l L., 1988.

138. Van Grack, Adam L., *Serious Error With "Serious Error": Repairing a Broken System of Capital Punishment*, 79 Wash. U. L. Q., 2001.

139. Van Kessel, Gordon, *Adversary Excesses in the American Criminal Trial*, 67 Notre

Dame L. Rev. 432.

140. Van Kessel, Gordon, *The Suspect as a Source of Testimonial Evidence: A Comparison of the English and American Approaches*, 38 Hast. L. J. 1, 32–33 (1986).

141. Wasowicz, John A., *Exclusionary Rule: A 20th Century Invention*, 34–FEB Trial 79, 1998.

142. Weiss, Glenn H., & Scheck, Steve, *Jury Selection: The Second Decalogue*, 69–NOV Fla. B. J. 97, 1995.

143. Weiss, Tracy Gilstrap, *The Great Democratizing Principle: The Effect on South Africa of Planning a Democracy without a Jury System*, 11 Temp. Int'l & Comp. L. J., 1997.

144. West, Valerie & Fagan, Jeffrey & Liebman, James S., *Look Who's Extrapolating: A Reply to Hoffman*, 76 Ind. L. J. 951, 2001.

145. Wolchover, *Should Judges Sum Up on the Facts?* 1989 Crim. L. Rev. 788.

146. Von Mehren, Arthur Taylor, "The Importance of Structures and Ideologies for the Administration of Justice", 97 Yale L. J., 1987.

二、中文文獻

147. R. C. 范·卡內岡著,《英國普通法的誕生》,李紅海譯,中國政法大學出版社,北京,2003 年,第 1 版。

148. 卡爾·拉倫茨,《法學方法論》,北京,2003 年,第 1 版。

149. 托克維爾,《論美國的民主》,董果良譯,商務印書館,1988 年,第 1 版。

150. 米歇爾·福柯,《規訓與懲罰》,劉北成、楊遠嬰譯,生活·讀書·新知三聯書店,北京,1999 年 5 月,第 1 版。

151. 伯爾曼,《法律與革命》,賀衛方等譯,中國大百科全書出版社,1993 年 9 月,第 1 版。

152. 李心鑒,《刑事訴訟構造論》,中國政法大學出版社,1992 年,第 1 版。

153. 孟德斯鳩,《論法的精神》(2 卷本),張雁深譯,商務印書館,1963 年,第 1 版。

154. 科恩,《論民主》,聶崇信、朱秀賢譯,商務印書館,北京,2004 年,第 1 版,第 2 頁。

155. 馬克思·韋伯,《經濟與社會》(上、下),商務印書館,北京,1998 年,第 1 版。

156. 密爾松,《普通法的歷史基礎》,李顯冬等譯,中國大百科全書出版社,1999 年 11 月,

第 1 版。

157. 梁治平編，《法律的文化解釋》(增訂本)，生活・讀書・新知三聯書店，北京，1994
年 10 月，第 1 版。

158. 陳光中、王萬華，〈程序正義與實體正義〉，載《訴訟法論叢》，第 3 卷，法律出版
社，199 年 8 月，第 1 版。

159. 彭小瑜，《教會法研究》，商務印書館，北京，2003 年，第 1 版。

160. 舒國瀅，〈從司法的廣場化到司法的劇場化──一個符號學的視角〉，載《政法論壇》，
中國政法大學學報，1999 年，第 3 期，第 12–19 頁。

161. 菲利普・李・拉爾夫、羅伯特・E・勒納、斯坦迪什・米查姆、愛德華・伯恩斯，
《世界文明史》(上卷)，趙豐等譯，商務印書館，北京，1998 年，第 1 版。

162. 愛德華・伯曼，《宗教裁判所：異端之錘》，何開松譯，遼寧教育出版社，2001 年 7
月，第 1 版，第 13 頁。

163. 漢密爾頓、傑伊、麥迪遜，《聯邦黨人文集》，程逢如、在漢、舒遜譯，商務印書館，
1980 年，第 1 版。

164. 趙宇紅，〈陪審團審判在美國和香港的運作〉，載《法學家》，1998 年，第 4 期，第
38–48 頁。

165. 劉軍寧，《保守主義主義》，中國社會科學出版社，1998 年 7 月，第 1 版。

166. 謝鴻飛，〈薩維尼的歷史主義與反歷史主義〉，載《清華法學》，第 3 輯，清華大學
出版社，北京，2003 年 11 月，第 1 版。

167. 邁克麥康威爾，〈英國刑事訴訟導言〉，載中國政法大學刑事法律研究中心編譯，《英
國刑事訴訟法（選編）》，中國政法大學出版社，2001 年 1 月，第 1 版。

168. 薩維尼，《論立法與法學的當代使命》，許章潤譯，中國法制出版社，2001 年，第 1
版。

169. 羅伯斯庇爾，《革命的法制和審判》，趙涵輿譯，商務印書館，北京，1997 年，第 33–50
頁。

法學概論　陳惠馨／著

　　本書除探討法律的定義、淵源、效力、法律解釋、法律制裁、法律關係等傳統議題外，另具有兩項特色。第一項特色在於實務與理論的配合，在探討法學基本入門理論的同時，嘗試以生活中實際發生的案例，說明理論的運作，使讀者較容易明白我國法律規範在實際生活中的運作情形。另一項特色則在於嘗試即時回應我國近年來許多法律規範的變遷情形，使讀者可以透過本書掌握我國法制的最新狀態。

法學緒論　鄭玉波／著　黃宗樂／修訂

　　本書將「法學緒論」定位為「對於法律之概念、內容及其一般之原理原則，以至於法律思想等，加以初步之介紹者」，共分十二章，文字力求通順，敘述力求扼要，並儘量舉例說明，以幫助了解。本書可說是法學之最佳階梯，學習法律之津樑。

法學緒論　劉作揖／著

　　法律是人類社會生活的規範，「法學緒論」則是學習法律的入門課程。本書係作者多年教學經驗的結晶，全書以深入淺出的筆調，介紹法學的基本架構、整體概念，使初學者在認識法律規範樣貌的同時，也能培養法律理念、奠定研習法學之基礎。作為一本稱職的法學入門參考書，本書不但可提供教師授課之輔助，更是有志於參加公職考試者自修的最佳選擇。

犯罪學　林山田、林東茂、林燦璋／著

　　本書分為通論及各論兩篇。上篇介紹犯罪學的概念及其發展、犯罪學方法論、犯罪學理論、犯罪黑數、犯罪預測、被害者學等；下篇則分類論述各種犯罪型態，並提出標本兼治的抗制犯罪政策。期能以此激發更多的討論，使犯罪學研究在國內更加蓬勃發展。